王充闾人物系列

话女性

王充闾 著

中国青年出版社

（京）新登字083号

图书在版编目（CIP）数据

话女性/王充闾著. —北京：中国青年出版社，2012.6
（王充闾人物系列）
ISBN 978-7-5153-0861-6

Ⅰ.①话… Ⅱ.①王… Ⅲ.①女性-生平事迹-中国-古代
Ⅳ.①K828.5

中国版本图书馆CIP数据核字（2012）第125823号

责任编辑 李 磊
装帧设计 瞿中华

出版发行 中国青年出版社
社 址 北京东四十二条21号 邮政编码：100708
网 址 www. cyp. com. cn
门 市 部 (010)57350370
编 辑 部 (010)57350401
印 刷 三河市君旺印装厂
经 销 新华书店
规 格 700×1000 1/16
印 张 18.25印张
字 数 221千字
版 次 2012年9月北京第1版
印 次 2012年9月河北第1次印刷
印 数 1-8000册
定 价 29.00 元

本图书如有印装质量问题，请凭购书发票与质检部联系调换
联系电话：(010)57350337

出版说明

王充闾先生是我国当代散文作家，诗人。他的文章清朗，隽雅，文采斑斓，意蕴深邃，多有新知新见，体现出对文学、历史和哲学的深厚学养以及特有的诗性之美。

王充闾写人物的系列散文尤有特色。“王充闾人物系列”收录了作者不同时期的作品，具体包括《说帝王》、《读文人》和《话女性》三种。《说帝王》从哲学高度纵穿整个历史时代，透视封建王朝递遭更迭的无奈，探索其中耐人寻味的悖论与可悲。《读文人》书写文人的斑斓诗情和他们传奇般波折的身世，并对他们的命运进行透彻多维的思辨性分析。《话女性》从母爱、情爱、友爱、奉献精神、才华、勇气和气质等方面，展现从古至今的女性的种种美质。

本系列的出版，将为广大青年读者认识历史和文化，提供一条有效并且有益的路径。

中国青年出版社

2012 年 8 月

目录

1— 序言

1— 四母：
贤母颂

12— 吕雉：
母后临朝第一人

18— 卓文君：
勇气

29— 貂蝉：
凄惨人生

38— 文成公主：
雪域情缘

60— 杨玉环：
马嵬坡下的三场辩论

75— 三王：
诗人的妻子

92— 李清照：
终古凝眉

105— 李师师：
真爱

116— 朱淑真：
泉路何人说断肠

127— 管道升：
千秋名重女全才

134— 秦良玉：
石柱擎天一女豪

145 — 香妃：**香冢**

154 — 开美久命金：**殉情**

166 — 于凤至：**断裂的爱**

181 — 宋美龄：**交友以信**

200 — 蒋士云：**迟暮的补偿**

213 — 萧红：**青天一缕霞**

219 — 母亲：**望**

235 — 嫂子：**豌花糕**

245 — 小妤姐：**绿窗人去远**

253 — 村姑：**薏苡的悲喜剧**

261 — 女教师：**有信自远方来**

265 — 友人妻：**夜话**

274 — 女同学：**寻觅**

序　言

我一向认为，女性是一个优秀的性别群体，起码是丝毫也不比男性逊色。尊重女性，善待女性，这是一个社会健全、进步、成熟的标志。

支撑着我这个观点的，有三块牢固的基石——

一曰母爱、母性，也涵盖了母教。这是从女性作为人母的角度来谈的。本书中的开宗明义第一篇《贤母颂》，从一定意义上说，就是《女性颂》。母亲是人生的第一位也是终生的教师。母教、母爱，至高无上。德国教育家福禄培尔说得最为深刻："国民的命运，与其说是操在掌权者手中，倒不如说是握在母亲手中。"

二曰爱情，这是从女性作为人妻、作为人生伴侣的角度来谈的。女性视爱情如生命，对爱情一生一世地忠诚不渝。爱情，如同看不见的强劲电流和巨大磁场，在爱侣之间以倾慕之情相互吸引着。家庭是社会的细胞，是人生事业的起点，是夫妻百年好合、子女抚育与健康成长的"爱巢"。在维系家庭，百般地呵护"爱巢"方面，女性是擎天一柱，起着关键作用。

三曰奉献，这是从女性作为社会成员的角度来谈的。献身精神是女性生命中所固有的一种品格。无论是繁衍、抚育后代，还是操持家务、奉养双亲，女性的奉献精神，都是无与伦比的。女性从事本职工作耐心细致，脚踏实地，对事业一丝不苟、尽职尽责。不是说，每一个成功男人的背后，必定少不了一个忠诚支持、默默关注的优秀女人吗？优秀女人往往是成功男人的欣赏者与造就者。

三个基点之外，还有一系列的气质。且以本书中的古今人物来述说：李清照、管道升、萧红的才气，卓文君、朱淑真的勇气，香妃的正气，文成公主、秦良玉的豪气，……哪一点不是顶儿尖儿？“谁说女子不如男？”

当然，正如社会的人群有男有女一样，女性中也有伟人、常人之分，名人、普通人之别。应该说，任何社会、任何时代、任何场所，都是平常人、普通人占居绝大多数，伟人、奇人少而又少，名人的比例也并不很大。因此，书中也选取了一些反映普通人情感世界、日常生活、人际交往、心理活动的篇章。不如此，不足以代表整个女性人群；不如此，不足以映现五彩斑斓的大千世界。

本书是在严格尊重历史真实的前提下，借助有关人物言行、修为，书写感悟、陈述观感、揭橥规律的文学札记。说的是史实，是事件，而彰显的却是思想，是人性、人生、性格、命运。写法上，往往是抓住一个侧面，或者截取一个断面，凸显特点，“画龙点睛”，而并不刻意求全、求备。正由于它带有鲜明的主观成分，而不单纯是客观的，所以说，它是文学，而并非标准的历史。

以开头的三篇散文为例。它们分别描绘了中国古代女性的母亲形象、女政治家形象和闺中少女形象。《贤母颂》中，叙写四位母亲的感人事迹，作为表述观点、烘托形象的铺垫，工程只完成一半，重心在第四部分——弘扬“母德在教”的优良传统，呼吁现代女性在重视事业角色的同时，莫忘母亲角色；在关注子女智能发展的同时，应该崇德尚贤，培养其树立高尚的品格、良好的德行。有的读者可能会问：既然如此，那又何必铺展大量史实，索性直说不好吗？不好。“言之无文，行而不远”。文学不是论文，要凭借形象、张扬文采，要“直话曲说”，不能徒托空言。《母后临朝第一人》，不是泛泛地叙述一个古代皇后从生到死的整个生命历程；而是学习太史公的手法，勾勒几个画面，描绘出一个生性毒狠、充满霸气的女政治家形象。《勇气》，刻画一个有胆有识、有独立自我、敢于自由选择情侣的古代女性先驱卓文君的形象。

也算是“卒章显其志”吧，最后，我想交换一下关于女性现状的看法。

说来遗憾，至今社会上还存在着歧视女性、存在着男尊女卑的事实上的不平等现象。

由于受生理特点、家庭负担和社会偏见等因素的影响，女性比较容易产生自卑感。几千年的文化积淀，传统社会已经为女性划了圈，定了位，只能这样，不能那样。今天，经济上独立了，事业上并驾齐驱，而观念上许多女性仍然困于轭下，未能越出雷池。为此，广大女性必须提振精神，勇于实现对观念、积习、心理的超越，充分发挥优胜于男性的诸多优势，展示自己的气质、风采、魅力。

当今社会的价值判断，误导女性对于美的追求日益趋向表面化，从美容到整容再到人造美女，把一个个灵光四射、气血丰盈的活人视同花瓶、玩具，造成了一种新的女性歧视与不平等。扫除这一积弊，女性的自重自强，至关重要；整个社会舆论亦应作正确的引导，抵制所谓“美女经济”的消极影响，把拥有丰富的内涵作为人格美、人性美的重要标志。特别是男性，更要远离庸俗、浅薄、轻浮，超越生物性的追求，应该像尊重与关怀自己的母亲、姐妹一样，尊重女性，关怀女性。

但愿本书于此能有所裨益。

是为序。

王充闾

2012 年 4 月

四母：
贤母颂

德国教育家福禄培尔说过：“国民的命运，与其说是操在掌权者手中，倒不如说是握在母亲手中。”母教一事，真可以说是“悠悠万事，唯此为大”了。古代这些贤母的懿言嘉行，对当代女性和母教事业的现状，有着直接的现实指导意义。

一

山东友人发来邮件，邀我著文支持其以孟母诞辰为“中华母亲节”的提案。提案略云：

我们理应有自己的充溢中华民族优秀文化内涵和民族精神的中华母亲节，而不是外来的母亲节，这是中华民族伟大复兴的需要。回眸中华民族的历史，孟子母亲仉［zhǎng］氏是最突出的中华贤母形象，……从孩子成长的外部环境到学习的内部规律，她都注意到了，终于使孩子成了大器，她自己成为教育子女的贤母典范，被誉为“母教一人”，至今仍传为懿范，孟母堪可作为中华母亲节的形象代表，用以彰显母亲的伟大和伟大的母爱，激励一代代母亲，激发作为人子的爱心、孝德。

提案所述，实获我心。从小读《三字经》，就记诵了“昔孟母，择邻处；子不学，断机杼”的词句。后来，读西汉两位学者所写的《烈女传》和《韩诗外传》，细致地了解到这位古代贤母“三迁择邻”、“断织励学”和“买肉立信”等故事内容——

孟子名轲，字子舆，是战国中期著名的思想家、政治家、教育家。父亲早丧，母亲仉氏守节。童年时期的小孟轲，跟随母亲，先是住在一处墓地旁边。孟轲就和邻居的孩子一起学着大人的样子，办理丧事，做跪拜、哭嚎的游戏。孟母看到了，皱起了眉头，心想：“这怎么行呢！看来，孩子住在这里不合适！”于是，就带着孟轲搬到一处市集旁边。小孩善于模仿大人的行为，由于靠近市集，旁边又有杀猪宰羊的屠户，这样，小孟轲便又和邻居的小孩一道，学起做生意和杀猪宰羊的事。孟母发现后，又犯了核计：“这个地方也不适合我的孩子居住！”于是，便再次搬家。新居紧邻一所教育场所，也就是文庙。每到初一这天，官员们都到文庙行礼跪拜，互相揖让，彬彬有礼。小孟轲看在眼里，一一都记在心里。这次，孟母很满意，点点头说：“这才是我儿子应该住的地方呢！”

孟轲放学回家，母亲正在织布，关心地问：“学习怎么样了？”孟轲说：“跟过去一样，没什么好学的。”母亲见他那份无所用心的样子，十分恼火，便用剪刀剪断了织好的布。孟轲大为惊讶，忙着问母亲为什么要断织，孟母说：“你荒废学业，如同我剪断这丝缕一样。女人如果荒废了家务劳动，不去生产全家需要的生活必需品，男人如果放松了自己的修养和德行，那么，一家人纵使不做强盗、小偷，也就只能从事奴隶劳役了！”孟子听了，悚然惊悟，自此，从早到晚，勤奋学习不辍，拜孔子的嫡孙子思的门人为老师，终于成了有大学问的圣贤。

一次，小孟轲碰上了东邻杀猪，便问母亲：“邻居为什么杀猪？”孟母逗他说：“为了给你吃肉。”话说过之后，她就后悔了，心想：“为了进行胎教，我在怀着这个孩子时，席不正不坐；肉割得不正不吃。现在他刚刚懂事，而我却欺哄他，这不是教他不讲信用吗？”当即，拿出钱来，买了东邻的猪肉给儿子吃，用以证明她没有说假话。

三则教子故事，内容并不复杂，里面却饱含着深刻的哲思理蕴。

首先，它阐明了主观与客观、内因与外因、环境与主体的辩证关系。作为伟大的母亲，孟母不仅富有深厚的责任感、使命感，而且，深谙教子成才的规律和方法。按照一般的认识，往往只是把注意力放在孩子自身的管教上，而忽视环境、条件在儿童的成长过程中的重要作用；而她却敏锐地发现了客观环境对于人的影响，一而再、再而三地调整环境，为孩子的健康成长创造良好的条件。不仅此也，尤其可贵的是，她并没有满足于获得理想的环境，认为从此万事大吉；而是，特别重视主观的努力。在她看来，即使环境再好，如果主观努力跟不上去，仍然是无法成才的。为此，她借助“断机杼”来给予儿子以极大的刺激，使他刻苦努力，勤奋向学。

其次，孟母用织布来比喻学习，用断织来比喻废学，说明学习必须全神贯注，专心致志，决不能半途而废。形象生动，比喻恰当，即事喻理，极富说服力与感染力。

第三，以身作则，诚信不欺；从小就教育孩子立诚重信，不搞欺诈、哄骗。

第四，孟母教子，方法得当。言传身教，循循善诱，而不是采取粗鲁、野蛮的方式，痛快一时，乱打一顿。

作为子思学派的传人，孟子继承并发扬了孔子的思想，成为仅次于孔子的一代儒家宗师，素有“亚圣”之称。在这方面，这位两千多年前的伟大母亲是做出了突出贡献的，不愧是一位出色的教育家。

二

中华民族有着悠久的母教优良传统，历朝历代都流传着许许多多贤母教子的动人故事，载录史籍的数不胜数。其中最有名的是“四大贤母”：除了战国时期孟子的母亲仉氏，还有晋代名将陶侃的母亲湛氏，宋代大文学家欧阳修的母亲郑氏，宋代著名军事家、抗金名将、民族英雄岳飞的母亲姚氏。她们以其高超的识见、卓越的品格和动人心弦的事迹，垂范百世，光照千古。

陶侃生当两晋之交，遭逢乱世，而他能以优异的战功和政绩博得世人称颂。史载，“自南陵迄于白帝数千里中”，在他的治理下，“百姓勤于农殖，家给人足”，“路不拾遗”。他具有高尚的品格，《晋书》本传中，说他“性聪敏，勤于吏职，恭而近礼，爱好人伦”。平时凡有馈赠，他必定问明来源，如果是通过自己劳作所得，他收下之后，要加倍地补偿、回赠；如果是贪污官家所得，则立即退还，而且还要给予严厉批评。终日正襟危坐，办事极度认真。当时正在造船，他以高度的责任心，管理公共财物，竹头、碎屑、断木等，他都收拢起来，以备不时之需。大雪过后，天晴溶解，官府厅前道路泥泞，便把木屑铺上，方便大家进出。他分外珍惜光阴，对部下饮酒赌博严加管束，参佐僚属有以谈戏荒废职事者，严加训斥之外，还“命取其酒器、蒲博之具，悉投于江”。东晋时期吏治腐败，不可收拾。陶侃这种严谨、清肃的作风，实属少见。

他以身作则，终日勤于吏职，常对人讲：“大禹圣者，乃惜寸阴，至于众人，当惜分阴，岂可逸游荒醉，生无益于时，死无闻于后，是自弃也！”他曾在边远的广州任职十年，这里受战乱影响较小，境内较为安定，衙署闲居，他便早早起来，把一百块砖从室内搬到院中，晚上再把这些砖一一搬回屋里。对他的做法，多人不解，他说：“吾方致力中原，过尔优逸，恐不堪事。”原来，他怕生活过于安逸，养成怠惰习惯，从而丧失斗志，难以担承重任。人们听了，无不感佩。

陶侃之所以能够达到这种精神境界，完全得力于优良的母教。他家境贫寒，父亲早逝，母亲湛氏悉心教导他。史书上记载了她的三个动人故事：

一是“截发筵宾”，事见南朝刘义庆的《世说新语·贤媛》。同郡好友范逵等数人，途经陶侃的家乡新淦，正赶上冰雪封道，而且天色将晚，便到陶侃家里来投宿。可是，家中贫困至极，空空如也，着实没有招待客人的条件。正在陶侃为难之际，母亲过来说：“你且出外留客，由我来想办法。家中虽然贫寒，但做人不可失礼。”无钱买米，母亲便趁客人们闲坐交谈之际，毫不犹豫地拿出剪刀将长发剪下，出门卖与邻人，换回了粮米酒菜；没有烧柴，劈了屋角的边柱，聊供薪火；又把垫在床上的草席扯出、切碎，权作客人的马草。整个接待非常周到。范逵等一行感其厚意，至洛阳，相与传为美谈。人们都说：“没有这样的好母亲，不可能教育出来陶侃这样的优秀人才!”陶侃为官以后，始终保持着“恭而好礼”，热诚待客的优良作风。

二是用三件土物饯行。陶侃博览群书，精通兵法，后来由太守范逵举荐当了县令。赴任之际，母亲把儿子叫到跟前，语重心长地说：“为娘拿不出什么东西为你饯行，就送你三件土物吧。”到了官府之后，陶侃打开包袱一看，里面包着一块坯土、一只土碗和一方白色土布。他先是一怔，过了一会儿，才慢慢领悟到母亲的用意。原来一块坯土是教导儿子永记家乡故土；一只土碗，是教导儿子不要贪恋荣华富贵，要保持自家本色；一方白色土布，则是教导儿子为官要尽心恤民，廉洁自奉，清清白白，永不变色。母亲的箴告，深深打动了陶侃的心。后来，陶侃在仕途上果如母亲所望，正直为人，清白做官。

三是退回腌鱼。陶侃在海阳做县吏的时候，恰好监管渔业。生性孝顺的他，念及一生贫居乡间的慈母，心中总觉歉然不安。有一次，趁下属出差顺路之便，嘱托他带了一坛腌鱼送交母亲。谁知几天过后，母亲却将这一坛鱼原封不动地退了回来，并在信中写道：“尔为吏，以官物遗我，非惟不能益吾，乃以增吾忧矣。”陶侃收到母亲退回的鱼和回信，大为震动，愧疚万分。他决心遵循母亲的教导，清贞自守，廉洁为官。

后人赞曰：“世之为母者，如湛氏之能教其子，则国何患无人才之用？而天下之用恶有不理哉？”

三

古代“四大贤母”中，宋代占了两位：著名文学家欧阳修的母亲郑氏和著名军事家岳飞的母亲姚氏。两位贤母为中华民族培养出一文一武盖世英才，功莫大焉。

欧母的事迹见于欧阳修写的《泷岗阡表》，里面说（大意）：

我（欧阳修）四岁就失去父亲，母亲立誓守节，家境贫苦，在生活上自食其力；边抚养边教育，使我能健康成长。母亲经常告诫我："你的父亲为官清廉，而且爱好施舍，喜欢结交朋友。他的俸禄虽少，但常不使有余，说，不要因此成为我的牵累！所以到他死时，没有留下一间屋、一垅地，供我们赖以为生。那么，我凭恃什么能够苦守呢？……汝父岁时祭祀，必定流泪，说，'死后祭祀再丰厚，也不及生前菲薄的奉养。'有时喝点酒，吃点肉，也要落泪，说，'从前生活困苦，现在多有盈余，可惜来不及奉养双亲了。'你父亲做官时，夜里批阅公文，一再停笔叹气。我问他为什么？他说，'这是一桩死刑案件，我想为他寻找一线生机，可是没找到。'他进一步解释：'经过找，没找到，这样，被判死刑的人和我就都没有遗憾了。即使是这么找，有时还会出现错判呢！'你父亲还嘱咐我，要把这番话告诉你。他真是心地仁厚之人。这就是我确信你的父亲必有好的后代的依据。你好好努力吧！奉养父母不一定要丰厚，主要在于孝顺；做好事虽然不能及于万物，但只要能够心存仁道就行了。"

母亲为人，恭敬、节俭、仁慈，而且，坚守礼法。从家庭贫穷的时候起，她就以俭约治家，以后家境丰裕了，也总是不让开支超过原先的用度。她说："我儿子不能苟合于世，不可能大富大贵，这样做，是为了他日后能够渡过患难啊！"

后来，我曾被降职到夷陵县，她老人家照例有说有笑，像往常一样，还对我说："你家本来就穷苦，我处在这种环境已经习以为常了。你能够安于这种处境，我也就放心了。"

史载，欧阳修的母亲病逝，清江知县李观曾写祭文一篇，全文仅二十字，堪称古代祭文简短之最："昔孟轲亚圣，母之教也。今有子如轲，虽死何憾。尚飨!"祭文指出，欧阳修一生的成就，得自母教，并把欧阳修比作孟子，而把欧母比作孟母，这真是最高最美的赞誉。

岳母的事迹传播极广，她的声望等同于孟母。其中最著名的就是在儿子背部刺上"精忠报国"四字，在国家危亡之际，励子从戎，尽忠报国。故事始见于清乾隆年间《说岳全传》；此前，岳飞背上刺字一事，在元人所编的《宋史》本传中也有记述，但未载明究是何人所刺："初命何铸鞫之，飞裂裳，以背示铸，有'尽忠报国'四字深入肤理。"明成化年间成书的《精忠记》，嘉靖年间的《武穆精忠传》，明朝末年的《精忠旗传奇》，也都有关于岳飞背部刺字的记载。

岳母姚太夫人出身乡野，识字不多，但为人刚直，极有主见。她对岳飞自小就施以严格的家教，教育儿子要刚直不阿，勇于任事，克服各种苦难，做一个忠心报国的男子汉。故乡汤阴沦陷后，岳母跟随着儿子，颠沛流离，辗转南北，后病逝于湖北鄂州。高宗赐葬于江州（今九江县）株岭山。出于对岳母的敬爱，其墓地，历经八百七十余年，至今保存完好。现为江西省爱国主义教育基地。岳母祠上方横匾为"一代贤母"，两边对联是：

鞠育劬劳励子从戎尊懿范；
躬行慈教尽忠报国仰干城。

祠门两边的楹联：

精忠报国惊寰宇点点背花依稀宋史纵横斑斑犹渍英雄血；

贤母义方树懿模煌煌彤管弈叶江州形胜赫赫长留姓氏香。

四

在满怀敬意地叙述了古代贤母的感人事迹之后，我们可以从中领悟到许多带有规律性的认识：

首要一点，“母德在教”是我们中华民族大家庭中极为珍贵的优良传统。叩其源流，可以追溯到太古时期的母系氏族社会。当时儿女出生后，只知有母，教养责任自然也就落到母亲头上；加之母氏当政，较之其他任务，教育后代必然被列为头等重要地位，而且，母亲不会把这一重任委之他人，肯定要亲自承担。即使后来转入父族当权，出于母爱的天性，母亲作为人生的第一位教师，仍然会把教育子女一事主动担承起来；特别是父亲或做工，或入仕，或从军，或经商，长年在外，家教重担不能不落在守护着子女的母亲肩上。

其次，这几位贤母，都是平凡而又不平凡的。她们的出身与个人境况惊人地相似——都是丈夫早丧，家境贫寒，艰苦持家，抚孤自立。她们并非出身名门望族，也没有受过特殊的培养教育，不过是普通的女性，而其远大的眼光、超人的识见、坚强的意志和高度的社会责任感，又远远超出一般的女性。

第三，在母教内容上，四位贤母也是大体上一致的，体现了一定的规律性。她们教育儿子，有两个共同的重点：一是，都强调敦品厉行，以德为先，着重于砥砺品格、立身做人；二是，读书向上，通经达史，增长才干。其实，这两个方面是相辅相成的，后者为前者打下良好的基础；前者又为后者提供了思想保证、精神支持。

第四，在教育方式方法上，为后世提供了成熟、有效的经验。一是晓之以理，动之以情，把孩子的品格修养、智能成长、行为模式纳入真正的关切、深厚的情感之中，使之入脑入心，乐于接受；二是以身作则，垂范立式，给孩子做出榜样，增强说服力、信仰力；三是摆事实讲道理，看得见，摸得着，力戒空泛说教。

第五，母教带有终身性质。在中国古代，有所谓“胎教”的说法。古人认为，胎儿在母体中能够感受孕妇情绪、言行的感化，所以孕妇必须谨守礼仪，遵循道德行为规范，给胎儿以良好的影响。子女出生以后至十岁之前，从吃饭的基本仪节，男女相处之道，都由母亲亲自训诲；并在读书向学的基础上，母教配合进行忠、孝、信、义、廉、勤等品性方面的培养；待到子女长大成人，为人父母、为民官长之后，母亲也往往长相伴随，教子为善，诫子勤俭，终生不放弃言传身教的责任。

尽管“往事越千年”了，但这些贤母的懿言嘉行，至今不仅没有过时，而且，无论从青少年教育角度讲，还是从弘扬母教文化、优化母亲意识的角度讲，都有其直接的现实意义。特别是面对当代女性和母教事业的现状，这个问题尤其不容忽视。概括来说，当前面临着三个方面的问题：

一是从事各项建设事业、参与社会生活同担负教育子女重任的矛盾。现代女性走向社会，走出家庭，有的还是高学历、高职位、高收入，都有很强的追求实现个人价值的愿望，压力大，负担重，任务多，逼使她们更多地关注职业角色，而忽视甚至放弃母亲角色，这和古代的母亲有很大的差异。关于这个问题，我们不妨听听一些专家、学者的意见。苏联时期有一位名叫苏霍姆林斯基的教育家，他的话发人深省："无论您在工作岗位的责任多么重大，无论您的工作多么复杂，多么富于创造性，您都要记住：在您家里，还有更重要、更复杂、更细致的工作在等着您，这就是教育孩子。"

二是即使担负起母亲角色，投入很大精力于子女的抚养，但往往更多地关注身体发育成长、生活照料，满足子女的物质需求，而在培养教育方面下工夫不够。

三是关注智能发展，应对考试、进级，而对教育子女崇德尚贤，培养他们树立高尚的人格、良好的德性，缺乏足够的重视。

这使我们想到高尔基的一段话。他说："爱孩子是老母鸡都会做的事情，可是要善于教育他们，这是国家的一桩大事了，需要才能和全部的生活知识。"

于今，左个系列，右个丛书，上自皇帝、名臣、奸相，下至阉宦、军阀、妓女，充斥于影视片、出版物，唯独没有一部关于中华贤母的书画、影视作品。真是令人感慨无限。难道是那些贤母不重要吗？当然不是。德国教育家福禄培尔说得最深刻不过了："国民的命运，与其说是操在掌权者手中，倒不如说是握在母亲手中。"母教一事，真可以说是"悠悠万事，唯此为大"了。

为此，我已经致信山东友人，表示愿以此文支持他们关于以孟母诞辰为"中华母亲节"的倡议。

吕雉：
母后临朝第一人

吕后佐高祖定天下，久历锋镝，素为诸将所畏服。在主少国危的情势下，某些人即使图萌不轨，只要有吕后在，还足以镇伏、控制。这样，高祖在考虑“身后事”时，便面临着两难抉择：客观上确实存在着诸吕兴风作浪的险情；而迫于形势，又不能断然剪除吕后。怎么办？他采取了“削其党以损其权，使虽有变，而天下不摇”的限制策略。

《周易·序卦》指出：“有万物然后有男女，有男女然后有夫妇，有夫妇然后有父子，有父子然后有君臣。”看得出来，人伦关系当以夫妇为先。“夫妇，人伦之至亲至密者也。”（朱熹语）作为爱情的实现目标，作为一场历经情爱考验而获得的胜利果实，那种完全剔除功利考量的两情相悦、两性结合，确乎令人神往。可是，这甜蜜蜜的人伦关系，一当困缚于权力争夺的轭下，遭到政治斗争的无情绑架，沦为一种政治行为、商品交易，便会出现异化而腐蚀变质。

刘邦与吕后的婚姻便属于这种人伦异化的类型。

吕后名雉，秦时单父县（今山东单县）人。作为刘邦的结发妻子与“忠诚战友”，丈夫死后，她继续执掌权衡长达十六年之久。她是中国历史上母后临朝称制的第一人，她的后面还有唐代的武则天，晚清的慈禧太后。

同刘邦一样，吕后也是一个虑远谋深、机敏善断的政治家，她协助丈夫平定天下、赚杀诸侯王，对维护刘汉统一政权起了重要作用，也为自己日后总揽朝纲做了充分准备。

史载，有人告发梁王彭越谋反，高祖抓获后，念其昔日战功，予以从轻发落，免治死罪，罚为庶民，送到蜀地青衣县安置。途经郑县，碰上吕后从长安过来，彭越像见到亲人一样，流着眼泪，口称“冤枉”，请求吕后帮他说情，能够换到一个较近的地方——比如在故乡昌邑当个平民。吕后满口答应，当即把他带回了洛阳。面见高祖之后，吕后说：“彭越是个壮士。你把他送到蜀地，必遗后患。要办就得办个透底，一不做二不休，索性杀掉算了！”于是，吕后指令告状者再度加以控告。结局是，彭越被剁成肉酱遍赐诸侯，并且夷灭了三族。

你看，她就是这样的狠毒！

吕雉和刘邦的联姻，一开始就是维系于政治。当年，吕雉的父亲因为见到刘邦状貌奇伟、高贵，有王者之相，才把女儿嫁给他。刘邦出生于公元前256年，吕雉则是公元前241年，两者年龄相差为十五岁。吕雉在未掌握国家大权之前，确有她善良温顺的一面。据《史记·高祖本纪》记载：吕雉有了儿子、女儿之后，还要在田中干活。吕雉婚后还得亲自下田种地，显示了吕雉勤劳持家的一面。

婚后，据说吕雉发现，凡是丈夫栖身之地，上方必有云气缭绕，她可以根据云气所在，寻觅丈夫的踪迹。几十年间，由于缺乏牢固的情感基础，两人一直是同床异梦，关系比较疏远。而吕雉却为不长进的丈夫遭透了苦、受尽了罪。

刘邦身为亭长，押送骊山劳工，竟然放走劳工、自己逃亡，一走了之，而妻子吕雉却为此下了狱，遭受了狱卒的欺侮。出狱之后，又赶上楚汉相争，吕雉和公爹原本要去刘邦那里，中途却正好遇上项羽的军队，被俘成为人质，长达两年零四个月。前后两度囚禁，长期遭受折磨、凌辱，使她的心理饱遭伤害，强化了猜忌多疑、阴险毒辣、刚毅倔强的个性，夫妻间根本谈不上推心置腹，相互信任。

而刘邦的移情夺爱已经很久了。就在太公、吕后被掳的同时，刘邦也受到了楚军包围，趁着一场卷地狂风，尘土高扬，天昏地暗，他才得以乱中逃脱。在一个村落里，巧遇戚家父女，刘邦为美色所动，当即解下佩玉作为聘礼。这样，十八岁的戚氏女便被纳为夫人，一年后生下了赵王如意，宠幸与日俱增。刘邦曾多次想要废掉太子刘盈，直接危及到生母吕后的地位。虽然限于客观条件，太子没有换成，但夫妻间的感情纽带已经彻底断裂了。

淮南王鲸布反，高祖指令太子带兵讨伐，由于吕后力阻，只好御驾亲征，以致胸部中箭。每当箭伤作痛，他都怨恨吕后母子，甚至她们前来问病，也会被骂出去。高祖早已觉察到，吕后经常自作主张，不成体统，这次又听到有人密报：樊哙“党于吕氏”，筹划一旦皇上晏驾，便杀害戚夫人与赵王如意。这恰好触发了他的心病，于是，立刻召来谋士陈平和大将周勃，命令他们立即赶往燕国，将樊哙斩首。为了防范日后吕氏兄弟作乱，高祖还特意召集众大臣歃血盟誓：“此后，非刘氏不得封王，非功臣不得封侯。如违此约，天下共击之。”这一切都充分表明，对于吕后，他一直是心存戒虑的。

既然早有所料，为什么高祖不在去世前先把吕后除掉？宋代文学家苏洵在文章中作了回答："不去吕后，为惠帝计也。"吕后佐高祖定天下，久历锋镝，素为诸将所畏服。在主少国危的情势下，某些人即使图萌不轨，只要有吕后在，还足以镇伏、控制。这样，高祖便面临着两难抉择：客观上确实存在着诸吕兴风作浪的险情；而迫于形势，又不能断然剪除吕后。怎么办？他采取了"削其党以损其权，使虽有变，而天下不摇"的限制策略。对此，苏老先生有一个非常精辟的比喻："夫高帝之视吕后也，犹医者之视堇也，使其毒可以治病，而无至于杀人而已矣。"

堇是一种草药，俗称乌头，有毒，而它又可以用来治病，收以毒攻毒之效。据说，三国时神医华佗为关公"刮骨疗毒"，用的就是这种乌头。在汉高祖眼中，吕后有如毒堇，既可利用其威慑作用，又必须控制在不致动摇国本的限度内。一纵一收，具见其权术的高明，也显现出他实际上的无奈。

《史记》记载："吕后为人刚毅，佐高祖定天下。所诛大臣多吕后力。"其中最著名的事件，就是在刘邦去世的前一年，主谋诛杀了韩信、彭越，逼反英布并最终灭而杀之，他们都是为汉家天下立下了汗马功劳的开国功臣。刘邦称帝八年间，吕后协助刘邦，镇压叛逆、打击割据势力，对巩固汉朝统一政权起了重要作用，并为她日后掌权做了充分准备。

而最为人所诟病的，是汉高祖驾崩之后，她身为皇太后，操纵大权，为剪除异己，实施报复，毒杀赵王如意，砍断戚夫人手足，挖眼烧耳，给她吃哑药使她变哑，并置之厕中，任其哀号，名为"人彘"。吕后的亲生儿子、皇帝刘盈当时年仅十七岁，看不惯母亲的残忍，公开表示不满，从而弃理朝政，直至忧郁病逝。

刘邦去世时，吕后曾封锁消息，四天密不发丧，与幸臣审食其合谋诛杀大臣，对刘邦的子孙们痛下毒手。当时，惠帝身体多病，不理朝政；而相国曹参又天天喝酒，也无心过问政事。这就恰恰给了野心勃勃又颇有胆气与干才的皇太后以可乘之机。在打击诸侯王和政治上的反对派的同时，为了强化自己的统治，布置党羽，大封诸吕。在这方面，她是经过周密策划的，有计划地分步进行，先是追封已故的父亲和大哥吕泽为王，众大臣见她追封的都是死人，也就没有吭气。既然开了吕姓封王的头，下面她就按计划实施。八年间，先后分封了吕氏家族十几人为王为侯。这样一来，刘家子弟和朝中群臣就产生了不满情绪。太后便也封了几个刘姓子弟。但是，其间有很大的不同：刘姓的王侯都是少不更事的；而吕姓的王侯尽是带兵的将军。

《史记·吕太后本纪》记载，太后病危之时，下令任命侄子吕禄为上将军，统领北军；吕产统领南军。并且告诫他们："高帝早有指令，不准异姓封王。今吕氏封王，大臣们心中不平。我很快就要死了，皇帝年少，大臣们很可能发动政变。必须聚集兵力守卫皇宫，千万不要急于发丧，免得为人所制。"从这番话也能看出，她确实具有政治家的谋略。

后来果然未出所料，她一死，就爆发了刘氏皇族集团与吕氏外戚集团的流血斗争，最后以皇族集团的胜利而告终。

平心而论，吕后当政期间，她把刘邦所开创的休养生息的方针政策进一步推行下去；同时，也遵守了刘邦临终前所作的重要人士安排的遗嘱，相继重用了萧何，曹参、王陵、陈平、周勃等开国功臣。而这些大臣都坚持无为而治，从民之欲，不劳民伤财。在经济上，减轻赋税，发展生产，给予工商户以贸易自由。《史记》评说："高后女主称制。政不出房户，天下晏然。刑罚罕用，罪人是稀，民务稼穑，衣食滋殖。"在吕后临朝称制时期，在政治、经济和思想文化诸多领域，都有所建树，为接下来的“文景之治”奠定了坚实的基础。

吕后颇有政治家的风度。史载，刘邦死后，匈奴冒顿单于下书羞辱吕后，说：“你死了丈夫，我死了妻子，两主不乐，无以自虞，愿以所有，易其所无。”吕后览表，勃然大怒，打算杀掉来使、出兵匈奴。中郎将季布劝阻说，应该接受高祖轻易出兵，导致“白登之围”的历史教训。最后，吕后听信了季布的劝告，忍辱制怒，平心静气地予以回复：我已“年老气衰，发齿堕落，行步失度，单于过听，不足以自污”，婉言加以谢绝。匈奴自愧失礼，遣使向大汉朝廷表达歉意。

从这也可以看出，吕后确实不愧是一位出色的女政治家。当然，如果说到她的婚姻，无疑，属于权势捆绑情爱的人伦异化的典型，这不能不说是女性政治角色的一个悲剧。

卓文君：
勇气

在几千年的中国封建社会里，私奔，一向被视为奇耻大辱甚至大逆不道。而卓文君居然敢于冒天下之大不韪，跟着心爱的人毅然逃出家门，大胆冲破封建礼教的约束，勇敢地追求婚姻自由，追求爱情的幸福，不惜抛弃优裕的家庭环境，去过当垆卖酒的贫贱生活。做到这一点十分不易，那要终生承受着周围舆论的巨大压力，不具备足够的勇气是下不了这个决心的。

一

古代说到男性中的勇士，总忘不了战国时的孟贲和夏育，还有刺虎的卞庄子。那么，女性中有没有勇士呢？当然也有，而且很多，就中我最佩服的是汉代的卓文君。如果说，贲育之勇在于膂力，“力拔山兮气盖世”；那么，文君之勇则在于心志，对于她所深爱的人，不顾封建礼教的束缚，勇闯世俗藩篱，夤夜私奔，成为女性中我国最早的自由恋爱的先驱。

史载，蜀郡临邛县有一户开发铁矿致富的大财主，名叫卓王孙，家里有奴仆八百名。他有一个千娇百媚的女儿，叫做文君。古书上形容她：眉色如望远山，脸际常若芙蓉，肌肤柔滑如脂；特别是才气纵横，琴棋书画样样精通，尤善鼓琴，通音律。可惜，年轻轻地就守了寡，住在娘家。当地许多门当户对的官宦人家、豪富子弟纷纷向她求婚，她却不肯俯就，一一予以拒绝。

这天，卓翁请客，宴请名士司马相如，县令王吉要亲自出面作陪。只见屋内院外，宾客云集，车马喧阗。上百名陪客者已经到齐，酒席也都摆好了，唯独要请的主客司马相如还没有到场。过了一会儿，捎来信息，说是“身子不太舒服，只好心领了”。这下可急坏了卓大富豪，觉得没有面子。于是，王县令忙着带领几个随从，亲自登门去劝驾。在这种情况下，司马先生也不便继续矜持，便整装出场了。

人们也许要问：这个司马公究竟是个什么角色，架子有这么大？

据林汉达先生《前后汉故事新编》中记载，司马相如原是成都人士，字长卿，从小极爱读书，也学过剑，并精通音律。他小时颇受父母疼爱，昵称他为“狗儿”，长大起名时，由于深慕战国时代蔺相如之为人，便也名为“相如”。当时正赶上蜀郡太守文翁大兴文教，设立学校，招收民间子弟，司马先生就在这里做了教师。不久，文太守死了，他也无心在这里住下去，决意去京城长安，做大官，任大事。他的心志很高，在离开成都路过升仙桥时，曾在桥柱上题写了十个字：“不乘高车驷马，不过此桥。”由此，这座桥便有了新的名字：“驷马桥”。到了长安，开始时并不得志，后来遇到了梁王刘武，被收为门客。这期间，他撰写了一篇长长的文赋，叫《子虚赋》，颇受一辈文士热捧，从此，便名动京师，声闻遐迩。后来，梁王死了，他也无心长住下去，便回到了故里成都。这里交代的是第一个因素，司马相如确实文才出众，而且名动京城。

下面再说第二个因素。临邛县令王吉是他的好朋友。因为当初王县令对他说过，如果在外面混得不如意，就到他那里去。这样，司马相如便投靠到这里来。王吉为了帮他抬高身价，就请他住进都亭一间公房里，自己每天都毕恭毕敬地去拜访他。全城人一看，这人来头可真不小，便也都另眼相待。包括卓家这场宴请，也是王县令一手策划的。

还有第三个因素：司马相如确实是一表人才，长得很帅（《史记》说是“甚都”）。这天一出场，他那潇洒的仪容便立刻引起在座的人一阵惊讶。待到酒酣耳热之际，王县令谦恭地捧琴至前，对司马相如说：“闻君雅擅琴操，请弹一曲，如何？”司马相如略作推辞，尔后，便弹了一支曲子，边弹边唱，声动四座。这就是著名的琴曲《凤求凰》：

凤兮凤兮归故乡，遨游四海求其皇。
时未遇兮无所将，何悟今兮升斯堂！
有艳淑女在闺房，室迩人遐毒我肠。
何缘交颈为鸳鸯，胡颉颃兮共翱翔！
皇兮皇兮从我栖，得托孳尾永为妃。
交情通意心和谐，中夜相从知者谁？
双翼俱起翻高飞，无感我思使余悲。

世上知音者稀，但不能说没有。这天，司马相如终于遇到了知音，那就是卓王孙之女文君。原来，她早已听说司马相如的文名，今天父亲请客，恰恰请的是这位文豪，心中早已抑制不住欢愉之情，便躲在屏风后面，偷偷观看。这种情事，早被玲珑剔透的司马相如发现了。于是，他便有意地作了“琴挑”，把那含蕴着满腔柔情蜜意的琴曲，声声都弹在文君的心弦上。而在文君那里，早已芳心暗许，她被司马相如高华的气度、出色的才情和隽美的丰姿所深深打动；这一曲《凤求凰》求爱的情歌，更令她心旌摇荡，如醉如痴。后世的女诗人潘素心有句云：“一曲琴声两意投”，说的正是这种情景。

宴会结束之后，相如又在王县令的帮助下，通过文君的侍婢向她转达了“心焉慕之，愿结百年之好”的意愿。卓文君知道父亲不会同意这桩婚事，就痛下决心，私自跑到司马相如的都亭，决心跟他患难与共，生死相依。这样，两人便连夜逃回成都。待到老父发觉，他们已经“生米做成熟饭”了。直气得卓翁三阳起火，七窍生烟，暴跳如雷，却又不便公开声张出去，因为“家丑不能外扬”。一口气出不去，狠了狠心，就跟女儿断绝了父女关系。

古人说，读古人之书，说古人之事，须通古人之心。那么，我们不妨设身处地，站在卓文君的位置上想一想：一个不足二十岁的小女子，生于富豪之家，长在闺阁之内，未曾经过人世间的种种历练，竟然敢于同世俗挑战，向封建礼教冲杀，该有多么浩大的勇气、坚强的意志呀！这种敢作敢为、拿得起放得下的女性，实在是令人佩服。好在武帝时“独尊儒术”还只限于上层，纲常伦理的枷锁尚未普遍捆缚民间阵地，市民心理也还没有被“男女之大防”所占领，因而文君所受到的社会舆论压力还不那么强烈。

卓文君对于封建礼教的大胆挑战，对自己婚恋的勇敢抉择，不仅为两千年来无数华夏情侣提供了榜样的力量，而且在后代文学艺术天地里产生了深远的影响。后世一些话本、小说、戏曲，有的就是以它为题材，踵事增华，宣扬颂赞，如戏曲作家、朱元璋第十七子朱权的《卓文君私奔相如》、明人孙梅锡的《琴心记》、清人舒位的《卓女当垆》，都是直接把卓文君的故事搬上舞台；有的在演绎爱情故事过程中引述了文君的事迹。元人杂剧《墙头马上》中的李千金，把婚姻自主看做是人生的应有权益，认为像卓文君那样私奔是合情合理的事。因此，当她爱上了裴少俊，便学着卓文君的榜样，义无反顾地离家出走，并且在公爹面前，摆出文君私奔相如的“千秋义举”，为自己的行为辩护。《西厢记》中的张生，隔墙弹唱《凤求凰》，说：“昔日司马相如得此曲成事，我虽不及相如，愿小姐有文君之意。”

二

且说文君跟着相如来到成都家里，发现家徒四壁，空空如也；而她出走时慌张，更没带上金银财物，眼下衣食无着，困难丛集。但她丝毫没有翻悔之意，当即把随身的首饰变卖了，勉强对付着过上一两个月。这样，他们又返回临邛，再谋生计。终于想出了办法，卖掉了代表身份的车马、宝剑，在临邛街头租了一间房子，开设个小酒店，卖酒为生。

相如穿上一条短裤，洗涤杯盘瓦器；文君则站在柜台前，招呼主顾，掌管酒店业务。一个风流倜傥的文人，相如能够这样做，亦自不易；而文君，作为当日的富家小姐，如今沦落到这种仆役生涯，抛头露面不说，还要充当贱役，不怕人讥笑，不为世俗偏见所拘缚，更是需要有足够的勇气。

文君、相如在临邛当垆卖酒、抚琴自娱，留下了许多遗迹。杜甫有咏《琴台》诗：

茂陵多病后，尚爱卓文君。
酒肆人间世，琴台日暮云。
野花留宝靥，蔓草见罗裙。
归凤求凰意，寥寥不复闻。

首联说，司马相如闲居茂陵后，患有消渴症（糖尿病），但夫妻尚恩爱如初。颔联写历史，“酒肆”、“琴台”都是当年遗迹。原诗有注：“司马相如宅在州西笮桥，北有琴台。”

颈联写诗人所见，野花艳丽、蔓草缤纷，令人想象文君的俊美的脸庞和铺展的罗裙。尾联是怀古——于今，物是人非，斯人已杳，诗人寄慨遥深。

陆游《文君井》诗云：

落魄西州泥酒杯，酒酣几度上琴台，
青鞋自笑无羁束，又向文君井畔来。

这些都是后话。单说当日夫妻二人来到临邛，过起了艰难日子。无论多么苦累，一对美满夫妻为了实现爱情的理想，总还安之若素；真正难堪的倒是文君的老爸。他觉得这两个冤家，是有意让他在人前丢人现眼、抬不起头来，多少天藏在屋里，不好意思露面。朋友、兄弟们都劝他：“长卿毕竟做过官，虽然贫困一些，他的人品和才华还是靠得住的，将来总有出头之日。女儿既然愿意嫁给他，也就算了吧。与其这么僵持下去，莫如分给他们一份财产，让他们出去好好过日子。”卓翁心想，这样做虽非所愿，但事出无奈，也只好走这一步了。于是，就分给了女儿、女婿一百个奴仆，一百万钱财，又把女儿穿的用的衣物用车送了过去。这样，小两口也就关闭了酒铺，心满意足地回到成都，买房屋、置田产，开始过上富裕的生活。

俗话说：“时来天地皆同力，运去英雄不自由。”司马相如当日困穷至极，走投无路，“一个大钱也能够憋倒英雄汉”；而在成了富翁之后，立刻运转时来，官运亨通。不久，即由同乡杨得意介绍，前往京城做了大官。

原来，汉武帝看到了司马相如的《子虚赋》，便对身旁随侍的杨得意说：“这篇东西写得真好。不知道写赋的是哪朝哪代的人。如果和我们生在同时代，我真想见一见他。”杨得意听了，万分得意地说：“陛下，他是我的同乡啊！现在正在家里闲居哩。”于是，司马相如被召到朝廷，汉武帝接见了他，问他道：“《子虚赋》是你写的吗?”司马相如回答说：“是的，陛下，《子虚赋》正是为臣的笔墨。不过，那是写诸侯的事，没有什么可看的。听说陛下喜欢游猎，那么，为臣可以随侍，然后写出一篇天子游猎赋，献给陛下。”

汉武帝听了，喜之不尽，很快就对这个才华横溢的文士做出了妥善安排，不仅给予优厚的待遇，还带着他到上林苑参加游猎。几天过去，司马相如的《上林赋》就脱稿了，当即呈献给汉武帝。武帝看了，非常满意，于是，封司马相如为皇帝的侍从官，那时称作“郎”。

作为《子虚赋》的姊妹篇，《上林赋》“以玮奇之意，饰以绮丽之辞”（鲁迅语），描写了上林苑的恢宏壮丽和天子游猎的盛大规模，歌颂了统一王朝的声威和气势，堪称是司马相如的代表作，也是中国文学史上第一篇全面体现汉赋特色的大赋。

后来，司马相如还曾作为皇帝的专使，招抚夜郎归顺了汉朝。当时，对于“沟通西南夷”是否必要，朝中一班人的看法并不一致，武帝首先征询了司马相如的意见。相如胸有成竹地回答：邛、筰等地和蜀郡相去不远，道路也不难打通。那里，秦代曾置为郡县，到本朝建国时才罢除。现在，若能再度与之沟通，进而设郡置县，其价值是远胜其他“南夷”诸国的。武帝听了，深以为然，便拜封司马相如为中郎将，委之以全权处理有关“西南夷”事务的使节重任。后来，有人上书汉武帝，告发司马相如出使时曾接受过很多金钱贿赂，武帝信以为真，就罢免了司马相如的官职。

三

司马相如家中富有，也乐得清闲自在，就把家搬到茂陵，与卓文君过着悠闲舒适的生活。不过，后来也出现了一些波折：据汉晋之际的《西京杂记》记载：“相如将聘茂陵人女为妾，卓文君作《白头吟》以自绝，相如乃止。”

《白头吟》共十六句，四句为一节，层层递进，展示女主人公思想、性格以及感情变化的过程：

皑如山上雪，皎若云间月。
闻君有两意，故来相决绝。
今日斗酒会，明旦沟水头。
躞蹀御沟上，沟水东西流。

凄凄复凄凄，嫁娶不须啼。
愿得一心人，白头不相离。
竹竿何袅袅，鱼尾何簁簁。
男儿重意气，何用钱刀为。

开头四句，以比兴起，先用高山积雪、云间皓月之洁白，象征爱情的纯洁无瑕，烘托出自己当日对理想爱情的追求；可是，结局却是男人的移情别恋，这该是何等意外，何等痛苦，何等沉重打击，何等无法接受！于是，采取断然决绝的态度。真是力重千钧，咄咄逼人。

第二段四句，写分手的场景：今日斗酒相会，实际是告别的宴饮，明日将各奔东西，像御沟里的水东西分流一样。

第三段四句，通过反思昔日爱恋的过程，发出震撼心弦的呼喊："愿得一心人，白头不相离。"

最后一段，揭示文君的爱情观与深刻领悟。簁簁（shāi shāi)，形容鱼尾像沾湿的羽毛，鱼儿欢快地跃动，形象地描写爱情的欢悦。那么，这种爱情必须建立在情志相通、意气相重的基础之上，而不能受金钱势利所左右。

传说，在《白头吟》诗后面，卓文君还附有一封信：

春华竞芳，五色凌素，琴尚在御，而新声代故！锦水有鸳，汉宫有水，彼物而新，嗟世之人兮，瞀于淫而不悟！朱弦断，明镜缺，朝露晞，芳时歇，白头吟，伤离别。努力加餐勿念妾。锦水汤汤，与君长诀！

"琴尚在御"，说明时间并没有过去多久；可是，已经"彼物而新”，喜新厌旧了。朱弦、明镜，朝露、芳时，全都成了过眼烟云，只剩下“白头吟，伤离别”了。锦江水长流，与君永决绝。

既有缠绵悱恻的感伤，又有断然决绝的警戒。

相如览后，愧悔交加，纳妾之意遂绝。一场险些断裂的恋情，就这样在文君的凛然正气感召下，获得了成功的挽救。

说来，司马相如也真是太令人失望，太辜负卓文君的万种真情、一片芳心了。好在“知迷途之未远，觉今是而昨非”，也算是善于改过者。

在处理这个问题上，卓文君的应对举措和坚决态度，是值得赞佩的。面对丈夫的“移情别恋”，一般的女性有三种选择：一是泼妇似的狂吼乱叫，直闹得“天地为之动容，风云为之变色”；二是隐忍不发，逆来顺受，屈辱地当代罪的绵羊；三是为了勉强维持虚假的爱情，把希望完全寄托在负心人的“偶发善心”上，一味地哀哀求告，乞怜丈夫回心转意，不敢进行针锋相对的斗争。结果是，或者造成一个烂摊子，局面最终无法收拾；或者助长负心人的“无行”，等于“与虎谋皮”，于事无补。卓文君不是这样，面对深重的精神创伤和被抛弃的悲惨命运，她既不是悲悲切切、懦怯无力，也不是张牙舞爪，仓皇失措；而是以理智、镇静的态度，痛苦中追思昔日的温馨与情分，冷峻中显现出果断与决绝。这里有一个大前提，就是司马相如毕竟走得还不算太远，存在着挽救的可能。为此，晓之以理，动之以情，申之以义，断绝其幻想，最后终于收到理想的效果。

卓文君堪资赞颂之处多多，而最为后人所佩服与欣赏的，还是她的惊人的勇气和超凡的胆识。为了争取婚姻自由，她勇于做挑战封建礼教的闯关猛士、开路先锋。在几千年的中国封建社会里，私奔，一向被视为奇耻大辱甚至大逆不道。而她居然敢于冒天下之大不韪，跟着心爱的人毅然逃出家门，大胆冲破封建礼教的藩篱，不惜抛弃优裕的家庭环境，去过当垆卖酒的贫贱生活。做到这一点十分不易，那要终生承受着周围舆论的巨大压力，不具备足够的勇气是下不了这个决心的。

当然，由于汉初的社会人文环境比较宽松；不像后世礼教网罗的森严密布，她所遭遇的压力并不算大，吐在身上的唾骂、谣诼的口水也不太多；再者，旧时代的女性，原本属于压在社会的最底层，无法得见天日，而她，不仅没有遭到鞭笞，反而留下一段流传千古的风流佳话。就这一点来说，较之她的同类，卓文君还算是幸运之辈的。

貂蝉：
凄惨人生

作为“中国四大美女”之一，貂蝉的命运是凄惨的。而其光彩夺目的形象，从小说、戏曲、电影到电视剧，早已深入人心，可以说，每一个人心目中，都有一个活灵活现、美貌绝伦的貂蝉，要多漂亮有多漂亮，要多可爱有多可爱。“曾经沧海难为水，除却巫山不是云”。任何画像、图解，弄得不好，都会成为蹩脚、无谓的赘余。

上

事情的发生，源于一次晋中访古。那天，我们乘车从太原到忻州去，为的是访察金代著名诗人元好问的故居、墓地和“野史亭”。不料，半路上出了个岔头，一个牌坊式的大门赫然出现在眼前，门额上写着：“欢迎远道客人来访貂蝉故里”。车上立刻一片哗然。

有人嚷道：“貂蝉原是一个虚构的文学形象，历史上本无其人，怎么出来一个貂蝉故里？”

有人接上了话茬儿：“上个世纪五十年代，李翰祥导演过一个黑白片《貂蝉》电影，近些年又热播《三国演义》电视剧。村里人逢场作戏，趁机开辟一个旅游点，也是可以理解的。——这种乱抢名人的现象到处都有。”

“异想天开，胡编历史，倒是什么点子都想得出来。可是，怎么偏偏选在这里？总不能毫无依傍吧？”一位文友立刻问难。

当地作陪的文友解释说：“有一种说法，貂蝉出生在忻州。据说，早年时候，这个村头曾经有过一块‘貂蝉故里’的石碑，还传说这里有她的墓地和祠庙。”

我说，历史上究竟有没有貂蝉这个人，是存在争议的。目前，学术界许多人还是倾向于曾经有过这样一个女子。关于她的出生地，也有不同意见，大致有米脂说、临洮说、忻州说三种观点。至于说到“貂蝉故里”石碑问题，恐怕来自元人杂剧《锦云堂暗定连环计》。剧中描写董卓专权，荒淫残暴，太尉杨彪请司徒王允设计除之。戏文中有一段貂蝉对王允的自报家门：“您孩儿又是这里人，是忻州木耳村人氏，任昂之女，小字红昌，因汉灵帝遴选宫女，将您孩儿取入宫中，掌貂蝉冠，因此唤做‘貂蝉’。”汉灵帝将她赐予并州刺史丁原，丁原又把她许配给义子吕布。战乱中，貂蝉与吕布失散，流入王允府中。一次，她在后花园焚香，祈求神灵保佑吕布，被王允发现。问知情况后，王允大喜，厚待如亲生女儿，因与密议，巧设了连环计。

“那么，元人戏曲中把貂蝉定为忻州人氏，是根据民间传闻，还是史有所据呢？”那位问难的文友继续刨根问底。

我说，这部戏曲的本事，出于《三国志平话》卷上《王允献董卓貂蝉》和《吕布刺董卓》两节。不过，有关貂蝉身世的交代，原文十分简单，只说：本姓任，小字貂蝉，家长是吕布，自临洮府相失，至今不曾见面。我想，如果历史上的忻州真有貂蝉其人，这样安排乃是纪实；若是纯属虚拟，它的根据，也许和下述情况有关：王允是历史人物，献帝时先后当过太仆、司徒，他是太原人，离忻州很近；吕布出生于内蒙古包头西面的九原，也曾在太原服役过。这样，貂蝉与丈夫失散后，以乡里之谊流入王允府中，也说得过去。巧还巧在，罗贯中也是太原人。因此，忻州开辟个“貂蝉故里”的旅游点，也自有依凭。

不过，到了罗贯中的笔下，连环计的情节，在元人戏曲基础之上又有了很大的发展。《三国演义》第八、九回，叙述董卓迁都长安后，愈益专横跋扈，司徒王允欲诛之，苦无良策。其府中歌伎貂蝉素被王允待如亲女，见允忧思愁闷，知有大事要做，愿以一死报之。王允乃设下连环计，先请吕布赴宴，令貂蝉把盏，吕布悦其美貌，王允即许以为妻。数日后，王允又请董卓赴宴，仍令貂蝉侑酒，董卓为其美色所迷，王允又把貂蝉献给了董卓。由此，吕布对董卓更加衔恨，又兼貂蝉巧施计谋，使二人矛盾日益激化，吕布必欲杀之。后来，经过王允进一步策划，终于把董卓除掉。《三国演义》改动了《三国志平话》和元人杂剧中貂蝉与吕布原本是夫妻的情节，显得更合乎情理。

说到司徒巧设连环计，当地作陪的文友又讲了一个“貂蝉换头易胆”的故事：

司徒王允定下连环计之后，却苦于选不到风情、魅力足以迷人惑志的美女。名医华佗在侧，便建议道：“这有何难，叫你府中的女伎貂蝉前去，万无一失。她的父母为董卓所害，又素承司徒深恩，当无见却之理。”王允说，我早就考虑到她了，只是觉得她的相貌平平，恐怕难以引令吕布与董卓争风夺艳。

华佗听后，沉思良久，作别而去。几天后，他手提一个包裹来见王允，说：“我这几天跑到了西施故乡诸暨——那里以出美女闻名于世，恰好碰到一个刚刚死去的绝代佳人，我赶紧把她的头颅割下，带回来准备换给貂蝉。”经过华佗的一番绝妙的手术，换头成功，七天七夜之后，貂蝉苏醒过来。王允见后，称赞说：“真的是西施再世。”

于是，就把连环计向她述说一遍。貂蝉非常愿意为国除奸，为亲报仇，只是，她的胆气不足，还没等实际操作，早已吓得浑身乱颤。华佗见了，眉头一皱，计上心来，马上赶到燕赵慷慨悲歌之地，壮士荆轲的故乡，弄到了一个特大的胆囊，经过手术再植，貂蝉换胆成功。从此，这个佳人不仅有西施的美貌，而且，具备荆轲的胆量，终于胜利地完成了除奸的任务。

“这样说来，当地人打出貂蝉这块招牌，还是有一定根据的。”问难的文友感到惬意。恰好，这时车子也开到了韩岩村元好问的墓园，于是，有关貂蝉的话题也就此打住了。

下

关于貂蝉的话题临时打住，但仍有大量的问题有待于探讨。比如，前面引述的除了杂剧，就是小说、平话，都是出于文人之手，既可以像《三国演义》那样，凭借着一定史实，踵事增华，添枝加叶；又可以凭空结撰，羌无故实。那么，有关貂蝉、吕布的历史真迹，是否有踪迹可寻呢？

生活于明代弘治、嘉靖年间的著名学者杨升庵，在《升庵外集》中最先提出：世传吕布妻貂蝉，史传不载，但在唐人李贺诗《吕将军歌》中，确有“吕将军，骑赤兔，独携大胆出秦门，金粟堆边哭陵树”之句，看来，还是实有吕布其人。杨升庵之后，清代学者梁章钜也认为，貂蝉事隐据《吕布传》，虽然她的名字未见于正史，但其事未必全虚。这里是指《三国志·魏书》中的一段记述：吕布奉董卓之命把守中阁，遂与董卓侍婢私通。恐事泄露，心不自安。这些记载，起码说明了戏曲、演义中的“吕布戏貂蝉”与王允巧计除奸，并非凭空构想，而是于史有据的。但也只此而已，既不能否、也不好定与吕布私通的侍婢就是貂蝉，所以，成为一个悬案。

还有，关于貂蝉的评价问题。一般认为，清人毛宗岗的看法，具有一定的代表性。他说：

> 为西施易，为貂蝉难。西施只要哄得一个吴王；貂蝉一面要哄董卓，一面又要哄吕布，使出两副心肠，装出两副面孔，大是不易。我谓貂蝉之功，可书竹帛。

不过，批判的声音也很强烈。早在嘉靖年间，明“后七子”的首领王世贞，在《见有演〈关侯斩貂蝉〉传奇者，感而有述》一诗中写道：

> 董姬昔为吕，貂蝉居上头。
> 自夸予帷幄，肯作抱衾裯。
> 一朝事势异，改服媚其仇。
> 心心托汉寿，语语厌温侯。
> 忿激义鹘拳，眦裂丹凤眸。
> 孤魄残舞衣，腥血溅吴钩。
> 兹事岂必真，可以快千秋。
> 旦闻抱琵琶，夕弄他人舟。

售者何足言，受者能不羞？

宁为楚虞姬，一死不狗刘。

诗的前四句，说貂蝉开始事董卓，后又投身于吕布，甘心做人的姬妾；五至八句，说她在吕布失败之后，又献媚于吕布的仇敌关羽；九至十四句，言貂蝉为关羽所斩，此事虽未必然，但亦足以引为千秋快事；十五至十八句，说她朝秦暮楚，反复无常，一无足取；最后两句，通过颂扬殉项而誓不从刘的虞姬，否定貂蝉的人格。

再就是，关于她的结局和归宿问题。大概有以下五种不同的结果：

其一，大家所熟知的，是《三国演义》的处理方式：吕布助王允诛灭董卓后，以貂蝉为妾，后来，曹操擒杀吕布，将她载回许都，此后，便下落不明。

其二，元人杂剧《关大王月下斩貂蝉》，只存曲目，不详内容。从题目上得知，貂蝉死于关公刀下，这与民间传说相似：曹操绞杀吕布，貂蝉落到刘备手里，刘备、张飞都想娶她。关公怕误了国事，一刀斩之。

其三，传说曹操打败吕布后，把貂蝉赐给关羽。这样，一则可以笼络住这个将才；二则可以让关羽沉湎女色，丧失斗志；三则能挑拨他们兄弟间的关系。不料，这个计谋早被关公识破，坚决拒绝接受。曹操无奈，只好让关公把她杀掉。貂蝉觉得非常委屈，一片赤诚报国，最后竟落到这个下场，便伤心地痛哭起来。关公动了恻隐之心，决定放她出走。可是，到哪里去呢？貂蝉表示要削发为尼，远离世事。于是，关公便护送她到了几百里外的净慈庵。

其四，貂蝉还有一种结局，是事成之后，主动悟解迷津，看破红尘，最后修仙得道，成了正果。事见明人诸葛味水撰写的《女豪杰》杂剧。

其五，近时，又有新编川剧《貂蝉之死》，共分五场：水淹下邳；貂蝉修书；关羽慕蝉；群雄惊艳；残月芳魂。写刘、关、张随曹操攻吕布，水淹下邳。貂蝉劝吕布归顺曹操，吕布不肯。为了拯救全城百姓，貂蝉派遣秦宜禄送信给素所钦慕的关羽，请他转致曹操以百姓为念，立即将水退下。关羽敬服貂蝉的品识，顿生爱慕之心。数日后，秦宜禄缚吕布来降，曹操缢杀吕布，为了笼络关羽，将貂蝉赐之。成婚之夜，貂蝉柔情似水，即兴吟唱《倾心曲》，关羽亦心旌为之摇荡。刘备恐怕误了大事，遂提醒关羽勿忘“扶汉兴刘”大业。关羽无奈，只好忍痛遣走貂蝉。貂蝉突遭骤变，万念成灰，拔剑自刎，保持了侠骨柔肠、忠肝义胆的完美形象。

说到貂蝉的结局，我联想到了西施。论其行止，二人颇有相似之处，其事可嘉，其情可悯。当然，就其实质来说，她们都是做了统治阶级政治斗争的工具，最后的归宿都是很凄惨的，原亦意料中事。貂蝉如上所述，那么，西施又怎样呢？

比较流行的说法，是越王勾践灭吴之后，西施跟随范蠡泛舟五湖，隐居起来。这倒有些风流潇洒，很合乎一般士人的心理要求。范蠡是很有远见的，他早就发现勾践这个人，“可与共患难，不可与共安乐”，自己“大名之下，难以久居”，因此，破吴之后，便急流勇退，改变姓名隐遁下去。

对于西施偕范蠡归五湖的做法，清代大诗人吴伟业极为欣赏，有诗云：

霸越亡吴计已行，论功何物赏倾城？

西施亦有弓藏惧，不独鸱夷（范蠡别号）变姓名。

这应该算是最理想的收场。可是，核诸史籍，发觉这种结果并不存在。一是，上述情况《史记》中没有记载，只讲吴亡后范蠡变姓名，“浮海出齐”，并无西施随行之说。二是，《吴越春秋·逸篇》载：“吴王败，越浮西施于江”。《墨子·亲士》中亦有类似记载：“西施之沉”，以“其美也”。细想一下，这是符合越王勾践阴险狠毒、刻忌寡恩的本性的。虽然同是悲剧角色，相形之下，倒觉得貂蝉的悲惨程度要差一些。

近日，网上刊载一首晏菲作词并演唱的《貂蝉》歌曲，也可以看作千载以还对于这位美貌女子的欣赏与企慕：

风带不走你的泪 / 云挽不住你的美 / 羞的月儿盼的月儿也为你沉醉 / 伤心人痴心人心碎 / 你是谁让英雄如此地追 / 你的美早已为江山所累 / 是谁的伤让你如此地憔悴 / 是谁的爱让你走了千山万水 / 你将一江春水化做相思 / 恩爱难舍总难回味 / 昙花一现繁华梦 / 也要相爱几轮回 / 无数的英雄爱你的美 / 不爱江山相互依偎 / 不顾风烟骤起战鼓擂 / 只愿携手丽人归

至于反映到美术作品上，貂蝉似乎略输了丰采。我曾见到一部根据《三国演义》编绘的貂蝉图像册，多少有些失望：不仅故事显得干涩无味，形象也黯然失色。其实，这也是意料之中的结果。《三国演义》的故事、人物，特别是作为“中国四大美女”之一的光彩夺目的形象，从小说、戏曲、电影到电视剧，早已深入人心，可以说，每一个人心中都有一个活灵活现、美貌绝伦的貂蝉，要多漂亮有多漂亮，要多可爱有多可爱。“曾经沧海难为水，除却巫山不是云”。任何画像、图解，弄得不好，都会成为蹩脚、无谓的赘余。

文成公主：
雪域情缘

文成公主生长在皇家，熟读经史，多才多艺，而且胸怀远大的抱负，具有坚强的毅力。进藏之后，她从唐蕃友好的大局出发，协助藏王松赞干布，为藏民族的繁荣发展建立了不朽的功勋。她那光辉的形象至今仍镌刻在藏汉两族民众的心上。那口耳相传，多如山积的关于文成公主的民间传说、神话故事，以及遍布唐蕃古道和拉萨、山南地区的旧址遗迹、壁画石刻，就是最好的证明。

唐代的文成公主，与一般的古代中国女性不同，她的整个历史是同西藏这块神奇的土地紧密地联结在一起的；换句话说，她的光辉历程贯穿于远嫁吐蕃赞普（藏王称号）的整个历程。这样，今天我们言说这位女性英杰的辉煌业绩，自然也必须从西藏高原、吐蕃王朝以及她的丈夫、吐蕃赞普松赞干布谈起。

一

一觉醒来，见窗外一片皎然，以为天已破晓。披衣起坐，极目云山，不料竟是一天朗月，看了一下表针，刚到凌晨三点。在淡青色的天幕上，这里那里，闪烁着几点疏星，冰轮般的满月挂在西南方的鞍形山脊之上，幽辉粼粼，照得群山峡谷分外凝重，分外庄严，分外神秘。西藏高原上的苍茫大地，正熟睡在沉酣、甜美的梦境之中，一切都显得静谧，苍凉，浩渺。

睡魔已经遁去，脑子里浮现出老杜的“四更山吐月，残夜水明楼”的名句。索性步出门外，在万籁俱寂之中，好好地受用一番雪域高原的夏令月色。水，也是有的，雅隆河就静卧在我们的身边。如果是在江南，风花五月，正是红映帘栊、绿到天边的芳菲时节，大概无论如何也不能同“雪域”联系在一起；可是，在这里，冰峰雪岭就在人们的目力所及之处，仿佛举足能上，挥手可扪。山舞银蛇，月映金川，空明、澄澈中总透露着几分萧瑟，几许寒凉。这里地势高耸，海拔三千六七百米，大气层透明度高，没有污染，所以，月光格外明亮。我一边在庭前漫步，一边随意地翻开手掌，端详着十指上细细的螺纹，竟然箕斗分明，纤毫毕现，更不要说看报上的文字了。

我以为，在广袤无垠的神州大地上，西藏高原最具特殊的魅力。它的神奇的自然环境和特异的高原风光，它的特色鲜明的社会历史、民族风情，它的独树一帜的雪域文明，对于外部世界有着永久的诱惑力。特别是传奇的史事，特殊的风习，以及浓烈而神秘的宗教文化氛围，随时随地都能引发人们雄奇的想象和缥缈的情思，自觉不自觉地沉酣在形上思维和梦幻意识里。

有人说，藏民族具有高超的形象思维能力。一点不假。你随便接触到一座峰峦，一脉河川，一泓湖泊，都会感受到人化自然的鲜明印迹。在它们身上，世世代代的藏族人民倾注了生命的汁液，涂饰了神秘的色彩，构思了无数的优美动人的故事。一踏上这片土地，你就会感到仿佛置身于超现实的世界，游弋在神话传说的海洋里。海拔的高差，稀薄的大气，群山的阻隔，特殊的人文环境，不利于这个民族同外边世界的广泛接触和交融互汇，在一定程度上影响了它的发展进程；但另一方面，却也使它避开了外间的人为的袭扰，较多地保持了自己的完整生命文化形态。

对于一个旅行家、探险家或者历史学家、民俗学家来说，如果他还未曾到过中国的西藏，那不管怎么说也是一桩憾事，一项重大的缺课。而若考察西藏，自然要去那些摩天雪岭、峡谷冰川，要去看看神山、圣湖，去跳一场“果谐”与“锅庄”；但是，无论如何不能忽略了雅隆河流域这雪域文明的摇篮。否则，他就无从认知西藏的文明史和吐蕃王朝的兴亡史。

现在，天色已经大明，天边的皓月悄悄地减了光色，遁身山后，而悠悠北去的雅隆河却亮出它那清丽的倩影。微风起处，河面上浮动起细细的涟漪。我蹲下身去，双手捧起清波，咕嘟嘟地猛劲儿喝上两口，顿觉遍体生凉，清入心脾。藏族佛典上说，秋天的雅隆河水有八种神效：甘甜，凉爽，绵软，轻盈，清冽，不腐败，不损喉，不伤腹。也许是因为我没有赶上秋天，也许是因为我一时仓促，没有来得及细细品味，这么多种神功奇效并没有一一感受出来。但是，清冽、洁净却是千真万确的。如同许多民族的发生、发展都同一条或大或小的河流相关联一样，藏民族的起源也同这条河有着密不可分的联系。正是雅隆河以其乳汁一般的一线清流，孕育了藏民族的祖先，滋润了古代吐蕃王朝的兴王故地；正是在雅隆河畔，整个西藏的文明史掀开了辉煌的首页。

用过了富有民族风味的藏式早餐，我们驱车来到地处雅鲁藏布江南岸、雅隆河口的山南地区首府泽当镇。当地的藏族同胞，勤劳勇敢，朴实纯真，能歌善舞，热情好客。他们把世世代代生活在民族历史文化的源头引为荣幸，听说我们是来“采风”的，便主动地导引我们参拜了西藏四大神山之一的贡布山。他们说，听先辈人讲古，这座山之所以“神”，因为它是由四位神灵抬着的，东面马王，西面神象，北面孔雀，南面灵龟，它们用神力把贡布山托在半空，所以，这座山不同凡响，站在山上，能够同时看到仙境和人间。

仙境总是虚无缥缈的。我们没有灵根夙慧，既看不到神山四灵，也感受不到它同其他普通的山峦有什么差异，只是看到山腰间有三个仙洞。可惜，由于高山缺氧，一个洞也爬不上去，只能在气喘吁吁之下，望山兴叹了。藏文史籍记载，这里为西藏古代人类的发祥地，是人类的始祖居住的地方。神话传说，三座仙洞里分别住着公猴王、神魔女和普贤菩萨，当年由菩萨做媒，猴王与神女结婚，从此繁衍了后代。而山前的平坝子，便是孩子们玩耍的地方。泽当，藏语意为游戏的平坝。据说，住着猴王的山洞，方圆有三米左右，岩洞深处的壁上雕有猴子像，形态活泼，亲切可爱。至今保存完好，一年四季香火不绝。

藏族朋友介绍说，据远古传闻，在天的中心之上，住着天神之子弃端己，他的儿子聂赤下界到人间，降临于雪山高耸的中央、清水奔流的源头、洁净无尘的雅隆河谷，在六牦牛部为王，做了传说中的吐蕃第一代赞普。神话传说是一种流行于上古时代的民间故事，所叙述的虽然是超乎人类能力以上的神迹，但其中往往含杂着史实，是原始人生活、思想的有趣的反映，因此，可以从中窥察人类生活史的第一页。看来，聂赤从天上下凡到人间，当了“王”，实际上，也许就标志着从原始社会进入出现阶级萌芽的社会形态。

这第一代赞普的“宫殿”，就在雅隆河东岸的一个山头上。这是一座名叫“雍布拉岗”的碉楼式的石体建筑，上窄下宽，好似一顶大帐篷罩在那里。藏语意为母子宫。相传建于公元前一世纪聂赤赞普时代，是西藏第一座殿堂建筑。至今，残壁犹存，只是屋顶早已崩塌了。“宫殿”旁边还有一座方形塔楼，当是后人修筑的。里面保存许多壁画，描绘了出现第一代赞普、修建第一座“宫殿”、开垦第一块耕地的故事，形象生动，十分逼真。站在山头上，雅隆河谷的秀美风光一览无余。在藏族同胞的指点下，我们俯眺了传说中的藏族的第一个村落和第一块农田。他们还自豪地介绍说，也是在雅隆河一带，诞生了藏族文字的创始人，产生过藏族第一部诗集、第一部藏戏，建筑了西藏第一座寺庙。

二

车出泽当镇，沿雅隆河谷西南行，我们来到了穷结县城。一千三百多年前，这里在唐代汉文文献中称跋布川，是吐蕃王朝的都城。从第六代到第九代赞普，在半山腰上，先后兴建了六座宫殿，俗称“青瓦六王宫”，是古代藏王的第二大宫堡。现在，宫殿遗址仍清晰可见。不过，最引人注目的还是木惹山上的藏王墓——公元七世纪至九世纪的历代吐蕃赞普的墓葬群。在方圆三公里的山坡上分布着九座坟墓，有的如山如阜，高达几十米。除了因为风雨剥蚀，方形平顶已经渐渐变为圆形之外，内部基本保存完好，据说未经发掘过。雅隆河流经山下，在斜阳的照射下，闪着金色光波的河水悠悠地平静地流淌着，似乎在向游人安详地诉说着千古兴亡的往事。

我们怀着崇敬的心情，参观了吐蕃王国的创建者、藏民族的杰出的代表人物松赞干布和他的妻子文成公主的陵墓。墓顶平台上建有祠庙，正殿中供奉着墓主的画像。公元七世纪上半叶，同中原的大唐王朝相辉映，强盛的吐蕃王朝在祖国西南边陲鹊然兴起。如同唐王朝的繁荣总是和唐太宗李世民的名字联系在一起一样，吐蕃王朝的兴盛，也是同它的开创者松赞干布和他的妻子文成公主分不开的。他们都是中华民族历史上的杰出人物，而且，生活在同一时期。唐太宗年长松赞干布十八岁；松赞干布年长文成公主六岁。

隋义宁元年（公元617年），松赞干布诞生于雅鲁藏布江南岸泽当城西雍布拉岗堡中一个吐蕃贵族家中。这一年，李世民正随同他的父亲、太原留守李渊起兵反隋；次年三月隋亡，五月建立了大唐王朝。松赞干布的父亲论赞弄囊，是一位很有作为的将领。他曾率领万名精兵渡过雅鲁藏布江北征苏毗，兼并了吉曲河（今拉萨河）流域和苏毗王国其他许多地方，从而被各家贵族尊奉为如天之高、如山之坚的赞普，从部分贵族的首领一跃而为雪域高原各部的共主。

正是在这样的环境里，松赞干布从小就在知识、智慧、谋略、武艺诸方面受到了良好的训练，养成雄豪果决、勇于进取的性格。在他十三岁这年，父亲被叛臣进毒谋害，诸臣和母后家族纷纷举兵反叛，敌国苏毗的旧贵族也趁机从外部呼应。在这内忧外患交织的危急关头，松赞干布在叔父论科耳和宰相尚囊等亲信大臣的拥戴下登基继位，成为第三十三代赞普。首先以迅雷不及掩耳之势，扑灭了宫廷内部的反叛势力，从而稳定了王朝的根据地山南地区。然后，以惊人的胆识，果断地决定迁都逻些（后称拉萨）。当时宣称，先祖是普贤菩萨的化身，早年曾在逻些的红山建功立业，后来隐居修行，所以，吐蕃历代子孙都尊崇此地为祈福降祥之圣地。现在，迁都到这里，正是顺天意而庇祖荫。当然，松赞干布还有着更深层的考虑。

他深知，吐蕃旧贵族势力长期盘踞在那里，盘根错节，尾大不掉；这些人曾对他的父亲下过毒手，因此，对他们不能不存有戒心。从战略意义看，逻些地处全藏中心，北依念青唐古拉山，南临吉曲河，可以视为两道天然屏障，位置十分重要。而且，经济文化发达，地域开阔，较之山南地区有更大的发展余地。迁都后，即着手内部政治改革；然后，松赞干布率兵西征，实现了西藏高原的统一，建立了强大的吐蕃王国。

松赞干布认为，当务之急是实现与大唐王朝的结好，凭借大国之威伏制四方，以进一步提高吐蕃在列国中的政治地位。尤其是后来听说突厥与吐谷浑的可汗都迎娶了唐朝公主，就更强化了他与大唐王朝和亲的愿望。然而，事情进展得并不顺利，从提出请求到最终实现，前后迁延近七年之久。中间还发生了一场声势浩大的对唐战争，出现了类似后来戏曲中“穆桂英大破天门阵”，以武力逼婚的戏剧性情节。

事态发展的经过是这样的：先是唐王朝主动派人前往吐蕃持书通好，松赞干布予以热情接待，并派出使者带着大量金帛入唐回访，上表求婚。当时，唐太宗以为吐蕃僻处西陲，一向接触很少，又兼缔交伊始，情况不明，想要观察一段再作考虑。可是，这倒难为了吐蕃的使者，他们觉得回去后不好交代，如果实话实说，会大大伤害了年少气盛的赞普的自尊心。正在计无所出之时，恰好新继位的吐谷浑可汗也到长安来朝见，吐蕃使臣便把这个倒霉鬼抓住了，说是由于受到了他的挑拨，大唐王朝才没有允婚。松赞干布一怒之下，便发兵讨伐吐谷浑；大获全胜之后，又挥师东进，陈兵于唐属松州的西境。声言：如果唐朝不嫁公主，便要提兵深入，大战一场。战事就这样发动起来，结果，吐蕃方面遭致失败，不得不引兵退还。

败绩与挫折，使松赞干布头脑变得清醒了，也更加认识到大唐王朝的雄厚的实力。于是，遣使入长安谢罪，并再次诚恳地向唐王请婚。唐太宗不愧是豁达大度的英主，当即答应他们的请求。松赞干布闻讯，喜不自胜，立即备下五千两黄金和数百件宝物珍玩，作为丰厚的聘礼，由宰相禄东赞率领使团，于公元 640 年 10 月，赴长安纳聘迎娶。

宰相禄东赞在拜见唐太宗时，首先代表松赞干布当面谢罪。说，我们的赞普年少气盛，眼见突厥、吐谷浑均蒙陛下恩准结亲，唯独吐蕃遭拒，心中难免不平；又加上误信使臣谎言，以为大唐小视我们，一时冲动，才铸成大错。松州一役之后，他已痛悔失策，立即罢兵回朝，并派出使臣登阶请罪。其中种种曲折，想陛下当能谅解。一番话，说得唐王龙颜大悦，当即应允派遣宗室女文成公主赴吐蕃和亲。唐代著名画家阎立本在《步辇图》中对这一场景作过生动的描绘。至今，这幅名画还珍藏在中国历史博物馆中。

为了等候公主起程，禄东赞在长安住了三个多月。唐太宗非常重视这门婚事，曾多次召见他。一次，故意严肃地对禄东赞说，按照大唐的规矩，凡来迎娶者都必须回答一系列难题。如果有一道题答不上，也休想把公主带走。接着，他就说出了五件难办的事：

一、要把一根绵软的丝线从九曲明珠的细孔中穿过来；

二、要把一百匹母马和一百匹马驹的母子关系分别辨认出来；

三、要在一天之内喝完一百坛酒，吃完一百只羊，并鞣好一百张羊皮；

四、迎亲者夜晚出入宫室不得迷路；

五、把将去和亲的公主混杂在两千五百名美女中，要一眼就把她认出来。

列出五件事之后，唐王问他能否一一解决。禄东赞答道：为了能成功地迎娶公主，纵有千难万苦，臣下也在所不辞。

唐太宗马上让宫女取来九曲明珠，交给禄东赞去穿线。他接过来宝珠，仔细端详一番，立刻有了主意。他叫手下人取来一条马尾鬃和一点点蜂蜜，又蹲下身去抓了一只蚂蚁。然后，在宝珠细孔的一端外面抹上一点点蜂蜜，并小心翼翼地将马尾鬃拴在蚂蚁的腰部，再把它从宝珠细孔的另一端放进去。只见蚂蚁闻到蜂蜜的甜味之后，便沿着弯弯曲曲的孔道一路向前寻找下去，不一会儿就从宝珠的另一端爬了出来。禄东赞松了一口气，忙把绵软的丝线接在作为引线的马尾鬃上，用手轻轻地一拉马尾鬃，丝线便顺利地穿过了九曲明珠。唐太宗高兴地称赞说："真聪明！"

接着，禄东赞又着手解决第二道难题。对于这个在草原上长大的智者来说，这也许算不上是太难的事。他叫手下人先把两百匹小马驹和母马分开来圈养，并且断绝了马驹的草料和饮水供应。一天之后，再把母马和马驹同时放出，一个个又饥又渴的小马驹各自飞快地跑到母马的腹下找奶吃，母马也用嘴巴亲吻着小马驹的尾脊。这时，一百匹母马和一百匹马驹的母子关系已一目了然。

……

就这样，一般人绞尽脑汁也想不出来解决办法的五道难题，在禄东赞面前一一有了理想的答案。唐太宗爱才如命，赞赏不置，当即宣布一道圣旨：文成公主择日成行。

三

文成公主生长在皇家，自幼受过良好的教育，熟读经史，多才多艺，而且胸怀远大的抱负，具有坚强的毅力。订婚之后，唐太宗曾经几次召见她，希望她以汉朝的王昭君为榜样，从唐蕃友好的大局出发，在吐蕃干一番事业。公主尽管对即将远离父母和家园感到情怀难舍，但她并没有整天沉浸在忧伤之中。通过与禄东赞详细交谈，她了解到许多情况，事先准备了吐蕃所缺少的日用物资和粮谷、蔬菜种子，以及佛教、儒学方面的经典、史籍，农艺、医药、历法、工技等书籍，带上了一大批精于纺织、刺绣、农事、建筑等各类技艺的熟练工匠。

公元641年1月，文成公主启程上路，唐太宗命族弟江夏王李道宗持节护送，并亲自赐宴，为吐蕃使臣和文成公主饯行。在吐蕃那边，松赞干布也按照约定的日期，亲率禁卫军在柏海（今青海扎陵湖、鄂陵湖）迎候。到达逻些时，文成公主受到了空前热烈的欢迎，万人空巷，群情振奋。松赞干布与大唐公主的婚礼，成为吐蕃人民最盛大的节日。

当日的逻些，虽然已经作为都城，但建筑物不多，仍然给人以荒凉、萧疏的感觉。那里的发展与建设，多是在文成公主抵达以后展开的。为了迎娶大唐公主，松赞干布提出要专门修建一座城堡。据说，最早的布达拉宫就是为文成公主修建的，后来毁于雷火与兵燹，但当日结婚时的洞房遗址和他们的塑像至今还保存着，松赞干布神采奕奕，英姿焕发；文成公主则端庄沉静，健美丰腴。

松赞干布对文成公主一往情深，十分尊重。公主笃信佛教，她跋山涉水，万里迢迢，把一尊释迦牟尼的佛像带进西藏。为了供奉这尊佛像，松赞干布授意，由文成公主组织随行的工匠，完全依照唐朝式样修建了一座寺庙，这就是著名的小昭寺。松赞干布极力拥护文成公主弘扬佛法的主张，觉得佛教的教义有利于巩固王权，维护统治。

雪域高原自然灾害很多，当时生产力低下，人们对于战胜这些灾害缺乏信心。过去人们信奉的苯教，宣传自然界有宁神、龙神、地神三大神魔，人类如果触犯了他们，就会遭致疫疠、病苦和各种自然灾害的报复，除了禳祓、趋避，没有其他办法。松赞干布对于现实的敌人，包括那些暗杀他的父亲的内奸和境外入侵的强敌，他是无所畏惧的，也有办法对付；可是，对于这些给人类带来各种灾害的魔神，却感到无能为力。现在，寄希望于佛教，期望它能提供一种制伏灾祸的超自然的力量。

当地传说，文成公主入藏伊始，便显示了她的超人的智慧。就在小昭寺开光典礼上，一名歹徒为了破坏唐、蕃友好关系，企图刺杀文成公主。由于发现及时，未能得逞，但凶手却被杀掉，显然是为了灭口。松赞干布明知凶手的幕后必有在场的内奸指挥，但苦于无法察出。当下，文成公主向赞普进言：“我自大唐带来一口金钟，能够辨识忠奸邪正。方法十分简单，只要把它挂在一间暗室里，在场的每个人都去触摸一下，便知分晓：若是正直贤臣，抚摸之后，金钟寂无声响；如果有奸邪作乱者，手一碰到金钟，就会响震不停。在长安时，皇帝曾多次试验过，灵验无比。我们也不妨一试。”

松赞干布点头称善。当即叫公主取来金钟，布置暗室。不大工夫，一切就绪。于是，全体王臣依次进入暗室摸钟。但是，自始至终，金钟也没有响过。难道，奸人根本就不存在，或者没有在场？还是确有奸邪，但因金钟失效，没有侦察出来？人们正在狐疑之中，公主突然下令“点灯照明”，并让每人都伸出双手给赞普查看。只见绝大多数人都是手染烟黑，唯有两人手上干干净净。公主厉声叫把他们拿下，经过审问，二人对谋划行刺的罪行一一供认不讳。原来，公主事先布置，在钟上涂以厚厚的松烟，她料定奸人由于心中有鬼，必然不敢抚摸金钟，这样，就会把自己暴露出来。经过公主一番解释，赞普和满朝文武，人人都赞服她的智慧。

松赞干布在与文成公主朝夕相处，耳濡目染中，对中原的先进文化和技术工艺，始而感到新奇，继则极度倾慕与向往，萌发了学习大唐文化，改变吐蕃某些落后习俗的强烈愿望。他率先换上了唐太宗赐予的华贵袍服，在他的带动下，有些大臣也都脱掉了笨重的毡裘，穿上了丝绸做成的中原服装。过去藏族上层贵族与普通民众，都是“以毡帐而居，无城郭屋舍”，汉族工匠便向他们传授了建筑房屋的技术。吐蕃旧俗，人们常以赭色土粉涂面，公主看了觉得不太文明，松赞干布便发出号令改变这种习惯。一时间，唐风所被，濡染了整个逻些。所以，晚唐诗人陈陶在《陇西行》中有句云：“自从贵主和亲后，一半胡风似汉家。”

文成公主十分喜欢雅隆河谷的景色，认为这里地势平坦，气候温润，花木繁茂，水碧山青，与故都长安有些相似，遂定居于泽当的昌珠寺。松赞干布万机之暇，也经常到这里来居住。寺内至今还珍存着据说公主用过的酒壶、陶盆、炊灶和亲手刺绣的珍品；昌珠寺周围的柳林，传说也是松赞干布和文成公主留下来的。

公主在逻些和山南地区，亲自教授藏族妇女纺线、织布和挑花、刺绣。还发动来自内地的工匠，向当地民众传授平整土地、开挖沟畦、加筑田塍等耕作方法，以及安装水磨、制造农具、酿酒、制陶等多种技术。松赞干布非常赞赏中原工匠的工作，下令免除他们的差役。

为了扩大汉、藏两族人民的亲密合作和经济文化交流，唐、蕃双方大力整修道路，增设驿站，实施保护商旅的政策，内地各种货物源源输入雪域高原，尤以锦缯制品特别为藏族人民所喜爱；西藏的麝香、犛牛尾等土特产以及一些手工艺品，也畅销于中原各地。《红楼梦》第一百零五回中，锦衣军从宁国府查抄的物品里，有三十卷氆氇。有学者考证，就是来自雪域高原的贡品。

据统计，从贞观八年松赞干布第一次派遣使臣赴长安请婚开始，到会昌六年吐蕃王朝崩溃的二百一十三年间，唐、蕃双方使臣往来多达一百九十一次，形成了“金玉绮绣，问遗往来，道路相望，欢好不绝”的良好氛围。

继松赞干布之后，他的五世孙赤德祖赞又迎娶了大唐的金城公主，进一步加强了唐、蕃之间的亲密联系。在尔后的一百多年间，双方先后会盟八次。最后一次是在唐穆宗长庆年间进行的，所以称为“长庆会盟”，盟文以汉、藏两种文字刻在石碑上。作为汉、藏两族人民友好关系的象征和历史见证，这块无比珍贵的唐蕃会盟碑，一千多年来一直矗立在古都拉萨的大昭寺前。

“和亲”一词，早在先秦的文献中就已出现。但那时是指一般的邻国修好活动，并没有姻亲关系。严格意义上的和亲，是指中原王朝与少数民族政权之间的高层次的婚姻关系。这种名实相符的和亲，始于西汉初年，中经隋、唐两代更趋盛行，后来，一直延续到清代，粗略统计，至少在一百五十次以上。和亲公主的身份，从皇妹、皇女，亲王女，到宗室女、宗室甥女，到功臣女、家人子，直到一般宫女、媵女，多种多样。目的也不完全相同，但总的都是服从于封建王朝的政治需要。

如果说，“对于骑士或男爵，以及对于王公本身，结婚是一种政治的行为，是一种借新的联姻来扩大自己势力的机会；起决定作用的是家世的利益，而决不是个人的意愿”，（恩格斯语）那么，历史上中原王朝与少数民族政权之间的和亲，就更是一种道地的政治行为。而公元七世纪中叶松赞干布与文成公主的雪域奇缘，则是在政治行为之外，加上了一层发自真情的爱恋。不能不说，这是一种特殊现象。

可以说，他们共同创造了一个在中外政治史上，特别是上层社会里，震古烁今的人间奇迹。他们自幼生活在迥然不同的社会环境里，民族各异，信仰不同，语言、年龄、生活习惯方面存在着诸多差异。可是，当他们从数千里外走到一起之后，却能破除种种看似难以跨越的障碍，十年如一日，政治上志同道合，思想上相互信任，事业上全力支持，从而为雪域高原的繁荣发展、汉藏民族的友谊合作、经济文化交流，创建了丰功伟绩；而且，在爱情生活方面，赤诚相与，互敬互爱，亲密无间，称得上是“天赐良缘”，完美无瑕的千秋懿范。

松赞干布迎娶文成公主之后，对唐王朝一直以子婿自居，保持着极为友好的关系。唐太宗征高丽回朝，他即派宰相禄东赞奉表致贺。表文中说，圣天子平定四方，日月所照之地皆为臣妾。作为子婿，自然比其他臣民更加百倍地高兴。因此，他特制金鹅一只奉献皇上。鹅高七尺，黄金铸成，里面可盛酒三斛。后来，唐朝使臣王玄策出使印度，归国途中，带回的名贵财物被人劫掠一空，从骑五十人全部战死，玄策只身逃往吐蕃西境，驰檄求救。松赞干布立即派出精锐部队前往接应。

公元 649 年 5 月，唐太宗病逝，高宗继位。授予松赞干布驸马都尉，封为西海郡王，松赞干布欣然接受，同时奉献金银珠宝十五种，请求祭奠于太宗灵座之前，表示他的深切哀悼与怀念之情。高宗非常赞赏他的忠诚友好态度，加封为宾王，并为他刊刻石像，列于昭陵（唐太宗陵墓）玄阙之下。这是当时朝廷的一种特殊礼遇。只有为唐王朝建立过丰功伟业的勋臣和吐谷浑、和田诸王才能享受到这种恩宠。

“世间美物不坚牢，彩云易散琉璃碎”。一年过后，藏族历史上的杰出政治家松赞干布病逝于逻些，年仅三十四岁。文成公主悲痛逾常，忆及夫妻将近十年时间政治上的精诚合作、生活上的亲密无间，日日潸然垂泣。但她决心继续留在雪域高原，要将余生全部奉献给佛祖，奉献给吐蕃人民。赞普英年早逝的消息传到长安，唐高宗震惊之余，痛悼不已。朝廷下令为之举哀，并派遣特使带着皇帝诏书前来参加祭吊仪式，给予松赞干布以异乎寻常的身后哀荣。

又过去了三十个年头，公元 680 年，文成公主也辞别了人世，享年五十五岁。斯人虽去，风范长存，世世代代活在雪域高原广大藏族民众的心里。一千三百多年来，藏族同胞一直深情地怀念着这位大唐公主，每年设定了两个纪念节日：藏历 10 月 15 日文成公主的诞辰和藏历 4 月 15 日文成公主到达逻些的日子。

四

一千三百多年来，藏族同胞一直深情地怀念着文成公主，每年有两个纪念节日：藏历 10 月 15 日文成公主的诞辰和藏历 4 月 15 日文成公主到达逻些的日子。

原来，藏历与汉族的夏历大致相同，这次到西藏采风，我们正好在雅隆河谷赶上了 4 月 15 这个值得永远纪念的节日。大家早早地赶到了昌珠寺，见到许多老年藏族妇女备上果供，陆陆续续赶来祝祷；有些藏族老伯口中诵念祷词，手里转动着嘛呢经轮；女孩子们则身穿节日盛装，头戴纸帽，载歌载舞。我之得知寺内陈列的陶盆、瓦灶为当年文成公主旧物，就是在这里听一位藏族老妈妈讲的。这一天，又是释迦牟尼诞辰及圆寂的日子，称为“沙噶达瓦节”。当地民众说，文成公主也是神佛，所以和佛祖一样，向她烧香进贡。

告别了西藏的古都，我们踏上了唐蕃古道，要实地感受一番那里的特异风采。古道东起西安，西到拉萨，经过陕西、甘肃、青海、西藏四省区，全程约三千公里，多数地段都在三千米高程以上，难怪人们称它为“天路”。它像一条金色的哈达，把广大藏区同祖国的心脏紧紧地连结在一起。

当年，文成公主入藏，唐、蕃使节往来，商旅、驿路传输，走的都是这一条道路。我们这次属于“逆向行驶”，只走西线一段，取道拉萨、那曲，沿青藏公路南段东北行，然后穿越唐古拉山口，再循青康公路北上，直抵西宁。尽管今天已经铺设了柏油公路，而且有汽车代步，但山高路险，地形复杂，气候恶劣，大部分都是穿越人烟稀少的牧区，环境之困苦，行迈之艰难，仍然是其他任何地带所无法比拟的。实在难以想象，一千三百多年前，担负着发展唐蕃友好关系、增进汉藏民族友谊的重任而穿行其间的文成公主一行，该是付出何等代价，历经多少艰辛啊！

这里是青海玉树藏族自治州的首府结古镇。我们稍事休息，便随着一位藏族牧民打扮的导游，溯巴塘河南行，经过白边草滩，进入了奇峰对峙，林木葱茏的白纳沟。大家的眼睛刷地一亮，原来，一座清幽古雅、褐色斑驳的庙宇，像一幅镶嵌在山崖峭壁上的精美浮雕，赫然出现在眼前。这就是闻名遐迩的文成公主庙。庙门旁边立着一块不大的石碑，导游告诉我们，上面刻的是古藏文，简略地记述了建庙经过。寺庙为独立的藏式平顶建筑，内塑文成公主坐像一尊，头戴朝冠，耳佩金环，身着唐代盛装，双目正视，显得意态娴静，法相庄严。两侧各有立像四尊，分列上下两层，都是在石壁上雕凿成形，后施彩绘的，均系唐代艺术风格。

相传文成公主进藏时，曾在此地停留，向藏族群众传授耕作、纺织技术，群众深情怀念她，便在石壁上图形造像，后又建筑庙宇，永志不忘。每年都有许多藏传佛教信徒和中外游客，来此瞻仰朝拜。

当地群众传说，由于文成公主的造化、功德，白纳沟所有的岩石峭壁都神奇地出现了佛祖的如意化身和各种佛像、经文，但肉眼凡胎却看不见，以致附近居民谁也不敢随意动用这里的石头。有一年，从拉萨来了几位传经布道的高僧，路过白纳沟，想要支锅做饭，便到下面去寻找石块，结果，发现每块石头上面都有佛像、经文，只好作罢。我们接触几位老人，都说文成公主是天上下凡的菩萨，下界生民都把她当做神佛来奉祀。

第二天，我们继续驱车北上，来到了玛多县的黄河沿，这是黄河源头的第一个城镇。“玛多”就是黄河源头的意思。黄河沿，在历史上名气很大，许多古书上都有记载，因为它是唐蕃古道上的重要口岸。过去却连一顶固定的帐篷都没有；如今，已经发展为一座五业比较繁兴的城镇。黄河在这里奔腾东下，河身上架起一座钢筋水泥大桥，有“万里黄河第一桥”之誉。此行的目的地，是去访察三十多公里外的黄河上游两个最大的湖泊。扎陵湖和鄂陵湖，古称柏海。当年，松赞干布曾在附近扎营设帐，迎候文成公主的到来。

此间气候凉爽，地域辽阔，水草丰美，是理想的夏令旅游观光胜地。我们来到的这一天，正值五月下旬，晴空一碧，苍穹若洗，朵朵如絮如绵的白云飘荡在湛蓝的天幕上，映衬着波光潋滟的明湖和连绵起伏的青山，令人心旷神怡。遥想公主当年，在这般诗情画意的环境里，会见心仪已久的年轻、英俊的藏王，一定也是神痴心醉、意兴盎然的。

出行之前，翻检文献史料，得知文成公主赴藏途中曾经翻越日月山。我们原以为一定是一座齐云摩天、横空出世的高峰，中间还会有一道“一夫当关，万夫莫开”的隘口。“日月山”，顾名思义，不就是高接日月的山峦吗？现在，当我们站在它的面前，实在感到有些名实不符，甚至不敢相信自己的眼睛。不要说，在万山如簇的青藏高原，即使放到内地去，它也显示不出半点儿雄姿胜概。

唯一引人注目之处，是山上色彩斑斓，土呈红色，雨后尤为鲜艳，所以又称作交马赤岭。古时，中原王朝和吐蕃使者往来，都要在这里互相换乘坐骑，方准入境。这里还是农区与牧区的界岭，是倒淌河的发源地。东面，万木葱茏，村落密集，阡陌纵横，粮谷繁茂；而西面则人烟稀少，荒草离离，山峦绵亘，形成了鲜明的对比。

当地民间传说，日月山因文成公主摔碎的宝镜而得名。宝镜有二，一曰日镜，一曰月镜，乃唐太宗所赐。当时，唐王告诉她，镜中贮尽了中原胜景，每逢思家之时，只要把它打开照上一照，离愁便会划然消解。这一天，文成公主路经此处，立马山前，见到“马后桃花马前雪”，两边光景迥不同，思亲怀土之情不禁油然而生。于是，她把宝镜找出来照了一会儿，一时悲从中来，失声痛哭，竟然泪水成河，滔滔西去，她随口吟出：“天下万川皆东去，唯独此水向西流。”这就成了今天看到的倒淌河。但是，她很快就清醒过来，察觉到这种情感不对头，不应眷恋私情而忘怀肩上担承的和亲重任。想到这里，随手便将两方镜子抛了出去，结果甩在东面的日镜变成了日山，甩在西面的月镜变成了月山。美丽的传说，完整地塑造出了一个儿女情长和英雄肝胆相统一的女杰形象。

从西藏到青海，走遍藏族地区，随处都能听到对文成公主的颂赞。作为未曾出过都门一步的少女，以其宏伟的抱负、非凡的胆识和千古卓绝的献身精神，毅然离开温柔富贵之乡，放弃安乐尊荣的生活，踏上了冰封雪裹、岭峻山高的天涯险境，来到荒凉僻塞、言语阻隔、风习迥异的雪域高原，充当促进汉藏经济文化交流的伟大使者，实在是旷古罕闻，难能可贵的。

五

在一个多民族国家的历史中，两个兄弟民族的和解，不能说不是一件具有重大意义的历史事件。和亲政策，在今天看来，已经是一种陈旧过时的民族政策，但在古代封建社会里，却不失为维护民族友好关系的一种最佳的选择。就这方面的贡献来说，和亲匈奴的王昭君与和亲吐蕃的文成公主，可称为光照千秋的“汉唐双璧”。离开长安时，唐太宗就曾以昭君为榜样来勖勉文成公主。实践证明，她没有辜负君父的重托与期待；而且，在许多方面做得更为出色。

但是，一个令人奇怪的现象是，历代以昭君事迹为题材的诗歌，数量之多是惊人的，仅我所接触到的就不下七八百首；而唐、宋以降的诗人中，咏赞文成公主的作品却寥寥无几。既然，功业不殊，经历相似，为什么会出现如此巨大的反差呢？我想，这只能有一种解释，就是与西藏高原的路途阻隔、人迹罕至有直接关系。当然，由于史臣的偏见，造成史籍失载，恐怕也是一个重要因素。一部二十四史，不知为几多帝王将相作了家谱，哪管是笨伯、白痴，酒囊、饭袋，淫棍、暴徒，也一无遗漏，大书特书。可是，这样一位对历史有过重大贡献，简直可以惊天地而泣鬼神的旷代女杰，竟然在新、旧唐书上没有留下几行传记，甚至连她的名字都没有记载下来。实在是太不公平了！

遭到诗坛的冷落，确实是很遗憾的；但是，若从未曾受到扭曲这方面来看，也许倒是幸事。在歌咏昭君的诗词中，“公主琵琶幽怨多”，是普遍的基调。多数诗词撇开民族和好这个主题，不去歌颂昭君对当时与后世的贡献，却一味地描写昭君的悲怨，片面地加上“红颜薄命”的传统看法，表达对昭君出塞的哀怜；有的还带有民族偏见，把出嫁匈奴看作是一种屈辱，说什么“汉室空成一土丘，至今仍未雪前羞”；个别的甚至从反对和亲出发，荒谬地说：“君王莫信和亲策，生得胡雏虏更多”；还有的写昭君出塞后如何眷恋君恩，无视和亲之前昭君掖庭冷落，未曾见过君王一面的基本事实。无非是封建文人借昭君的眼睛流自己的泪水，既歪曲了昭君形象，又违背了历史的真实。所以，董必武老人批评说：“词客各摅胸臆懑，舞文弄墨总徒劳”。

与此形成鲜明的对照，文成公主没有受到这么多词客的“青睐”，她那不可磨灭的形象却镌刻在藏、汉两族普通民众的心上。那口耳相传，多如山积的关于文成公主的民间传说、神话故事，以及遍布唐蕃古道和拉萨、山南地区的旧址遗迹、壁画石刻，就是最好的证明。新中国建立之后，随着党的民族政策的深入人心，随着内地与西藏交往的增多，广大作家、艺术家纷纷拿起笔来热情歌颂这位雪域高原的拓荒者，中原文化在西藏的播种人，诗歌、散文、音乐、美术作品层出不穷，戏剧界更是红火，仅在六十年代初，我就先后看到过天津市越剧团、中国青年艺术剧院和北方昆曲剧院分别以越剧、话剧、昆曲形式演出的《文成公主》，从心底里感到莫大的欣慰。这次，我们在拉萨还有幸观摩了“八大藏戏”之一的《文成公主》，留下的印象尤为深刻。

当然，民间传说也有失真之处，而且存在着把文成公主拥上神坛的倾向，对于松赞干布也有类似的情况。这同素有“小西天”、“小天竺”之称的雪域高原的浓烈的宗教文化氛围有直接关系。在这里，冷峻的自然物都被赋予了跳荡的生命，涂上神秘的色彩，现实的物质世界与超现实的精神世界奇异地结合在一起。

再加上，藏民族又是具有高超的形象思维能力和梦幻意识的民族，当他们发现沿袭了千百代的帐篷一变而为宫室房屋，粗重的毡裘为轻美的华服所代替，万古不毛之地长出了上百样的庄稼、蔬菜，一些疫疠、恶疾经过医生的诊治药到病除，一句话，当暂时还比较落后的雪域高原腾起高度发达的大唐文明的浪花的时候，那里的信教群众怎能不把为他们带来奇迹的年轻的赞普和大唐公主奉为天神呢！

哲人费尔巴哈有一句名言："如果太阳老是待在天上不动，它就不会在人心中燃起宗教热情的火焰。只有当太阳从人眼中消失，把黑夜的恐惧加到人们头上，然后又再度在天上出现，人这才向它跪下……"神堂，正是在这种情况下高高筑起的。

杨玉环：
马嵬坡下的三场辩论

第一场辩论的三方都是诗人，辩论的主题是：如何评价杨贵妃这个历史人物？她是不是“安史之乱”的祸胎？第二场辩论的双方是诗人与史家，辩论的主题是：杨贵妃是怎么死的？死在了什么地方？第三场辩论的双方，是民间口头文学传播者及当代某些学者与古代的史官、史家，辩论的主题是：“马嵬坡之变”中，杨贵妃究竟死没死？如果没死，她的下落何在？

一

唐玄宗李隆基的妃子很多，但后来走上京剧舞台，展现女性优雅、凄美形象的大概只有两人，一个是程派名剧《梅妃》里的江采萍，一个是梅派名剧《贵妃醉酒》里的杨玉环。同梅妃的生前寂寞、死后萧条形成鲜明的对比，杨妃生前大红大紫，炙手可热，死后更是闹得沸反盈天，以她为核心展开的争论，至今仍在进行。——我这里就杨妃的历史评价及其生死谜团归纳出来的“马嵬坡下的三场辩论”，便是鲜明的例证。

为了帮助读者掌握这几场辩论所依凭的历史背景，首先，简要地叙述一下以这位女主角为中心的“本事”：

杨贵妃，小字玉环，原籍山西蒲州，唐开元七年（公元719年）出生在四川的蜀州。史书上说她：自幼养于叔父家，善歌舞，通音律，身材丰艳，姿色超群。她原本是唐玄宗的第十八子寿王李瑁的妻子，嫁过来当时只有十七岁。后来，玄宗因心爱的武惠妃谢世，深情怀念，哀痛不已，后宫虽有几千美女，却没有一个人中他意的。有人报告称，寿王李瑁的妻子玉环杨氏，美貌惊人，绝世无双。皇帝一看，果然是名下无虚，当即神魂颠倒，意注心驰。于是，授意她自愿申请出家，去当道士，当即获得一个“太真”的道号。这边，又重新给寿王李瑁另娶了一个王妃。一切安排停当，便把玉环秘密接到皇宫里。这一年，玄宗六十一岁，玉环二十七岁。

由于玉环肌肤丰满，体态艳丽，气质高华，而且精通音乐，又兼生性聪明机警，善于迎合皇帝的旨意，进宫不到一年，就得到了玄宗的极度宠爱，视同掌上明珠，一切礼仪都和皇后一样；宫中都称她为“娘子”。天宝四载（公元745年），玄宗册封杨玉环为贵妃，封赠她的父亲杨玄琰为兵部尚书，任命她的叔父为光禄卿，两个堂兄分别为殿中少监和驸马都尉；贵妃的三个姐姐，个个姿容艳丽，分别被封为韩国夫人、虢国夫人和秦国夫人，也都在京城赏赐住宅，每年还有千贯钱做为脂粉之资。其从祖兄国忠，受封为金吾兵曹参军，特准他可以随供奉官出入宫廷；后来步步登高，总揽大权，专擅朝政，势倾天下。杨氏一家，全都裂土分封，荣显盛于一时。

天宝年间，玄宗统治的后期，沉湎酒色，日益昏庸，荒怠政事，朝中实权先后由奸相李林甫、杨国忠把持，妒贤害能，任人唯亲，徇私舞弊，穷奢极侈，朝政腐败日亟。天宝十四载，兵权在握、身兼平卢、范阳、河东三镇节度使的安禄山发动叛乱，史称“安史之乱”。天宝十五载（公元756年）六月，玄宗带领杨妃及其家族和公主、皇孙，还有亲近的宦官，仓皇向西逃遁。

据《旧唐书》、《新唐书》和《资治通鉴·唐纪》记载，玄宗一行到了兴平县西部的马嵬驿，禁军哗变，以为祸起杨家，不肯前行，大将军陈玄礼杀了杨国忠，连同他的儿子和韩国夫人、秦国夫人。军中将士的怨恨仍未解除，宦官高力士奏以“祸本（指杨贵妃）尚在，军心不安”，要求玄宗忍痛割爱。玄宗犹豫不决，身旁大臣劝说：“众怒难犯，安危在顷刻之间，请陛下迅速裁决。”出语沉痛，并且叩头流血。玄宗说：“贵妃一直在深宫，怎么知道杨国忠阴谋?”高力士说：“贵妃当然没有罪，可是，将士们已经杀了她的哥哥，而她仍然留在皇帝身边，大家怎能放心？将士不安定，陛下也不可能安定。”玄宗只好差遣高力士带贵妃到佛堂，用绸带将她勒死。贵妃时年三十八岁。

二

首场辩论的参加者，是历朝历代的诗人。辩论是从价值层面上展开的：如何评价杨贵妃这个历史人物？她是不是“安史之乱”的祸胎？

对此，自从杨贵妃在马嵬坡香消玉殒那天起，迄于今日，千余年来，一直是众说纷纭，莫衷一是。诗人们尤其予以特殊的关注。大体上，有批判、肯定、同情这样三种不同的意见：

第一类，持批评态度。以唐代著名诗人杜牧《过华清宫》（三首之二）为代表：

新丰绿树起黄埃，数骑渔阳探使回。
霓裳一曲千峰上，舞破中原始下来。

唐玄宗沉湎女色，不理朝政。在各方强烈的反应下，朝廷派出探使，前往渔阳，侦察安禄山的虚实。但是，由于探使接受了贿赂，回来虚报了军情，盛赞安禄山如何赤心报国，忠于皇上。这样，玄宗便与贵妃更加耽于享乐，日日沉醉在“霓裳羽衣”的轻歌曼舞之中，直舞到“千峰”之上，最后，把整个“中原”都舞破了。诗人运用生动的形象，以夸张的手法，寄托深刻的寓意。杨贵妃固然不能直接舞“破”中原，但中原之“破”，却实实在在由于唐玄宗无尽无休的酣歌醉舞，沉湎女色，不理政事所致。为此，杨贵妃是不能辞其咎的。

白居易的《长恨歌》，就其实质来说，也当属于这一类。从“汉皇重色思倾国”到“渔阳鼙鼓动地来惊破霓裳羽衣舞”，开头的大段描写，反映了祸乱酿成的因果关系，集中渲染了玄宗自纳娶贵妃以后，在宫中如何纵欲、行乐，如何终日沉湎酒色之中。所有这些，都是酿成“安史之乱”的根源。

同时，白居易在新乐府《李夫人·鉴嬖惑也》中写道：

伤心不独汉武帝，自古及今皆若斯。
君不见穆王三日哭，重璧台前伤盛姬。
又不见泰陵一掬泪，马嵬坡下念杨妃。
纵令妍姿艳质化为土，此恨长在无销期。
生亦惑，死亦惑，尤物惑人忘不得。
人非木石皆有情，不如不遇倾城色。

诗中说，不独汉武帝嬖幸李夫人，古代还有周穆王嬖幸爱妃盛姬的事。他为美人盛姬筑台，状如重垒之璧。他在台上怀拥盛姬，共浴夕阳，伴她度过了人生的美好时光。后来盛姬病死，穆王依皇后之礼葬毕，大哭三日。白居易批评他“心轻王业如灰土”，“一人荒乐万人愁”。诗的最后，落脚在李、杨的爱情上。泰陵是唐玄宗的陵墓，这里代指玄宗。

而批评最为尖锐、严苛的，应数南宋时的商挺的《骊山怀古》：

女色迷人祸更长，千年烽火化温汤。
无情一片骊山月，照罢周家又到唐。

诗中以杨贵妃比于周幽王“烽火戏诸侯”的爱妃褒姒，认为她们都以女色祸国殃民，招致动乱。

明永乐年间进士薛瑄《马嵬》七律，有“号令风行遍九州，六军何事此淹留”；“路边三尺妖姬土，长带千秋万古羞”之句。“妖姬土”，“万古羞”，无异于指着鼻子破口骂詈。明末进士王思任的《马嵬歌》，持同样批评态度：“夜半无人语未寒，大家好住魂先逸。不是三郎（唐玄宗）负玉环，玉环自引胡儿缢。”意思是，贵妃之死，祸由自取——由于她宠爱“胡儿”安禄山，最后，“胡儿”反叛，她便也跟着搭上了性命。

第二类，对杨妃持肯定态度。诗的数量很大，意见也比较集中。唐末至五代时的状元诗人徐夤题《马嵬》七绝一首：

二百年来事远闻，从龙谁解尽如云。

张均兄弟今何在？却是杨妃死报君。

诗人题诗时，上距“安史之乱”大约二百年。“从龙”，随从帝王创业；这里指跟着唐玄宗逃到四川的人，语含讥刺。宰相张说两个儿子张均、张垍，分别官至刑部尚书和九卿之一的太常，可是，却都接受了安禄山所授的伪职。诗中说，那些大臣们一个个都跑到哪里去了？只剩下个妃子，最后以死相报。

清嘉庆进士、山西赵城县知县杨延亮《题马嵬驿》：

孤负凭肩誓后身，六军相逼太无因。
肯拼一死延唐祚，再造功应属美人。

清代剧作家洪升《长生殿》写玄宗与贵妃“夜半凭肩（手搭肩上）私咒”。这里说，玄宗与杨妃当年无比亲昵，凭肩发誓他生也要相聚，一切一切都“孤（辜）负”了。

清代诗人李羲文《过杨太真墓》：

马嵬永诀六龙骖，匹练酬恩意自甘。
拼却红颜安反侧，美人于此胜奇男。

诗的大意是，杨妃“匹练（缢死时用的绸条）酬恩”，以安“反侧”（反叛）。美人于此，胜过奇男。

还有清代女诗人万叶丹的《书〈长恨歌〉后》七绝，也都是鲜明地站在杨贵妃一边，直接予以颂赞的：

翠羽西行唤奈何，六军兵谏逼金戈。

拼将一死纾君难，愧杀从行将士多。

第三类，对杨妃之死表示同情、惋惜，代替死者讲公道话。这类诗歌占的比例也比较大。

最早的是唐代诗人李益，“马嵬坡之变”时，他已经九岁了。许多事情，可说是亲历亲闻的。因而，尤其值得重视。他的《过马嵬》诗：

汉将如云不直言，寇来反罪绮罗恩。
托君休洗莲花血，留记千年妾泪痕。

由于写的是本朝事，他在落笔时还是有些顾忌的。“汉将”其实就是唐将。诗的中心是代杨妃鸣不平：满朝文武，谁也不肯向皇帝直言相谏；等到贼寇到了，天下大乱，反而把罪愆推到一个女子身上，岂非咄咄怪事！

清代著名诗人袁枚在《随园诗话》中说，由于他对陈玄礼逼死杨贵妃持有异议，所以，在《再题马嵬驿》诗中，指责陈玄礼说：

万岁传呼蜀道东，鬻拳兵谏太匆匆。
将军手把黄金钺，不管三军管六宫。

“鬻拳”，人名，春秋时楚国宗室后裔。因事诤谏楚文王，文王不从，乃以兵器威胁文王，强使改正错误。袁枚以鬻拳比喻陈玄礼。

晚唐时的著名诗人罗隐，在《帝幸蜀》一诗中，写得更巧妙，更尖锐，更具说服力：

马嵬烟柳正依依，又见銮舆幸蜀归。
地下阿蛮应有语：这回休更怨杨妃。

晚唐中和元年（公元881年），黄巢攻克长安，唐朝第十八任皇帝、终日嬉玩游乐的唐僖宗李儇，也跟踪当年唐玄宗，同样逃往四川避难，在那里躲避了四年之久。诗人借助这件事情，对指责杨贵妃的人予以回击——这回死去多年的“阿蛮”（唐玄宗的小名）可要站出来说话了：“你看，李儇也跑到四川来了，看来，还是不要埋怨杨妃为好。”

无独有偶，唐末进士韦庄在《立春日作》一诗中，发表了同样的见解：

九重天子去蒙尘，御柳无情依旧春。
今日不关妃妾事，始知辜负马嵬人。

那么，究竟应该归罪于谁呢？清道光年间进士赵长龄的《马嵬》诗，做了直捷而明确的回答：

不信曲江信禄山，渔阳鼙鼓震秦关。
祸端自是君王启，倾国何须怨玉环。

矛头所向，直指皇帝；而且，有理有据。“曲江”，唐开元年间的尚书丞相张九龄的别称。他是一位有胆识、有远见的著名政治家、文学家，当年曾向唐玄宗建议：“禄山狼子野心，有逆相，宜即事诛之，以绝后患。”可是，玄宗听不进去，不仅没有杀他，反而倍加信任。

三

起死人于地下，把他们的三种不同的见解罗列出来，各抒己见，畅所欲言，确实可以看做是一场生面别开的辩论。这是第一场。

那么，第二场辩论的主题是什么呢？

绝大多数人根据历史记载，都承认杨贵妃在“马嵬坡之变”中，确实是被处死了。不过，对于她是怎么死的，死在了什么地方，却还存在着激烈的争议。对此，史家与诗人各有所见，各执一词。

关于杨妃的死，正史《旧唐书》、《新唐书》的本传和《资治通鉴·唐纪》，以及野史《杨太真外传》等，都明确地记载着是“缢死”。何谓“缢死”？词典上解释，“勒人之颈而使之死也”。既然是勒颈而死，自然就不会有血溅出了。可是，到了一些诗人笔下，却与史家持截然不同的见解。就中，尤以唐代许多诗人为甚。

且看有“诗史”之盛誉的杜甫。“马嵬坡之变”发生时，他已经四十四岁，可说是同时代人。恰巧，第二年春天，他又到了都城长安。他沿着流经城东南的曲江行走，一时，触景伤怀，感慨万千。《哀江头》一诗就是当时心路历程的写照。在写到“昭阳殿里第一人”时，下了这样两句断语：“明眸皓齿今何在？血污游魂归不得”。前面引述的李益诗中，也有“托君休洗莲花血”的诗句。还有白居易的《长恨歌》，也写到了："君王掩面救不得，回看血泪相和流"。另外，杜牧《华清宫三十韵》中，亦有"喧呼马嵬血，零落羽林枪"之句。"血污游魂"，"休洗莲花血"，"血泪相和流"，"喧呼马嵬血"，血，血，血！显然，在这些诗人的心目中，杨妃绝非如正史所记，是被缢而死的。

既然不是被缢而死，那么，"佛堂前"、"梨树下"之类的记载，也就值得怀疑了。这又产生一个死的去处的争议。相当一部分论者，认为杨妃是死在乱军之中。且看《资治通鉴》（柏杨白话版）中关于这段乱象的记载：

> 吐蕃王国使节二十多人，正拦住杨国忠马头，诉苦说找不到饮食，杨国忠还没回答，士卒们就大声呼喊说："杨国忠联合胡人叛变！"有人一箭射出，射中杨国忠的马鞍。杨国忠惊骇逃跑，逃到驿站西门里，士卒们一拥而上，把他乱刀砍死，并像杀猪一样，剁下他的四肢，用长枪挑起人头，竖在驿站门口；同时，诛杀他的儿子、国务院财政部副部长杨暄，及韩国夫人、秦国夫人。总监察官魏方进斥责说："你们怎么敢谋害宰相？"士卒又把他砍死。最高监督长韦见素得到混乱消息，出来察看，士卒扑上去，用铁器猛击他的头部，打得脑血齐流。……

已经失去理智控制的士卒，多年的积愤无处喷发，现在实在忍无可忍了，便进行了疯狂报复。冤有头，债有主。在这种情况下，把罪魁祸首杨氏家族"一锅端"、剪草除根，是他们共同的意志。既然，随行的两个姐姐全都被杀掉了，贵妃也完全有可能死在乱军兵刃之下。

因此，诗人们所写的，未必都属无根之谈。

其实，诗，是完全可以用来证史的。现代史家就颇为推崇所谓“以诗证史”的治史方法，也就是以“诗”为史料来证史、说史，解读历史。在这方面，史学大师陈寅恪先生的《元白诗笺证稿》，做出了楷模式的探索，达到了高妙的境界。关于为什么可以“以诗证史”，陈先生说得十分清楚：“中国诗虽短，却包括时间、人事、地理三点。中国诗既有此三特点，故与历史发生关系。把所有分散的诗集合在一起，于时代人物之关系，地域之所在，按照一个观点去研究，连贯起来可以有以下的作用：说明一个时代之关系；纠正一件事之发生及经过；可以补充和纠正历史记载之不足。”

当然，有些史家对“以诗证史”的做法，也持有异议。认为，包括诗在内的文学创作，固然也需有真实的史实为原形素材，尤其像诗史性的作品，其纪实的成分很大；但是，文学作品毕竟有其特殊的品格——既可虚构，也可纪实，它对“史实”的处理方式远比史学来得自由，所以不能无条件地据此进行论证。

这场辩论的结果，即使不能“定于一”，但多一种认识就会多开辟一条解读的渠道，对学术研究终究是有所裨益的。而我，更加关注的问题是，为什么会发生诗人咏歌与史书记载互不一致甚至大相径庭的现象。我认为，这是一个更加有趣、也值得深思的研究课题。这里有三个环节：一是诗人咏歌与史书记载所据史实的渠道不尽一致。史书所记载的，来源于官方的正式文件（包括史官记载的种种资料）；而诗人记载的则是当地（有的还是当时，如杜甫、李益等）口耳相传的传说，也不排除军中将士、当地民众等某些亲历者的见闻；二是出于“为尊者讳”和其他某种考虑，官方史料存在着规范化、统一性、选择性的事后精心加工的特点；而诗人所听到的，当是杂沓的、错乱的“言人人殊”的信息，同样存在着整理、加工的性质；三是就史料的严谨性、规整性来说，或者就对待史料的态度来说，“正史”有其特殊的品格，因为史家强调“无征不信”；而诗人则相对地要情感化一些，不可能、也不要求他们必须“出言有据”。

职是之故，把诗人列为承辩者的一方，是完全必要的、正当的。

四

如果说，第一场辩论的三方都是诗人；第二场辩论的双方是诗人与史家；那么，第三场辩论的双方，则是民间口头传播者及当代某些学者为一方，古代的史官与史家为一方。这场辩论的主题是：“马嵬坡之变”中，杨贵妃究竟死没死？如果没有死，那么，她的下落何在？

史家认为，杨贵妃之死是凿凿有据的。《资治通鉴·唐纪》中，专门记载了这样一段：玄宗下令把贵妃尸体抬到驿站庭院，召唤陈玄礼等将领进去察看。陈玄礼看过后，叩头请求宽恕，玄宗慰劳嘉勉，命他们向士卒解释。这说明杨贵妃确实死了，并经陈玄礼等人确认。这还有疑问吗？

可是，民间传说认为，那场动乱中，杨贵妃并未死于马嵬驿，而是辗转流落到了民间。这在史学界，根本未予置信，甚至连考证与驳辩的兴趣也没有。他们分析认为，持“未死论”者大约出现在晚唐至元明之间，一些口头民间文学传播者，出于善良的愿望，觉得这样美丽的妃子不该让她死去。他们虽然同属底层人物，但与当事者（造反军民）不同，对于玄宗的淫逸、贵妃的骄奢没有切肤之痛，已经脱离了愤怒，一变而为对这位“牺牲品”、“替罪羊”的同情与怀念。

但出乎意料的是，现当代著名学者俞平伯先生在《长恨歌的质疑》和《从王渔洋讲到杨贵妃的墓》等文章中明确指出，杨贵妃是辗转到了日本定居。经过对白居易《长恨歌》和陈鸿《长恨歌传》的考证，他得出了杨贵妃并未死于马嵬驿的结论。归纳起来，论据大致有三：一是《长恨歌》中写贵妃马嵬之死闪闪烁烁，证明贵妃并未死于马嵬坡。而当时六军哗变、贵妃被劫、钗钿委地，诗中明言唐玄宗“救不得”，则正史所载“赐死”之诏旨，当时决不会有；二是据陈鸿《长恨歌传》所言，“使人牵之而去”，显然，贵妃已被使者牵去，藏匿到远地了；三是《长恨歌》说，唐玄宗回銮后，要为杨贵妃改葬，可是，“马嵬坡下泥土中，不见玉颜空死处”，竟连尸骨都找不到，进一步证实贵妃未死于马嵬驿。

近日见到当代学者王菡一篇文章，其中有这样一段话：

> 关于杨贵妃之死，很成为前些时间的热门话题，而在数十年前，俞平伯就曾根据《长恨歌》及《长恨歌传》提出杨贵妃没有死在马嵬坡的观点，周作人自日本朋友处知道日本山口县有杨贵妃墓，及有关杨贵妃在日本的一些传说，便写信告知俞平伯先生。俞平伯复信中曰：“传说虽异，证据亦足为鄙说张目，闻之欣然。不知能否由日本友人处复得较详尽之记叙乎?”如此往返讨论的几封信，今天尚可看到，亦是难能可贵了。

由此可知，俞先生的论点也是获得知堂老人的支持的。

说到杨贵妃日本有墓，我忽然想起了一件往事：2008年三月中旬，我率领大陆作家代表团访问台湾，到日月潭观光，接待我们的是南投县文化局长，他是一位文学博士。在同我们交谈时，他说，有一次访问日本，见到了杨贵妃的墓，便问有关人士“根据何在”。

答复是：“你们中国古代的白居易写得很清楚嘛！”

博士反诘：“杨贵妃不是死在马嵬坡吗？《长恨歌》里分明讲：‘六军不发无奈何，宛转娥眉马前死’。”

日本朋友的答复是：“《长恨歌》里还讲：‘忽闻海上有仙山，山在虚无缥缈间。楼阁玲珑五云起，其中绰约多仙子。中有一人字太真，雪肤花貌参差是’。海上仙山在哪里？就是日本嘛！”

博士说：“这种颠倒迷离的仙境，原都出自当事人与诗人的想象。”

日本友人答复是：“什么不是想象？‘君王掩面’，死的是丫环还是贵妃，谁也没有看清楚；所以才说‘马嵬坡下泥土中，不见玉颜空死处’。”

博士局长最后对我说，想一想，日本友人所说的也许有些道理。其实，李商隐的七律《马嵬》，更值得注意。它在一开头就说“海外徒闻更九州，他生未卜此生休”，这对杨贵妃逃亡到日本的传说，可说是进一步的佐证。

据网上提供的信息：日本民间和学术界有这样一种看法：当时，在马嵬坡被缢死的，乃是一个侍女。禁军将领陈玄礼爱惜杨贵妃貌美，不忍杀之，遂与高力士合谋，以一侍女代死。高力士用车运来“杨贵妃”尸体，查验尸体的便是陈玄礼，因而使此计成功。杨贵妃由陈玄礼的亲信护送南逃，行至现在上海附近，遂扬帆出海，飘至日本久谷町久津，并在日本终其天年。

同样是由网上提供的：据日本学者渡边龙策在《杨贵妃复活秘史》一文中考证，杨贵妃逃出马嵬坡后，得到唐代舞女和乐师的帮助，辗转到了扬州，在那里见到了日本遣唐使团的藤原制雄，在藤原的协助下，杨贵妃搭乘日本使团的船，在日本的海边渔村久津登陆，时间为公元757年。到日本后，杨贵妃受到天皇孝谦的热诚接待。后来，杨贵妃以她的智谋帮助孝谦挫败了一次宫廷政变，从此名声大震，获得日本人民尤其是日本妇女的好感。至今，还有日本妇女说自己是杨贵妃的后代。1963年有一位日本姑娘，向电视观众展示了自己的一本家谱，说她就是杨贵妃的后人；日本著名影星山口百惠也自称是杨贵妃的后裔。

现在，日本本州岛西南端、与亚洲大陆隔海相望的山口县，有一个名为“久津”的海边渔村，那里有一座杨贵妃墓，已经被列为国家级保护文物。京都等古城还有杨贵妃的塑像。

三王：

诗人的妻子

不堪设想，对于皈依人间至纯至美的真情的恋人，失去了爱的滋润，他（她）们还怎能存活下去？他（她）们都是为情所累，情多而不能自胜的人。他（她）们把整个自我沉浸在情感的海洋里，呼吸着，咀嚼着这里的一切，酿造出各自的心性、情怀、品格，为情而劳生，为情而赴死；为了这份珍贵的情感，几乎付出了全部的心血与泪水，直到最后不堪情感的重负，在里面埋葬了自己。

一

在妇女地位低下、“妻以夫贵”的旧时代，凭借着丈夫的权势与财富，作威作福，颐指气使，飞黄腾达的女性，数不在少。皇帝之妻、宰相之妻、状元之妻，自不必说，即使是六品黄堂、七品知县的妻子，也统统被称为命妇。唐代的命妇，一品之妻为国夫人，三品以上的为郡夫人，四品的为郡君，五品的为县君。清制，命妇中，一品二品称夫人，三品称淑人，四品称恭人，五品称宜人，六品称安人，七品以下称孺人。反正都是有封号、有待遇的。

但是，诗人的妻子不在其内，除非那些丈夫做了大官的，否则，不但享受不到那些优渥的礼遇，生活上还会跟着困穷窘迫。这就引出了幸与不幸的话题。套用过去那句“一为文人，便无足观”的老话，也可以说，一为诗人之妻，便只有挨累受苦的份儿了。这是不幸；但是，如果嫁给一个真情灼灼、爱意缠绵的诗人，生前，诗酒唱和、温文尔雅，自不必说；死后，诗人丈夫还会留下许多感人至深、千古传颂的悼亡诗词——这也是不幸中之大幸吧。

此刻，我首先想到的是苏东坡的三位妻子。她们都姓王，死得都比较早，一个跟随着一个，相继抛开这位名闻四海的大胡子——苏长公。

先说苏公的第一任妻子王弗。虽然岁数很小，却知书达理，聪慧异常，对丈夫百般体贴，成为丈夫仕途上的得力助手。曾有“幕后听言”的故事流传于世。苏东坡这个人，旷达不羁，胸无芥蒂，待人接物宽厚、疏忽，用俗话说：有些大大咧咧。由于他与人为善，往往把每个人都当成好人；而王弗则胸有城府，心性细腻，看人往往明察无误。这样，她就常常把自己对一些人的看法说给丈夫。出于真正的关心，每当丈夫与客人交谈的时候，她总要躲在屏风后面，屏息静听。一次，客人走出门外，她跟丈夫说：“你花费那么多工夫跟他说话，实在没有必要。他所留心的只是你的态度、你的意向，目的是为了迎合你、巴结你，以后好顺着你的意思去说话。”她提醒丈夫凡事要多加提防，不要过于直率、过于轻信；观察人，既要看到他的长处，也要看到他的短处。苏东坡接受了妻子的忠告，避免了许多麻烦。不幸的是，这样一个年轻貌美、精明贤惠的妻子，年方二十七岁，便撒手人寰，弃他而去了。

东坡居士原乃深于情者，遭逢这样打击，情怀抑郁，久久不能自释，十年后还曾填词，痛赋悼亡。这样，由于嫁给了一位大文豪，王弗便“人以诗传”，千载而下，只要人们吟咏一番《江城子》，便立刻想起她来——

> 十年生死两茫茫，不思量，自难忘，千里孤坟，无处话凄凉。纵使相逢应不识，尘满面，鬓如霜。　　夜来幽梦忽还乡，小轩窗，正梳妆，相顾无言，惟有泪千行。料得年年肠断处，明月夜，短松冈。

上阕抒写生死离别之情，面对知己，也透露了自己的因失意而抑郁的情怀，“凄凉”二字，传递了个中消息；下阕记梦，以家常语描绘了久别重逢的情景，以及对妻子的深情忆念。

苏东坡的第二任妻子王闰之，是王弗的堂妹。她小苏长公十多岁。自幼，她就倾心佩服姐夫的文采风流，姐姐故去，锐身自任，相夫教子，承担起全部家务。她默默地支持苏轼度过了一生中崎岖坎坷、流离颠沛的二十多年。其间，东坡遭遇了平生最惨烈的诗祸：“乌台诗案”——以“谤讪新政”的罪名，被抓进乌台，关押达四个月之久。这是北宋时期一场典型的文字狱。

熟读过《后赤壁赋》的当会记得其中这么一段：“客曰：‘今者薄暮，举纲得鱼，巨口细鳞，状似松江之鲈。顾安所得酒乎？’归而谋诸妇。妇曰：‘我有斗酒，藏之久矣，以待不时之需。’于是，携酒与鱼，复游于赤壁之下。”那位说“我有斗酒”的妇人就是王闰之。由于被大文豪的丈夫写进了名篇，因而亦传之不朽。

王闰之死时，东坡居士已经五十八岁，一时老泪纵横，哭得肝肠寸断，痛不欲生，当即写下了这样一篇深情灼灼的祭文：

> 呜呼！昔通义君，没不待年，嗣为兄弟，莫如君贤。妇职既修，母仪甚敦，三子如一，爱出于天。
>
> 从我南行，菽水欣然，汤沐两郡，喜不见颜。我曰归哉，行返丘园，曾不少顷，弃我而先。孰迎我门？孰馈我田？
>
> 已矣奈何！泪尽目干。旅殡国门。我实少恩，惟有同穴，尚蹈此言。呜呼哀哉！尚飨！

全文分三部分，开始说闰之是贤惠的妻子、仁德的母亲，视前妻之子一如己出；接上说，丈夫屡遭险衅，仕途蹉跌，妻子安时处顺，毫无怨言；最后作出承诺：生则同衾，死则同穴。

“通义君”指王弗，这是王弗殁后朝廷对她的追号。“没不待年”，是说王弗去世不到一年，他与闰之的婚事便定了下来，因为王弗留下的幼儿亟待人来抚育。“三子”，一是王弗留下的，加上闰之自己生育的两个。

“从我南行”，是说苏东坡被贬黄州，闰之随行。“菽水欣然”，说他们生活十分拮据，困难时吃豆子、喝白水，妻子也欣然以对。接下来讲，待到丈夫接受两郡封邑，收取许多赋税（意为富裕），她也并没有怎么欢喜。即古人所说的“不戚戚于贫贱，不汲汲于富贵”。

“孰馈我田”，有学者研究，元丰二年七月发生乌台诗案，苏东坡下狱，闰之为了营救丈夫，不得不向父亲求助，父亲拿出很多财产，让她去京城打点，营救丈夫。

妻子死后百日，苏东坡请大画家李龙眠画了十张罗汉像，在和尚为王闰之诵经超度时，将此十张画像献给了妻子亡魂。待到苏东坡去世后，弟弟苏辙按照兄长的意愿，将他与闰之合葬在一起。

苏东坡的第三任妻子，也姓王，名朝云，字子霞，年龄小于东坡近三十岁。她从十一岁即来到王弗身边，后来被东坡纳为小妾，流放到岭南惠州时，只有她一人随行。两人相亲相爱，关系非常融洽。在她三十四岁这年，东坡曾写诗《王氏生日致语口号》，中有句云："天容水色聊同夜，发泽肤光自鉴人。万户春风为子寿，坐看沧海起扬尘。"可是不久，惠州瘴疫流行，朝云即染疾身死，东坡悲痛异常，觉得失去一个知音。

明人曹臣所编《舌华录》记载这样一个故事：苏轼一日饭后散步，拍着肚皮，问左右侍婢："你们说说看，此中所装何物?"一婢女应声道："都是文章。"苏轼不以为然。另一婢女答道："满腹智慧。"苏轼也未首肯。爱妾朝云回答说："学士一肚皮不合时宜。"苏轼捧腹大笑，认为"实获我心"。

朝云死后，苏东坡将她葬在惠州西湖孤山南麓大圣塔下的松林之中，并筑亭纪念，因朝云生前学佛，诵《金刚经》偈词："如梦幻泡影、如露亦如电"而逝，故亭名"六如"。楹联为：

从南海来时，经卷药炉，百尺江楼飞柳絮；
自东坡去后，夜灯仙塔，一亭湖月冷梅花。

还有一副楹联：

不合时宜，惟有朝云能识我；
独弹古调，每逢暮雨倍思卿。

以东坡口吻，状景描情，极饶韵致。

说到死后有丈夫赋诗悼亡，人们会自然地想到唐代元稹的妻子韦丛。她死了以后，有人统计，元稹至少为她写了十六首诗，就中以写于妻子殁后两年的《遣悲怀》三首，为感人至深，影响最大：

谢公最小偏怜女，自嫁黔娄百事乖。
顾我无衣搜荩箧，泥他沽酒拔金钗。
野蔬充膳甘长藿，落叶添薪仰古槐。
今日俸钱过十万，与君营奠复营斋。

昔日戏言身后意，今朝都到眼前来。
衣裳已施行看尽，针线犹存未忍开。
尚想旧情怜婢仆，也曾因梦送钱财。
诚知此恨人人有，贫贱夫妻百事哀。

闲坐悲君亦自悲，百年都是几多时！
邓攸无子寻知命，潘岳悼亡犹费词。
同穴窅冥何所望？他生缘会更难期！
惟将终夜长开眼，报答平生未展眉。

诗从生活细事入手，句句都是写实。“最小偏怜”云云，说的是韦丛是太子太保韦夏卿之幼女，从小锦衣玉食，生长在优越的家庭环境中。二十岁时嫁过来，那时，元稹还是一个穷书生，家境十分贫寒：“顾我无衣搜荩箧，泥他沽酒拔金钗。野蔬充膳甘长藿，落叶添薪仰古槐。”正是当时境况的写照，于今已成辛酸的记忆。婚后第七年，韦丛便因病离开人世。这七年，正是元稹勉力上进、奔走仕途之时，处境既不稳定，生计又很艰难，他们一直过着“贫贱夫妻百事哀”的苦日子。后来，元稹才开始发迹，可是，夫欲照拂而妻不稍待，说来悔恨无及。所以说，这是令人倍感惆怅的诗。陈寅恪先生说：《遣悲怀》“所以特为佳作者，直以韦氏之不好虚荣，微之之尚未富贵，贫贱夫妻，关系纯洁，因能措意遣词，悉为真实之故。夫惟真实，遂造诣独绝欤”！

三首诗层次分明，开始叙写旧日生活苦况，追忆妻子生前的二人情爱，并抒写自己的抱憾之情；接着写妻子去世后诗人的悲思，写了在日常生活中引起哀思的几件事。为了避免睹物思人，便将妻子穿过的衣裳施舍出去；将妻子做过的针线活原封不动地封存起来，不忍打开；最后，写由妻子之早逝得到的人生感悟，想到世事无常，人寿有限。从悲君中引出自悲，从绝望中转出希望，期望来生再做夫妻。但很快就悟解到，这不过是一种虚空的幻想。那么，究竟怎么办呢？最后落到“惟将终夜长开眼，报答平生未展眉”上，仍然是无可奈何。

元稹还写过《离思五首》七绝。之四是：

曾经沧海难为水，除却巫山不是云。
取次花丛懒回顾，半缘修道半缘君。

宣示了与韦丛的爱情的唯一性，读来更是予人以加倍的凄凉、特别的震撼。

二

“三王一韦”之外，历史上还有一个幸运的卢氏女子，她是清代大词人纳兰性德的妻子。卢氏的父亲卢兴祖是两广总督兼都察院右副都御史，母亲也是知书达理的大家闺秀。而她更是生得清丽妩媚，宛如出水芙蓉，不仅娇好美艳，体性温柔，而且高才夙慧，解语知心。配上俊逸潇洒、玉树临风般的纳兰公子，二人真是天生一对。婚后，两人相濡以沫，整天陶醉得像是腌渍在甘甜的蜜罐里。随着相知日深，爱恋得也就越发炽烈。小小的爱巢为纳兰提供了摆脱人生泥淖、战胜孤寂情怀的凭借与依托。任凭它外间世界风狂雨骤，朝廷里浊浪翻腾，于今总算有了一处避风的港湾，尽可以从容啸傲，脱屣世情，享受到平生少有的宁帖。

婚后，二人在绮罗香泽的温柔乡里，尽享鱼水之欢。这有纳兰的诗词为证：

水榭同携唤莫愁，一天凉雨晚来秋。
戏将莲菂抛池里，种出花枝是并头。

十八年来坠世间，吹花嚼蕊弄冰弦，多情情寄阿谁边。
紫玉钗斜灯影背，红绵粉冷枕函偏，相看好处却无言。
——调寄《浣溪沙》

在任何情况下，意中人乐此不疲的相互欣赏，相互感知，都是一种美的享受。朝朝暮暮，痴怜痛爱着的一双可人，总是渴望日夜厮守，即便是暂别轻离，也定然是依依相恋，难舍难分。有爱便有牵挂，这种深深的依恋，最后必然化作温柔的呵护与怜惜，产生无止无休的惦念。

纳兰这样摹写将别的前夜：

画屏无睡，雨点惊风碎。贪话零星兰焰坠，闲了半床红被。

生来柳絮飘零，便教咒也无灵。待问归期还未，已看双睫盈盈。

夫妻双双不寐，絮语绵绵，空使灯花坠落，锦被闲置。他们也知道，这种离别皆因王事当头，身不由己，祷告无灵，赌咒也不行，生来就是柳絮般漂泊的命了。既然分别已无可改变，那就只好预问归期了，可是，她还没等开口，早已就秋波盈盈，清泪欲滴了。一副小儿女婉媚娇痴之态，跃然纸上。

暂别尚且如此，那么，终古长别呢？简直无法想象。

不可想象的事情，最后还是发生了。三年时间不到，刚刚二十一岁的卢氏就香消玉殒了。时在康熙十六年五月三十日。这晴天霹雳，震得纳兰公子蒙头转向，好长一阵子，他失去了反应，不会吃，不会喝，不会哭，不会说，白昼昏昏，夜不成寐。这冷酷的现实，无论如何，他也不能接受。

灵柩在入葬纳兰氏祖茔皂荚村之前，临时停放在京西阜成门外的一座禅院里，所处位置大体在今日的紫竹院公园。这里原是明代一个大太监的坟茔地，万历初年在上面建起了一座双林禅院。这个期间，痴情的公子多次夜宿禅林，陪伴着夜台长眠的薄命佳人，度过那孤寂凄清的岁月。

忆生来，小胆怯空房。到而今，独伴梨花影，冷冥冥，尽意凄凉。

他知道爱妻生性胆小怯弱，连一个人独自在空房里都感到害怕，可是，如今却孤零零地躺在冰冷、幽暗的灵柩里，独伴着梨花清影，受尽了暗夜凄凉。

夜深了，淡月西斜，帘栊黝暗，窗外淅沥潇飒地乱飘着落叶，满耳尽是秋声。公子枯坐在禅房里，一幕幕地重温着当日伉俪情深、满怀爱意的场景，眼前闪现出妻子的轻颦浅笑，星眼檀痕。他眼里噙着泪花，胸中鼓荡着椎心刺骨的惨痛，就着孤檠残焰，书写下一阕阕情真意挚、凄怆悒婉的哀词，寄托其绵绵无尽的刻骨相思。

心灰尽，有发未全僧。风雨消磨生死别，似曾相识只孤檠。情在不能醒。

生死长别，幽冥异路，思恋之情虽然饱经风雨消磨，却一时一刻也不能去怀。他已经完全陷入无边的痛苦之中而不能自拔，迷离惝恍，万念俱灰。除了头上还留有千茎万茎的烦恼丝，已经同斩断世上万种情缘的僧侣们没有什么两样了。

一阕《浪淘沙》更是走不出感情的缠绕：

闷自剔银灯，夜雨空庭。潇潇已是不堪听。那更西风不解意，又做秋声。　　城柝已三更，冷湿银屏。柔情深后不能醒。若是情多醒不得，索性多情！

情多、多情，醒不得、不能醒……回旋宛转，悱恻缠绵。沉酣痴迷，已经到了无以自解的程度。深悲剧痛中，一颗破碎的心在流血，在发酵，在煎熬。

在旧时代，即使是所谓的“康熙盛世”，青年男女也没有恋爱自由，只能像玩偶似的听凭父母之命、媒妁之言的随意摆布；至于皇亲贵胄的联姻往往还要掺杂上政治因素，情况就更为复杂了。身处这样的苦境，纳兰公子居然能够获得一位如意佳人，实现美满的婚姻，不能不说是一桩幸事。

不过，“造化欺人”，到头来他还是被命运老人捉弄了——称心如意的偏叫你胜景不长，彩云易散。一对倾心相与的爱侣，不到三年时光，就生生地长别了，这对纳兰公子无疑是一场致命的打击。

脉脉情浓，心心相印，已经使他沉醉在半是现实半是幻境的浪漫主义爱河之中，想望的是百年好合，白头偕老。而今，一朝魂断，永世缘绝——这个无情的现实，作为未亡人，他是无论如何也接受不了的。因而，不时地产生幻觉，似乎爱妻并没有长眠泉下，只是暂时分手，远滞他乡，“影弱难持，缘深暂隔，只当离愁滞海涯”；他想象着会有那么一天：“归来也，趁星前月底，魂在梨花。”当这一饱含着苦涩味的空想成为泡幻之后，他又从现实的想望转入梦境的期待，像从前的唐明皇那样，渴望着能够和意中人梦里重逢。虽然还不是“悠悠生死别经年，魂魄不曾来入梦”，但却总嫌梦境过于短暂，惊鸿一瞥，瞬息即逝，终不惬意。

一次，他梦见妻子淡妆素服，与他执手哽咽，临行时吟出两句诗：“衔恨愿为天上月，年年犹得向郎圆。”醒转来，他悲痛不已，题写了一首《沁园春》词：

瞬息浮生，薄命如斯，低徊怎忘？记绣榻闲时，并吹红雨，雕阑曲处，同倚斜阳。梦好难留，诗残莫续，赢得更深哭一场。遗容在，只灵飙一转，未许端详。　　重寻碧落茫茫。料短发、朝来定有霜。便人间天上，尘缘未断；春花秋叶，触绪还伤。欲结绸缪，翻惊摇落，两处鸳鸯各自凉。真无奈，把声声檐雨，谱出回肠。

这样一来，反倒平添了更深的怅惋。有时想念得实在难熬，他便找出妻子的画像，翻来覆去地凝神细看，看着看着，还拿出笔来在上面描画一番，结果是带来更多的失望：

凭仗丹青重省识，盈盈，一片伤心画不成。

他几乎无时无日不在悲悼之中，特别是会逢良辰美景，更是触景神伤，凄苦难耐。

辛苦最怜天上月。一昔（同夕）如环，昔昔都成玦。若似月轮终皎洁，不辞冰雪为卿热。

面对银盘似的月轮，他凄然遐想：这月亮也够可怜的，辛辛苦苦地等待着，盼望着，可是，刚刚团圆一个晚上，而后便夜夜都像半环的玉玦那样亏缺下去。哎，圆也好，缺也好，只要你——独处天庭的爱妻，能像皎洁的月亮那样，天天都在头上照临，那我便不管月殿琼霄如何冰清雪冷，都要为你送去爱心，送去温暖。

目注中天皎皎的冰轮，他还陡发奇想：妻子既然“衔恨愿为天上月”，那么，我若也能腾身于碧落九天之上，不就可以重逢了吗？可是，稍一定神，这种不现实的想望便悄然消解了——这岂是今生可得的？

海天谁放冰轮满？惆怅离情。莫说离情，但值凉宵总泪零。
只应碧落重相见，那（哪）是今生！可奈今生，刚作愁时又忆卿。

人处在幸福的时光，一般是不去幻想的，只有愿望未能达成，才会把心中的期待化为想象。纳兰公子就正是这样。当他看到春日梨花开了又谢的情景，便立刻从零落的花魂想到冥冥之中“犹有未招魂”，想到爱侣，期待着能够像古代传说中的“真真”那样，昼夜不停地连续呼唤她一百天，最后便能活转过来，梦想成真。于是，他也就：

为伊判作梦中人，长向画图清夜唤真真。

妻子的忌日到了，他设想，如果黄泉之下也有阳世间那样的传邮就好了，那就可以互通音讯，传寄信息，得知她在那里生活得怎么样，与谁相依相伴，有几多欢乐、几多愁苦：

重泉若有双鱼寄，好知他年来苦乐，与谁相倚？

情到深处，词人竟完全忽略了死生疆界，迷失了现实中的自我。意乱情迷，令人唏嘘感叹。一当他清醒过来，晓得这一切都是无效的徒劳，便悲从中来，辗转反侧，彻夜不能成眠。但无论如何，他也死不了这条心，便又痴情想望：今生是相聚无缘了，那就寄希望于下一辈子，“待结个他生知己”；可是，“还怕两人俱薄命，再缘悭、剩月零风里”——像今生那样，岂不照例是命薄缘浅，生离死别！

他就是这样，知其不可为而为之，非要从死神手中夺回苦命的妻子不可。期望—失望—再期望—再失望，一番番的虔诚渴想，痛苦挣扎，全都归于破灭，统统成了梦幻。最后，他只能像一只遍体鳞伤的困兽，卧在林荫深处，不停地舐咂着灼痛的伤口，反复咀嚼那枚酸涩的人生苦果。

他正是通过这种层层递进的痴情泛溢，这种超越时空的内心独白，这种了无遮拦的生命宣泄，把一副哀痛追怀、永难平复的破碎的情肠，将一颗永远失落的无法安顿的灵魂，一股脑地、活泼泼地摊开在纸上。真是刻骨镂心，血泪交迸，令人不忍卒读。

三

不堪设想，对于皈依人间至纯至美的真情的恋人，失去了爱的滋润，他（她）们还怎能存活下去？爱，毕竟是两性情感的支柱，或者说，这几对夫妻正都是两性情感的化身。妻子也好，丈夫也好，都是为情所累，情多而不能自胜的人。他（她）们把整个自我沉浸在情感的海洋里，呼吸着，咀嚼着这里的一切，酿造出各自的心性、情怀、品格，为情而劳生，为情而赴死，为了这份珍贵的情感，几乎付出了全部的心血与泪水，直到最后不堪情感的重负，在里面埋葬了自己。

这种专一持久、生死不渝、无可代偿的深爱，超越了两性间的欲海翻澜，超越了色授魂与，颠倒衣裳，超越了任何世俗的功利需求。这是一种精神契合的欢愉，永生难忘的动人回忆、美好体验和热情期待，一朝失去了则是刻骨铭心的伤恸。

情为根性，无论是鹣鲽相亲的满足，还是追寻于天地间而不得的失落，反正他（她）们哭在、痛在、醉在心中的爱情里。这是他（她）们心灵的起点也是终点，在这里，他们自足地品味着人生的千般滋味。

生而为人，总都拥有各自的活动天地，隐藏着种种心灵的秘密，存在着种种焦虑、困惑与需求，有着心灵沟通的强烈渴望。可是，实际上，世间又有几人能够真正走入自己的梦怀？能够和自己声应气求，同鸣共振？哪里会有“两个躯体孕育着一个灵魂”？“万两黄金容易得，知音一个也难求！”即使有幸偶然邂逅，欣欣然欲以知己相许，却又往往因为横着诸多障壁，而交臂失之。

当然，最理想的莫过于异性知己结为眷属，相知相悦，相亲相爱，相依相傍。但幸福如纳兰夫妇，苏轼夫妇，元稹夫妇，不也仅仅是一个短暂而苍凉的“手势”吗？爱别离，这“人生八苦”中的至苦，是任谁也抵抗不了的。

当然，也多亏是这样，才促成这三位大诗人以其绝高的天分、超常的悟性，把那宗教式的深爱带向诗性的天国；用凄怆动人的丽句倾诉这份旷世痴情。——单就这一点而言，那些早逝的妻子也是做出了绝大贡献的。有人说，一个情痴一台戏。作为情痴的极致，诗人连同他们的妻子，在其有限生涯中，演足了这出戏，也享尽了这份情。“情在不能醒”，多少为情所困的痴男怨女，千百年来，沉酣迷醉在他（她）们凄美的爱情之中。

最后，也想就几位风流绝代的诗人说一番话——

艺术原本是苦闷的象征。《老残游记》作者刘鹗有言：

灵性生感情，感情生哭泣。

《离骚》为屈大夫之哭泣，《庄子》为蒙叟之哭泣，《史记》为太史公之哭泣，《草堂诗集》为杜工部之哭泣。

王实甫寄哭泣于《西厢》，曹雪芹寄哭泣于《红楼梦》。

那么，元稹、苏轼、纳兰呢？自然是寄哭泣于他们的诗词了。作为出色的诗人，他们都怀有一颗易感的心灵，反应敏锐，感受力极强，因而他们所遭遇与承受的苦闷，便绝非常人所可比拟。为了给填胸塞臆的生命苦闷找出一条倾泄、补偿的情感通道，他们选定了诗词的形式，像“神瑛侍者”那样，誓以泪的灵汁浇灌诗性的仙草。

在经历过深重难熬的精神痛苦之后，诗人们不是忘却，也没有逃避，而是自觉强化内心的折磨，悟出人生永恒的悖论，获取了精神救赎的生命存在方式。在这里，他们把爱的升华同艺术创造的冲动完美地结合起来，以诗意般的情感化身展现出生命的审美境界，把个体的生命内涵表现得淋漓尽致，从而结晶出一部以生命书写的悲剧形态的心灵史，它真纯、自然、深婉、凄美，突破了时空限制，具有永恒的价值。诗人都是“性情中人”，有一颗赤子之心。他们听命于自己内心的召唤，时刻坦露着真实的自我，在污浊不堪的“人间何世”中，展现出一种新的人格风范。他们以落拓不羁的鲜明的个性之美和超尘脱俗的人格魅力，以其至真至纯的清淳内质，感染着、倾倒着后世的人们。

尤其像纳兰这样的短命诗人，他像夜空中一颗倏然划过的流星，昙花一现，但他的夺目光华却使无数人为之心灵震撼。他那中天皓月般的皎皎清辉，荡涤着、净化着也牵累着、萦系着一代代痴情儿女的心魂，人们为他而歌，为他而泣，为他的存在而感到骄傲。那天，应邀在市图书馆举行《纳兰性德及其饮水词》讲座，我刚刚走下讲台，就见听众席上走出一个女孩子，递过来一摺纸页。打开一看，原来是一首即兴诗：

从他身上/看到自身存在的根源/据说/他/就在我的前边/距离不近/可也不能算远/往事虽在时间之外/空间代价却是时间/只要一朝/获得超光的时速/那就坐上飞船/追寻历史/赶上三百年前/参加过渌水亭诗会/再在太空站上/共进晚餐——我和纳兰

看来，这是纳兰公子的一个异代的超级“粉丝”。清代学人陈其泰评论《红楼梦》时说过：“宝玉温存旖旎，直能使天下有情人皆为之心死。”那他比起纳兰公子，又怎样呢？

李清照：
终古凝眉

悲凉愁苦弥漫于易安居士的整个人生领域和全部的生命历程。这种生命原始的悲哀，在天才心灵上的投影，正是人之所以异于一般动物，诗人之所以异于常人的根本所在。要达到精神世界异常充实和真正活得有意义有价值，需要从两个方面提供保证：一是真情灼灼、丝毫不带杂质地去爱与被爱；二是通过卓有成效的艺术创造，确立自己特殊的存在。

一

那两弯似蹙非蹙、轻颦不展的凝眉，刀镌斧削一般深深地刻印在我的脑海里。我想象中的易安居士，竟然是这样，其实，也应该是这样。

斜阳影里，八咏楼头。站在她长身玉立、瘦影茕独的雕像前，我久久地、久久地凝望着，沉思着。似乎渐渐地领悟了、或者说捕捉到了她那饱蕴着凄清之美的喷珠漱玉的词章的神髓。

千古风流八咏楼，江山留与后人愁。

水通南国三千里，气压江城十四州。

我一遍又一遍地暗诵着她流寓金华时题咏的，现时书写在塑像后面巨幅诗屏上的这首七绝。

八咏楼坐落在金华市区的东南隅，是一组集亭台楼阁于一体的风格独特的建筑。楼高数丈，坐北朝南，耸立在高阜台基上。登上百余级石阶，凭栏眺望，南山列嶂，双溪蜿蜒，眼前展现出的画卷，俨然一幅宋人的青绿山水。

八咏楼初名玄畅楼，为南朝著名文学家、史学家、当时任东阳郡太守的沈约所建，至今已有一千五百多年历史了。因为沈约曾在楼上题写过八咏诗，状写其愁苦悲凉的意绪，后人遂以“八咏楼”名之。唐宋以降，李白、崔颢、崔融、严维、吕祖谦、唐仲友等诗人骚客，都曾登楼吟咏，畅抒怀抱，一时云蒸霞映，蔚为壮观，遂使它成为浙中一带具有深层文化积淀的著名人文景观。当然，要就写得苍凉、凝重，大气磅礴，堪称千古绝唱这一点来看，易安居士的这首《题八咏楼》当为压卷之作。

女诗人感慨无限地说，在强敌入境，国脉衰微如缕的艰难时世，像八咏楼这样“水通南国”、“气压江城”，占尽千古风流的东南名胜，留给后人的已经不可能是什么“遥吟俯畅，逸兴遄飞”的博雅风华了；而漫天匝地、塞臆填胸的只有茫茫无际的国恨家愁。“愁”字为全篇点睛之笔。诗中宛转而深刻地抒发了深沉的爱国情怀和对南宋统治者一味割地献金以求苟安一隅的讥讽。

现今的八咏楼为清代建筑，由四部分组成，前为亭廊，重檐歇山顶，亭内塑有沈约胸像，壁间综合介绍了建楼的历史；后三部分是一组三进两廊的硬山顶木架结构，展厅气势，朱红的楹柱托举着高大的屋顶，正中悬挂着郭老手书的“一代词人”匾额，下方是一座雪白的易安居士雕像。四周陈列着她的生平经历和诗词文赋代表作品。

这种前轻后重、喧宾夺主、后来居上的现象十分耐人寻味，它使人联想到成都的武侯祠，明明是昭烈庙，里面却主要陈列着诸葛武侯的文物。说来道理也很简单，“诸葛大名垂宇宙”，他的声望要高出先主刘备许多许多。较之沈约，李清照在一般人心目中也是如此。难怪有人说，历史的影子总要打在现实上，对于历史的叙述与解释，必然带有叙述主体的选择、判断的痕迹。由于历史的认识是一种追溯性的，它不能回避也无法拒绝后人的当代阐释。

二

拾级步下层楼，我们穿过两条小巷来到了婺江的双溪口。此间为武义江与义乌江两水交汇之处，故得名双溪。婺江流到这里，江面陡然变宽，水域十分开阔，所以，沈约在《八咏楼》诗中有“两溪共一泻，水浩望如空”之句。现在处于枯水季节，尽管水量还不算少，流势却显得纡徐、平缓，已经见不到当年那种双流急泻，烟波浩渺的气势了。

我们不妨把时针拨回到八百六十多年前的初冬十月。就是在婺江双溪口的水旱码头上，已经过了“知天命”之年的易安居士，旅途劳顿，面带倦容，风尘仆仆地走出了船舱，她是从临安登上客船前来此间避难的。

“客子光阴诗卷里”，“又不道、流年暗中偷换”。转瞬间，已经由金风飒飒变成了煦日融融。禁不住窗外“绿肥红瘦”，“淡荡春光”的撩拨，她曾多次动念，想要走出那褊窄、萧疏的住所，步上八咏楼头，然后再徜徉于双溪岸畔，面对着滔滔西下的清溪和载浮载沉的凌波画舫，重温一番已经久违多年的郊外春游。

我们知道，她是特别喜欢划船的。少女时期，她曾经在溪上贪玩，“沉醉不知归路。兴尽晚回舟，误入藕花深处。”结婚之后，还曾在“红藕香残”的深秋时节，“轻解罗裳，独上兰舟”。可是，这一次却偏偏错过了大好春光，她虽然痴痴想望，实际上，却未曾泛舟溪上，而是了无意绪地恹恹独坐空房，捧着书卷，暗流清泪，哪里也不想去。最后，她抛书把笔，写下了一首调寄《武陵春》的春晚词：

> 风住尘香花已尽，日晚倦梳头。物是人非事事休，欲语泪先流。　　闻说双溪春尚好，也拟泛轻舟。只恐双溪舴艋舟，载不动、许多愁。

这是一幅精妙绝伦的大写意。没有用上五十个字，词人就把自己这一心事重重、满腔悲抑、双颊挂着泪珠的愁妇形象及其凄苦心境，活脱脱地描绘了出来。

这是一个特定时间——正值残红褪尽、风光不再的暮春时节，它与人生晚景是相互对应的。太阳已经升起老高了，女主人公还呆呆地坐在床前，懒得把头发梳理一下，含蓄地表现了她的内心的凄清、愁苦。接着，就交代这凄苦的由来：于今，风物依然而人事全非，令人倍增怅惋。正因为所遭遇的乃是一种广泛的、剧烈的、带有根本性的重大变化，故以“事事休”一语结之。在这样凄苦的情怀之下，自然是还没等说出什么，泪水就已潸潸流注了。

下片将词意宕开一笔。为了摆脱这冰窖似的悲凉和抑郁难堪的苦闷，女主人公也打算趁着尚好的春光，泛轻舟于双溪之上；可是，马上她又打消了这种念头。她担心蚱蜢一般的小舟难以承载这塞天溢地、茫茫无尽的哀愁，因此，只好作罢。——这当然是一种虚拟，泛舟未果的真正原因在词的上片已经讲叙清楚了。“闻说”、“也拟”、“只恐”三个虚词迭用，就把矛盾、复杂的心理变化，刻画得宛转、周折，细致入微。

三

易安居士从小就生活在一个学术、文艺气息非常浓厚的家庭里，受到过良好的启蒙教育和文化环境的熏陶。她在天真烂漫的少女时代，也像其他女孩子一样，对人生抱着完美的理想。童年的寂寞未必没有，只是由于其时同客观世界尚处于朴素的统一状态，又有父母的悉心呵护和优越的生活条件的保证，整天倒也其乐融融，一干愁闷还都没有展现出来。及至年华渐长，开始接触社会人生，面对政治旋涡中的种种污浊、险恶，就逐渐地感到了迷惘、烦躁；与此同时，爱情这不速之客也开始叩启她的灵扉，撩拨着这颗多情易感的芳心，内心浮现出种种苦闷与骚动。那类“倚楼无语理瑶琴”，“梨花欲谢恐难禁”，“醒时空对烛花红”的词句，当是她春情萌动伊始的真实写照。

十八岁，李清照和宰相之子、太学生赵明诚结婚。她的父亲李格非，是一位文学家，时任礼部员外郎；公公赵挺之做吏部侍郎，两家堪称是门当户对。而他们夫妇更是文学知己，情投意合，可说是古今难觅的一对才子佳人。婚后，李清照曾写一首

《减字木兰花》词，说尽了初婚时节的甜蜜：

> 卖花担上，买得一枝春欲放。泪染轻匀，犹带彤霞晓露痕。
>
> 怕郎猜道，奴面不如花面好。云鬓斜簪，徒要教郎比比看。

他们的精神生活非常充实。据李清照自叙，她经常陪着丈夫逛古玩摊和旧书店。每当买回文物古书，就夫妻一起展玩咀嚼，或者品佳茗、校经籍，自谓人间之乐无逾于此。这个时期，她的作品多是围绕贵族少女、少妇的生活来写，充满欢快、优雅的笔调。

无奈好景不长，出嫁第二年，她的父亲由于被诬为元祐奸党，不得在京任职，被罢归原籍；尔后，又有诏令："党人子弟，不论有官无官，并令在外居住，不得擅到阙下"。这样，她就被迫离京，生生地与丈夫分开。三年后，明诚的父亲故去，他便回到青州，与清照一起，过上一段相对闲适的生活。他们在"归来堂"，相与赏花赋诗，搜求金石书画。据清照在《金石录后序》中记载：

> 余性偶强记，每饭罢，坐归来堂烹茶，指堆积书史，言某事在某书某卷第几页第几行，以中否角胜负，为饮茶先后。中即举杯大笑，致茶倾覆怀中，反不得饮而起。

明诚撰《金石录》，清照代为修改，"笔削其间"，心情十分舒畅，两人已"甘心老于是乡矣"。也是在这个期间，清照还写了以"别是一家"著称的《词论》。就中对北宋一朝的文宗词伯多有论列，而且，时有尖锐批评。诸如：柳永词“变旧声作新声”，“虽协音律，而词语尘下”；张子野、宋子京等，“虽时时有妙语，而破碎何足名家”！特别是对于晏殊、欧阳修、苏东坡，（实际上，主要是针对苏东坡，）在肯定其“学际天人”，作小歌词简直像从大海中取一瓢水那样容易的同时，尖锐地指出：“皆句读不葺之诗尔，又往往不协音律者”。意思是说，苏东坡以诗为词，他的词都是一些长短不齐的诗，又于音律不协。

李清照主张词“别是一家”，作词在内容风格上都要有别于诗。她在创作中，严格属守以诗言志，以词抒情的固有传统。比如，大家都熟悉的《乌江》：“生当为人杰，死亦为鬼雄。至今思项羽，不肯过江东”；还有本篇开头引述的《题八咏楼》——这类极具历史感和士大夫气概的雄浑恣肆、凝重豪迈的篇什，在她的《漱玉词》中就绝难找到。

也难怪她词坛高踞，俯视群伦，她确实是可以和历代第一流作手相抗衡的女词人。对于她的批评、指摘，后世学人，绝大多数都予以肯定，衷心佩服她的眼光和勇气。

四

易安居士的感情生活是极具悲剧色彩的。除了这一段和丈夫一起过得畅怀适意，其情其景，不啻神仙眷侣；尔后，便每况愈下，步步走下坡路。

青州相聚十年，明诚便单独前往莱州赴任。临行前夕，清照填写了一首调寄《凤凰台上忆吹箫》的词：

香冷金猊，被翻红浪，起来慵自梳头。任宝奁尘满，日上帘钩。生怕离怀别苦，多少事、欲说还休。新来瘦，非干病酒，不是悲秋。　　休休！这回去也，千万遍《阳关》，也则难留。念武陵人远，烟锁秦楼。惟有楼前流水，应念我、终日凝眸。凝眸处，从今又添，一段新愁。

李清照研究专家陈祖美教授分析认为，写的是在丈夫远行前夕难以为别的心情和对别后孤寂情状的拟想，以及对丈夫“天台之遇”的担心。《漱玉词》中，旨涉伉俪暌违的至少占三分之一，但作者如此明显地作为送行人出现，这是唯一的一首。

词上下阕各分两层。第一层，写词人特定心情下的感受。金炉（金猊，指狮子形金属香炉）香冷，锦被横陈，慵自梳头，宝奁尘满，说明她离别之际，了无心绪。

第二层，切近“离怀别苦”的主题。许许多多话，本待要尽情倾吐，但“欲说还休”。

“新来瘦”，非干病酒，又不是因为悲秋，那为什么？就是因为伤离惜别。

这就引出第三层意思：离别。一曲《阳关》千遍唱，也是难留。惜别之情，跃然纸上。

第四层，“武陵人远”写丈夫，用刘晨、阮肇天台遇仙女的典故，暗写她对丈夫可能出现“天台之遇”的担心；这么写，自然也有告诫之意。“烟锁秦楼”，写自己妆楼独居。凝眸处，旧愁之外又添得一段新愁。

随着靖康难起，故土沦亡，宋室南渡，她一次次遭受到悲惨命运的沉重打击，特别是丈夫猝然去世，这种苦痛她实在是难以承受。为丈夫料理完后事以后，由于悲痛、劳累过度，她曾“大病一场，仅存喘息”。这期间，她写了祭文和多首悼亡诗词。

在《祭赵湖州文》中，有“白日正中，叹庞翁之机捷；坚城自堕，怜杞妇之悲深”之句。上句用《传灯录》典，说丈夫先己而亡，后死者悲痛尤深；下句典出《孟子》，意谓自己的深悲剧痛同于杞妇。

悼亡诗有《偶成》：

十五年前花月底，想从曾赋赏花诗。
今看花月浑相似，安得情怀似昔时！

同时，清照还填写了多首悼亡词，其中《南歌子》：

天上星河转，人间帘幕垂。凉生枕簟泪痕滋。起解罗衣聊问、夜何其。　　翠贴莲蓬小，金销藕叶稀。旧时天气旧时衣。只有情怀、不似旧家时！

每一句写的都关乎她与丈夫生前的情事。“翠贴莲蓬小，金销藕叶稀”，是说她自己身上穿的绣制花纹的罗衣，经过典当和多年服用，金线已经磨损，花纹已经褪色，过去亲手绣出的莲蓬、荷叶也稀疏、陈旧了。衣是旧时衣，人是旧时人，只是情怀迥异了。与悼亡诗意吻合。

五

自北朝庾信创作《愁赋》以来，善言愁者，代有佳构。形容其多，或说“谁知一寸心，乃有万斛愁”，或说“茫茫来日愁如海”，“恰似一江春水向东流”；通过诗人的巧思，看不见摸不着的悲情愁绪形象化、物质化了：“浓如野外连天草，乱似空中惹地丝”，“闭门欲去愁，愁终不肯去；深藏欲避愁，愁已知人处”。而到了易安居士笔下，则更进一步使愁思有了体积，有了重量，直至可以搬到船上，加以运载。真是构想奇特，匪夷所思。

李清照少历繁华，中经丧乱，晚境凄凉，用她自己的话说：“忧患得失，何其多也！”而且，它们具有极为繁杂而丰富的内涵，也像她本人所说的，不是一个“愁”字所能概括得了的。翻开一部渲染愁情尽其能事的《漱玉词》，人们不难感受到布满字里行间的茫茫无际的命运之愁，历史之愁，时代之愁，其中饱蕴着作者的相思之痛、婕妤之怨、悼亡之哀，充溢着颠沛流离之苦，破国亡家之悲。

但严格地说，这只是一个方面。若是抛开家庭、婚姻关系与社会、政治环境，单从人性本身来探究，也即是透视用生命创造的心灵文本，我们就会发现，原来，悲凉愁苦弥漫于易安居士的整个人生领域和全部的生命历程，因为这种悲凉愁苦自始就植根于人的本性之中。这种生命原始的悲哀，在天才心灵上的投影，正是人之所以异于一般动物，诗人之所以异于常人的根本所在。

这就是说，易安居士的多愁善感的心理气质，凄清孤寂的情怀，以及孤独、痛苦的悲剧意识的形成，有其必然的因素。即使她没有经历那些家庭、身世的变迁，个人情感上的挫折，恐怕也照例会仰天长叹，俯首低回，比常人更多更深更强烈地感受到悲愁与痛苦，经受着感情的折磨。

正是由于这位“端庄其品，清丽其词”的才女，自幼生长于深闺之中，生活空间十分狭窄，生活内容比较单调，没有更多的向外部世界扩展的余地，只能专一地关注自身的生命状态和情感世界，因而，作为一个心性异常敏感，感情十分脆弱且十分复杂的女性词人，她要比一般文人更加渴望理解，渴望交流，渴求知音；而作为一个才华绝代、识见超群、具有丰富的内心世界的女子，她又要比一般女性更加渴求超越人生的有限，不懈地追寻人生的真实意义，以获得一种终极的灵魂安顿。这两方面的特征紧密地结合在一起，相生相长，相得益彰，必然形成一种发酵、沸腾、喷涌、爆裂的热力，生发出独特的灵性超越与不懈的向往、追求。反过来，它对于人性中所固有的深度的苦闷、根本的怅惘，又无疑是一种诱惑，一种呼唤，一种催化与裂解。

六

而要同时满足上述这些高层次的需求，换句话说，要达到精神世界异常充实和真正活得有意义有价值，则需要从两个方面提供保证：一是真情灼灼、丝毫不带杂质地去爱与被爱；二是通过卓有成效的艺术创造，确立自己特殊的存在。用一句话来概括，就是必须能够真正求得一种心灵上的归宿与寄托。

应该说，这个标杆是很高很高的了。好在易安居士都有幸地接触到了。就后者而言，她能自铸清词，骚坛独步，其创获在古代女性作家中是无与伦比的；而前一方面，通过与赵明诚的结合，也实现了情感的共鸣，灵魂的契合，生命的交流，尽管为时短暂，最后以悲剧告终。为了重新获得，她曾试图不惜一切代价，拼出惊世骇俗的勇气，毅然进行重新选择，然而所适不偶，找错了人，终于铸成大错，从而陷入更深的泥淖。至此，她的构筑爱巢的梦想宣告彻底破碎，一种透骨的悲凉与毁灭感，占据了她的整个心灵。

这样，她就经常生活在想象之中。现实中的爱，游丝一般的苍白、脆弱，经受不住一点点的风雨摧残；只有在想象中，爱才能天长地久。前人有言："诗人少达而多穷"，"盖愈穷则愈工"。现实中爱的匮乏与破灭，悲凉之雾广被华林，恰好为她的艺术创造提供了源源不竭的灵泉。

梧桐更兼细雨，到黄昏，点点滴滴。这次第，怎一个愁字了得；

吹箫人去玉楼空，肠断与谁同倚。一枝折得，人间天上，没个人堪寄；

如今憔悴，风鬟雾鬓，怕见夜间出去。不如向帘儿底下，听人笑语……

一系列千古绝唱，就正是在这种心境下写成的。

可见，一个灵魂渴望自由、时刻寻求从现实中解脱的绝代才人，她那讨取生活的去处，唯一的就是诗文了。我们虽然并不十分了解易安居士幽居杭州、金华一带长达二十余载的晚年生活，但有一点可以断定，就是她必定是全身心地投入到诗文中去。那是一种翱翔于主观心境的逍遥游，一种简单自足、凄清落寞的生活方式，但又必然是体现着尊严、自在，充满了意义追寻，萦绕着一种由传统文化和贵族式气质所营造的典雅气氛。

诚然，易安居士的《漱玉词》仅有五十几首，传世的诗文还要更少一些。比起那些著作等身、为后世留下更多精神财富和无尽话题的文宗巨擘，未免显得有些寒酸，有些薄弱。可是，一部文学史告诉我们，诗文的永生向来都是以质、而不是以量取胜的。如同茫茫夏夜的满天星斗一般，闪烁着耀眼光芒的，不过是有数的几颗。

作为一个有限偶在，一代词人李清照早已随风而逝；可是，她那极具代表性的艺术的凄清之美，她那灵明的心性和具有极深的心理体验的作品内容，她那充分感性化、个性化的感知方式和审美体验方式，却通过那些脍炙人口的词章取得了无限恒在，为世世代代的文人提供了成功的范本，像八咏楼前“清且涟漪”的双溪水一样，终古滋润着浊世人群的心田。

李师师：
真爱

李师师温婉灵秀的气质使宋徽宗如痴如醉，慨叹过去枉活了二三十年。不过，在李师师心中，却并未作如是想，更不会怎么留恋于枕席缱绻之情；相反地，她倒是一面应酬着委身于皇帝，一面却另外有所倾注——在她的心灵深处，还屹立着一个令她倾心钟爱的男子。这个人就是周邦彦。

一

在两宋之交，李师师可是个大名人。由于她出身歌妓，正史上不予记载，但在当时的笔记、野史、小说、评话中，诸如《大宋宣和遗事》、《东京梦华录》、《耆旧续闻》、《贵耳集》、《墨庄漫录》、《靖康中帙》、《浩然斋雅谈》等等，却到处闪现着她那丰姿绰约、曼妙窈窕的身影。

她的漂亮自不必说。明武宗时，京城有个绰号“佛动心”的名妓，说是她的美貌会引得佛菩萨也不免动起凡心。我想，李师师的美丽肯定会大大超过她，不然，也不会邀得浑身都是艺术细胞的宋徽宗的青睐。当然，女性的动人之处，主要的还在于气质，而李师师的气质是绝对一流的。容颜隽美，温婉韶秀，而且气质清淳，不卑不亢，这在上述那些古籍中，都有明确的记载。

李师师出生于宋哲宗元祐五年（公元 1090 年），原本姓王，父亲王寅是汴京城内的一个染房业主。出生之后，一直未曾啼哭，家人深以为虑。旧俗，为了厚生祈福，可以到僧寺寄名出家，只举行出家仪式，受持法名，但不在和尚数内。三岁那年，父亲便把她寄名佛寺，在举行仪式时，老方丈为她摩顶，她突然放声大哭。老方丈认为她很像佛门弟子，便赐名为“师师”——旧时，对出家人往往以“师”相称。

也是她时运不济，一年过后，父亲因罪死在狱中，从此便流落街头，被娼家李姥收养，这样，师师便随了李姥的姓氏。这个李姥阅人无数，当日慧眼识珠，看出师师不同凡响，便请来高明教师教她琴棋书画。师师原本绝顶聪明，又兼名师点拨，一时间成为汴京色艺双绝的名妓。

据说，李师师由于童年生活凄苦，心中总有一种挥之不去的忧伤，不仅偏爱格调苍凉、哀婉凄清的诗词乐曲，衣着装扮也分外清淡素雅，这样一来，也就予人以更大的吸引力。最后，便陷入了皇帝的手掌。

这里说的皇帝，就是大宋王朝的第八任君主——徽宗赵佶。他和李师师相识于大观三年（公元 1109 年）。徽宗当时二十七岁，已经做了九年皇帝；李师师才十九岁。见面之后，皇帝自然是无限倾心，就像《长恨歌》中所写的：“天生丽质难自弃，一朝选在君王侧，回眸一笑百媚生，六宫粉黛无颜色。”

李师师温婉灵秀的气质使宋徽宗如痴如醉，慨叹过去枉活了二三十年。不过，在李师师心中，却并未作如是想，更不会怎么留恋于枕席缱绻之情；相反地，她倒是一面应酬着委身于皇帝，一面却另外有所倾注——在她的心灵深处，还屹立着一个令她倾心钟爱的男子。这个人就是周邦彦。

周邦彦，字美成，号清真居士。他出生于宋仁宗嘉祐二年（公元 1056 年）。他的青少年时代是在杭州度过的。有关传记中称他“疏隽少检”、“落魄不羁”，但“博涉百家之书”，妙解音律，工于文词。他少年时代所写的《汴都赋》，深得神宗、哲宗、徽宗皇帝赏识，楼钥在为他的文集作序时，说：“以一赋而得三朝之眷，儒者之荣莫加焉!”在这种情况下，如果他稍稍奔走一下权门，即可以“坐拥青紫”、飞黄腾达；可是，他心性淡泊，又很矜持，从他作品中看不出他对政治有多大兴趣，因而“坐视捷径，不一趋焉”。

当时，他的文名很高，特别是在词史上有特殊的地位，堪称是“名冠当时、承前启后的里程碑式人物”。南宋的陈郁在《藏一话腴外编》中说：“二百年来，以乐府独步，贵人、学士、市儇、妓女，皆知美成词为可爱。”尽管诗人已经五十多岁了，但岁月的沧桑使他获得了睿智和情趣，具有一种特殊的气质，因而深得李师师的芳心，两人都有相见恨晚之憾。

综观周邦彦的生平，大都是在地方做官，做京官的时间较为短暂。就是说，这一对相知相重的情侣，总是离多会少，劳燕分飞。从周氏的年谱中可以看出，他从哲宗绍圣四年到徽宗政和元年这十五年间，虽然在汴京任职，但由于李师师年龄小，就算从她虚龄十七岁算起，相聚时间至多也就是五六年。尔后，周邦彦就外放，一直到政和六年，才从浙江的明州回到汴京任秘书监，提举大晟府，前后也仅仅三年时间，他六十一岁至六十三岁。此后，到他六十六岁辞世，始终都在外地任职。

周邦彦的《清真词》中，有一首调寄《玉兰儿》，有人考证，认为是记述他和李师师初见的情景：

铅华淡伫新妆束，好风韵，天然异俗。彼此知名，虽然初见，情分先熟。　　炉烟淡淡云屏曲，睡半醒，生香透肉。赖得相逢，若还虚过、生世不足。

这位年逾半百的旷代词人，倾倒于李师师“天然异俗”的“风韵”，而李师师更是喜欢他的丰标俊采，绝世文才，乐于和他接近，交往日久，二人关系甚为密切。

宋人陈鹄《耆旧续闻》记载：美成至李师师家，为赋《洛阳春》云：

眉共春山争秀，可怜长皱。莫将清泪湿花枝，恐花也、如人瘦。　　清润玉箫闲久，知音稀有。欲知日日依栏愁，但问取、亭前柳。

《洛阳春》又名《一落索》。词中凝聚着周邦彦对李师师的赞美和同情，并规劝她找个知心之人出嫁，以解愁苦。李师师肯定也考虑到自己的日后出路，可是，问题并非想象的那么简单。因为这里面插进来一个“天字第一号”的嫖客——皇帝徽宗。周邦彦也为此险些断送了前程。

二

宋代张端义《贵耳集》中记载：“道君（即宋徽宗）幸李师师

家，偶周邦彦先在焉。知道君至，遂匿于床下。道君自携新橙一颗，云‘江南初进来’，遂与师师谑语。邦彦悉闻之，概括成《少年游》云”。

> 并刀如水，吴盐胜雪，纤手破新橙。锦幄初温，兽烟不断，相对坐调笙。　　低声问：向谁行宿？城上已三更。马滑霜浓，不如休去，直是少人行。

这是一首描写恋情的名篇。寥寥五十一个字，曲折入微地绘出一双男女的情怀宛曲。上片先是烘托室内和暖的气氛。皇帝进得屋来，拿出新鲜的橙子。师师伸开纤细的手指，将橙子剥开。这时，小丫头进来用汤婆子将锦被温热；为了增加情调，还点上檀香，然后悄然离开。这时，屋里只剩下两人，他们相对而坐：女郎素手调筝，试试它的音响；男的显然也精于音律，在从女的手中接过笙来试吹几声之后，再交还给她吹奏曲子。仅仅三句话，就写尽了两个人的情态。

最精彩处还是下片，换头三字，直贯篇终，先是以女性口吻小心打探；接上说，时间已经不早了；然后又转而说，“马滑霜浓”，走了放心不下，意思是：索性不要走了吧。语语商量，句句转折，把女性的细腻、机灵等心理活动，逼真地描绘出来。

过了几天，宋徽宗再次前来，李师师因为喜爱这首词，一时兴起，便对皇帝唱了这首《少年游》。宋徽宗听了先是一怔——这般情事怎么全都写进词里？他料得李师师是作不出来的，便反复追问。师师不敢隐瞒，只好告诉他是周邦彦所作。徽宗勃然大怒，便想找个茬子治他一下。于是坐朝，宣谕蔡京说：“开封府有个周邦彦，他是负责监税的，听说税额不足，怎么开封府尹不查处他?"蔡京不知道内情，忙着答应"马上查问"。可是，当他找到府尹一问，实际情况竟然是只有周邦彦收税最多。蔡京说:"不管怎样，按照皇帝旨意，就是要惩治他。"最后，还是以"周邦彦职事废弛"为由，立即将他革职出京。

一两天过去，徽宗再次来到李师师家，可是，师师不在；问其家人，说是去送周监税了。徽宗等了很久，直到夜深，师师才回来，"愁眉泪睫，憔悴可掬"。

徽宗怒问:"你去哪里了?"

师师泣答:"臣妾万死，知周邦彦得罪，押出国门，略致一杯相别，不知皇帝来了，死罪，死罪。"

徽宗问:"曾有词否?"

师师回奏:"有《兰陵王》词。"

徽宗说:"唱一遍看!"

师师抹去泪痕，曼展歌喉，唱了起来:

> 柳阴直。烟里丝丝弄碧。隋堤上、曾见几番，拂水飘绵送行色。登临望故国。谁识京华倦客。长亭路，年去岁来，应折柔条过千尺。　闲寻旧踪迹。又酒趁哀弦，灯照离席，梨花榆火催寒食。愁一箭风快，半篙波暖，回头迢递便数驿。望人在天北。　凄恻，恨堆积。渐别浦萦回，津堠岑寂，斜阳冉冉春无极。念月榭携手，露桥闻笛，沉思前事，似梦里，泪暗滴。

唱罢，徽宗大喜，复召周邦彦为大晟乐正。

现代著名学者王国维在《清真先生遗事》中，说"此条所言失实"，理由是，"政和元年，先生已五十六岁，官至列卿，应无冶游之事”。看来，所论有些武断，“五十六岁，官至列卿”，就不会有“冶游之事”吗？根据实在不足。一个“应”字，说明在王国维先生那里，也是有些犹疑的。或者有意“为贤者讳”，也未可知。

不管怎么说，词作还是上上精品。词分三片，自然就成了三段。

第一段写柳，借折柳送别，抒写“京华倦客”的感伤心绪——临别时才发现无人识得，暗写怀才不遇的感慨；

第二段写离筵上的依依惜别之情。对“一箭风快，半篙波暖，回头迢递，便数驿”，转眼“人在天北”，用一个“愁”字概括；

第三段，通过写离人渐行渐远，愁堆恨积，以“斜阳冉冉春无极”作衬托，展现心中的加倍愁苦。

词中人与物，情与境，浑然成为一体，“绮丽中带悲壮”，美丽里现凄凉，再经过师师满带着感情的吟唱，繁音促节相和，就更加沉郁顿挫、酣畅淋漓了。

第二年，周邦彦就出知隆庆府了，直到六十一岁回京；两年后又放了外任，最后客死他乡。

有资料说，靖康元年末，金人大举进攻中原，攻入了都城汴京。金人主帅在塞外很早就听说了李师师乃中原第一美女，想要抢占师师，但是李师师誓死不从，吞金簪自杀。然而，李师师没有死，她被尼姑抬到慈云观抢救，得以复生。李师师知道自己已经不能再在汴京待下去了，便化装潜逃到了南方。也是天假人愿，李师师经过一家农舍的时候，看到一个熟悉的身影，竟是周邦彦。两人相见痛哭一场，各自诉说了别后的遭遇，都感慨不已。叹惜之余，周邦彦遂写下《瑞龙吟》词一首，中云：“前度刘郎重到，访邻寻里，同时歌舞。惟有旧家秋娘，声价如故。吟笺赋笔，犹记燕台句。知谁伴、名园露饮，东城闲步。事与孤鸿去。探春尽是，伤离意绪”。

这里有许多矛盾：一是，此词作于绍圣四年，词人当时不过四十二岁，李师师只有七岁。根本不可能在异地相见；二是，资料里说，于靖康年间相遇，这时，周邦彦已经作古六七年了，哪里还会与李师师相见？

三

关于李师师的结局，当代学者龚令民综合归纳、考证抉梳，认为有“殉国说”、“被俘说”、“出家说”、“南渡说”等四种说法。

“殉国说”以传奇《李师师外传》为代表。说是金人攻破汴京后，金主也久闻李师师的大名，让他的主帅挞懒去寻找李师师，但是寻找多日没有找到。后来在汉奸张邦昌的帮助下，终于找到了。李师师不愿意伺候金主，先是用金簪自刺喉咙，但是没有成功，于是又折断金簪吞下自杀。龚先生认为，这里有一个问题，就是金人搜取北宋王朝的妃嫔是按照降臣提供的名单进行的，而师师由于一直未被正统儒家认可，不大可能列在名单之内；况且，根据其他文章记载，在汴京沦陷前，徽宗已把师师从宫里除名，因此，被点名索取一说很难成立，更谈不到以身殉国。宋史专家邓广铭先生《东京梦华录注》，认为《李师师外传》“一望而知为明季人妄作”。蔡东藩《宋史通俗演义》，李逸侯《宋宫十八朝演义》，也都认为是作者借李师师以讽世，实无其事。

“被俘说”：汴京失陷后一片混乱，李师师被俘北上，后来嫁给一个病残的军士为妻，最后凄凉地死在北国的荒漠里。后世小说如清人丁耀亢《续金瓶梅》等皆从其说。龚氏认为，“这一说法更是漏洞百出，经不起半点推敲。首先，师师并非籍籍无名之辈，想她名动京华，在汴京姹紫嫣红之时，有多少富家子弟、皇室贵胄一掷千金，只为一睹其芳容。虽说后来世道变了，供求关系不稳定，但人终归还是要生活啊。凭师师的长相，名气，才艺，怎么也不可能沦落到嫁给一个病残军士为妻”。

“出家说”称，名臣李纲发动东京保卫战，师师将全部财物捐赠出来，资助宋军抗金。“靖康之难”中她逃出汴京，到慈云观中做了女道士。这一说法也缺少堪资佐证的材料。

“南渡说”，也就是“归老江湖说”，所据资料相对较多，臆测成分较少，也比较合乎情理。龚氏认为可信，极有可能是师师真正的结局。

北宋张邦基《墨庄漫录》称，李师师“流落来浙，士大夫犹邀之以听其歌，憔悴无复向来之态矣”。明人梅鼎祚《青泥莲花记》载：“靖康之乱，师师南徙，有人遇之湖湘间，衰老憔悴，无复向时风态。”两宋之交的诗人刘子翚的《汴京纪事》，其实，也是有力的证据：

辇毂繁华事可伤，师师垂老过湖湘。
镂金檀板今无色，一曲当年动帝王。

还有一首七律，作者不详，但可以相互佐证：

芳迹依稀记汴梁，当年韵事久传扬；
紫宫有道通香窟，红粉多情恋上皇。

孰料胡儿驱铁马，竟教佳丽死红羊；

靖康奇耻谁为雪，黄水滔滔万古殇。

上个世纪五十年代初，我看过一出名叫《皇帝与妓女》的新京剧。剧作家宋之的根据《三朝北盟会编》《宋人轶事汇编》和《李师师外传》，把“靖康之祸”中徽、钦二帝伙同朝中的投降派，残酷镇压主张抗金的将领和民众，甘心为侵略者效劳的种种恶行，搬到了舞台上。主角是妓女李师师和宋徽宗。剧情以她为线索一步步地展开，再现了当时错综复杂、内外交织的矛盾、斗争。当然，由于戏剧本身是文学创作，故事情节有些出于合理想象，未必与史实尽合榫铆，但它往往比普通的实际生活更集中，更典型。几十年过去了，剧中的一些情节至今还深深地印在脑子里——

金兵攻下开封之后，钦宗签下了降表，抗金将领吴革率兵勤王，自陕北前线归来。就在他节节胜利，杀得金兵马仰人翻，即将活捉敌军渠帅的关键时刻，朝廷却以“破坏和议”的罪名，要捉拿他归案。吴革“情愿做不忠之鬼，不愿做亡国之臣”，抗命杀敌，结果，却被伪装助阵、实为内奸的投降派范琼从背后施放冷箭射倒。当时，台下观众悲愤填膺，传出一片唏嘘之声。

另一件事发生在金军的囚营里。羁押中的道君皇帝，像个丑角演员似的，强装出笑脸，陪同金军将领们踢球打弹，斗鸡走狗，或者吟咏歌功颂德的诗篇，背地里却心态悲凉，愁苦万状。这一切，被天真善良的妓女（其时也遭捕入狱）、陪伴歌舞的李师师偶然见到了。出于同情和信任，她便把刚刚获得的一个信息透露给他。原来，吴革在结义弟兄李宝等的悉心护理下，箭伤得到了康复，他们策划在正月十五元宵节时，趁着金人歌舞狂欢之际，带领一些勇士潜入金营，同三千在押囚犯里应外合，刺杀金军统帅，大张义旗，重整旗鼓。届时，李师师通过献歌侑酒，加以配合。

可是，李师师万万没有想到，这个无道又无良的亡国之君，竟然把她出卖了。结果，一场精心筹划的义举，最后以吴革等被捕杀、李师师当场自刎而告终。赵佶及其左右侍臣的“逻辑”是：万一举事失败，他们必然会受到牵累，到那时，想要屈辱苟活亦不可得；即使侥幸成功，最后起义军把金人赶出去，得利的也不是他这个太上皇，而是南朝的现任天子。综上分析，于是得出结论：“宁赠友邦，不与家奴。”

这是剧作家笔下的李师师的又一结局。

朱淑真：
泉路何人说断肠

作为一位出色的诗人，她不仅肆无忌惮地爱了，而且，还敢于把这神圣不可侵犯的权利，张扬在飘展的旗帜上，写进诗词，形诸文字。这样，她的挑战对象就不仅是身边的、并世的亲人、仇人或各种不相干的卫道者，而且，要冲击森严的道统和礼教，面对千秋万世的口碑和历史。朱淑真的勇气与叛逆精神，实在是可钦可敬的。

一

二十年前，我第一次到杭州，正值梅子黄时。当时撑着一把布伞，漫步在丝丝细雨之中。这里靠近“门前春水碧如天”的西子湖，是古临安的著名街巷，据说当年朱淑真的旧游之地桃村就在这一带。

女诗人的《断肠诗词》里有“东风作雨浅寒生，梅子传黄未肯晴”的锦句。今天看来，除了物候大致不差；其他一切都已经满目皆非，地面上的楼台、屋宇，不晓得已经几番倾圮、几番矗起了。一般的景观我无心过问，只是关注着那些被写进诗词的

“东园”、“西楼”、“桂堂”、“水阁”、“迎月馆”、“依绿亭”，想从中寻觅到作者的哪怕是一丝一毫的心痕足迹。结果呢，除了失望，还是失望。

据说，我们的现存古籍多达十万余种；单是南宋以降的史书、笔记，即足以“处则充栋宇，出则汗牛马”。可是，翻检开来，关于这位了不起的文学精灵的兰因絮果，竟然统付阙如。不妨追问一句：那些连篇累牍、不厌其详地记载的究竟都是些什么物事？怎么就偏偏悭吝于这样一位传世诗词达三四百首的旷代才人！操纵在男性手中的史笔，那些专门为帝王编撰家谱的御用文人们，他们的心全都偏在腋下了。

“林亭感旧空回首，泉路凭谁说断肠？”提起唐婉来，人们无不为之伤怀悼惜，尤其是那位陆老诗翁数十年间痴情未泯，咏怀忆旧，叹惋不置；可是，大约同时期的朱淑真，无论是当时还是后世，又有谁为之深情悼惜，或者愤慨不平呢！说来也是很可悲的。

二

童稚时期读过蒙学课本《千家诗》，在二百二十六首五七言律绝中，有朱淑真《落花》、《即景》两首。“谢却海棠飞尽絮，困人天气日初长。”每当春困难挨之时，脑子里便会涌现出这两句诗来。

有一次，我在雨中贪玩，竟然忘记了吃饭，耽搁了上课，塾师带着愠色，让我背诵《千家诗》中咏雨的诗篇。当我吟过“天街小雨润如酥，草色遥看近却无”；“绿遍山原白满川，子规声里雨如烟”等令人赏心悦目的清丽诗章之后，老先生轻轻点了一句：“朱淑真的诗，你可记得？”我猜想指的是那首《落花》：“连理枝头花正开，妒花风雨便相摧。愿教青帝常为主，莫遣纷纷点翠苔。”因为觉得太感伤了，有些败兴，便摇了摇头。老师也不勉强，只是轻叹一声：“还是一片童真啊，待你到了我这个年纪，就会懂得人生、懂得性理了。”说着，老先生就讲了朱诗的风致之佳，体悟之妙，还简单地谈了作者的凄凉身世。于是，这位女诗人在我那小小的童心中，除了赢得喜欢，赢得仰慕，又平添了几分怜惜、几丝叹惋、几许同情。

及至通览了《断肠诗词》之后，确认了老师的说法，诗境果然是苦涩而凄清：

哭损双眸断尽肠，怕黄昏后到昏黄。
更堪细雨新秋夜，一点残灯伴夜长。

秋雨沉沉滴夜长，梦难成处转凄凉。
芭蕉叶上梧桐里，点点声声有断肠。

断肠，断肠，断尽愁肠，道尽了人世间椎心泣血的透骨寒凉。

为《断肠诗词》作序的魏仲恭曾下过如下的断语：

一生抑郁不得志，故诗中多有忧愁怨恨之语。每临风对月，触目伤怀，皆寓于诗，以写其胸中不平之气。竟无知音，悒悒抱恨而终。自古佳人多命薄，岂止颜色如花命如叶耶！

朱淑真的生命结局备极凄惨，而且扑朔迷离。辞世之后，一种说法是“残躯归火”。其根据来源于“魏序”：“其死也，不能葬骨于地下，如青冢之可吊；并其诗为父母一火焚之。”另有一说，“投身入水”，毙命于波光潋滟的西子湖。传说，她入水之前曾向着情人远去的方向大喊三声。真乃“重不幸也。呜呼惨哉！”

三

随着年华渐长，世事洞明，我的感知又出现了变化，也可以说获致一种升华。由童年时对朱淑真的无尽哀怜，转而为由衷地钦佩，赞美她的胆气、勇气、豪气，服膺其凛然无畏的叛逆精神。

对于女性来说，爱情不啻生命，她们总是把全部精神生活都投入到爱情之中，因而显得特别凄美动人。古代女子尽管受着政权、族权、神权、夫权的重重压榨，脖子上套着封建礼教的枷锁，但从来也未止息过对于爱情的向往、追求，当然，表现形式不尽相同。

当命运搬了道岔儿，“所如非偶”，爱情的理想付诸东流的时节，大多数女性是把爱情的火种深深埋藏在心里，违心地曲从父母之命，委委屈屈、窝窝囊囊地打发流年，断送残生。再进一层的，不甘心做单纯供人享乐的工具，更不认同“嫁鸡随鸡，嫁狗随狗”的混账逻辑，便暗地里进行抗争，偷偷地、默默地爱其所爱，“红杏”悄悄地探出“墙外”。而更高的层次，是勇敢地冲出藩篱，私奔出走，比如西汉年间的卓文君。

应该承认，从越轨的角度说，朱淑真同卓文君居于同等的层次，可说是登上了爱情圣殿的九重天。这里说的不是际遇，不是命运；而是风致和勇气。作为一位出色的诗人，朱淑真不仅肆无忌惮地爱了，而且，还敢于把这神圣不可侵犯的权利，张扬在飘展的旗帜上，写进诗词，形诸文字。这样，她的挑战对象就不仅是身边的、并世的亲人、仇人或各种不相干的卫道者，而且要冲击森严的道统和礼教，面对千秋万世的口碑和历史。朱淑真的勇气与叛逆精神，实在是可钦可敬的。

爱情永远同人的本性融合在一起，它的源泉在于心灵，从来都不借助于外力，只从心灵深处获得滋养。这种崇高的感情，只有开始而没有结束。爱情消灭了时间、空间的限制，具有永生的品格。叛逆者的声音，敢于向封建礼教宣战的激情，无论是获胜了或者招致失败，都同归于不朽。

四

按照学术界的考证，也包括她本人诗词中所展露的，大略可知，朱淑真少女时代的闺中生活是无忧无虑的，并且有一个情志相通的如意情人；随着年龄的增长，封建道德文化对女性的桎梏与其渴望张扬个性的矛盾日益凸显，这在她的诗词作品中也都有充分的反映。在她刚刚步入豆蔻年华时，萌动的春心就高燃起爱情的火焰，虽是少女情怀，却也铭心刻骨。且看那首《秋日偶成》：

初合双鬟学画眉，未知心事属他谁。
待将满抱中秋月，分付萧郎万首诗。

“萧郎”，常见于唐诗，大体上指女子爱恋的男子。看得出，出嫁之前，她就已经意有所属了。未来情境，般般设想，诸如诗词唱和、一门风雅等等，大概都想到了。正由于心中存贮着这样一位俊逸少年，一位难得的知音，因而生命中的磅礴热情一直在高燃着。那首《清平乐》词，就把这种少年儿女的憨情痴态，描绘得惟妙惟肖。

恼烟撩露，留我须臾住。携手藕花湖上路，一霎黄梅细雨。

娇痴不怕人猜，和衣睡倒人怀。最是分携时候，归来懒傍妆台。

在含烟带露的黄梅季节，她来到湖上与恋人相见，一块游玩；淋着蒙蒙细雨，两人携手漫步，欣赏着湖中的荷花，后来觅得一处极其僻静的去处，坐下来，窃窃私语，亲密无间。娇柔妩媚的少女，再也按捺不住内心的爱火撩拨，索性不顾一切地倒入恋人的怀抱中，任他拥抱着，爱抚着，旁若无人，无所顾忌，如痴如醉地饱饮着美好恋情的香醪。

可是，由于“父母失审，不能择伉俪”，这场自由恋爱的情缘被生生地斩断了，硬把她嫁给了一个根本没有感情、在未来的岁月中也无法去爱的庸俗不堪的官吏。这使她万念俱灰，痛不欲生。

就一定意义来说，爱情同人生一样，也是一次性的。人的真诚的爱恋行为一旦发生，就是说，如果心中早已有了意中人，就会在心灵深处留存下永难磨灭的痕迹。这种唯一性的爱的破坏，很可能使尔后多次的爱恋相应地贬值。在这里，“一”大于“多”。对于这种现象，我们应该提到爱的哲学高度加以反思，而不应用封建伦理观念进行解释。

五

“事到无为意转平”。初始，她也曾试图着与丈夫加强沟通、培养感情，并且随同他出去一段时间，但是，“从宦东西不自由”，终因志趣不投，裂痕日深。及至丈夫有了新欢，她就更加难以忍受了，规劝过，抗争过，都毫无效果，最后陷入极端的苦痛之中。于是，以牙还牙，重新投入旧日情人的怀抱。那般般情态与心境，都写进了七律《元宵》：

火烛银花触目红，揭天鼓吹闹春风。
新欢入手愁忙里，旧事惊心忆梦中。
但愿暂成人缱绻，不妨常任月朦胧。
赏灯哪得工夫醉，未必明年此会同。

当时，南宋小朝廷偏安一隅，过着荒淫奢侈的腐朽生活，元宵节盛况不减北宋当年。她曾有诗记载：“十里绮罗春富贵，千门灯火夜婵娟。”就在这歌舞升平的上元之夜，她同旧日的恋人别后重逢，互相倾诉着赤诚相爱的隐衷，重温初恋时的甘甜与温馨。正是由于珍惜这难得一遇的销魂时刻，也就顾不上去赏灯饮酒了。谁知明年又会是什么境况，能不能同游共乐实在难说。一种隐忧，自始就潜伏在短暂的欢情里。

一年过去，元宵佳节重临。可是，风光依旧，而人事已非。对景伤怀，感而赋《生查子·元夕》词：

去年元夜时，花市灯如昼。月上柳梢头，人约黄昏后。
今年元夜时，月与灯依旧。不见去年人，泪湿春衫袖！

词中的感情是那样的真挚，让局外人也不由得不感慨伤情。此时的元夜，虽然繁华依旧，但是，“揭天鼓吹暖春风”的温情却不见了，留给她的只是泪眼哭湿的春衫双袖。这种无望的煎熬，直叫人柔肠寸断。与她热恋过的那位青年，许是慑于社会舆论的压力、家长的阻挠，终因意志薄弱而被迫退缩，此后再不敢或不愿露面了。

对于昔梦的追怀，对于往日的恋情和心上人的思念，成了疗治眼前伤痛的药方。且看《江城子》词：

斜风细雨作春寒。对尊前，忆前欢。曾把梨花、寂寞泪阑干。芳草断烟南浦路，和别泪、看青山。　　昨夜结得梦夤缘。云水间，悄无言。争奈醒来，愁恨又依然。展转衾裯空懊恼，天易见，见伊难。

从眼前的孤苦忆及当日两情相悦、恩爱绸缪的情景，再写到离别时的悲伤；最后因相思至极而梦中相会，醒来一片茫然，宛转缠绵，缱绻无尽，而结果是绝望，是怨恨：

鸥鹭鸳鸯作一池，须知羽翼不相宜。
东君不为花为主，何似休生连理枝。

将矛头直指不合理的婚姻制度，责问它为什么要把不相配的人强扭在一起？在《黄花》一诗中，她借菊花言志，表达了自己绝不苟且求全的态度：“宁可抱香枝上老，不随黄叶舞秋风。”这在封建礼教森严的时代，同样是一种决不妥协的叛逆行为。她日益感到人事的无常和空虚。据当时人的记载：她“每到春时，下帏趺坐，人询之，则云：‘我不忍见春光也。’盖断肠人也。”

《减字木兰花·春怨》中是这样描述的：

独行独坐，独唱独酬还独卧。伫立伤神，无奈春寒著摸人。

此情谁见，泪洗残妆无一半。愁病相仍，剔尽寒灯梦不成。

六

有宋一代，理学昌行，“三从四德”的封建伦理，“饿死事小，失节事大”的残酷教条，禁锢森严，社会舆论对于妇女思想生活的钳制越来越紧。当时，名门闺秀所受到的限制尤为严苛，“有女在堂，莫出闺庭。有客在户，莫出厅堂”；“莫窥外壁，莫出外庭。窥必掩面，出必藏形”。逼使闺中女子完全处于封闭、隔绝状态。对于那些无耻的男人，不管你把形形色色的淫猥秽乱描写得多么不堪入目，依然难以穷尽他们的丑恶。而完全属于人情之常的妇女再嫁，却会招人咒骂，更不要说“偷情”、“婚外恋”了。什么“桑间濮上之行”，什么“淫娃荡妇”，一切想得出来的恶词贬语，都会像一盆盆脏水全部泼在头上。

作为一个爱恨激烈、自由奔放、浪漫娇痴的奇女子——据说她是那位理学大师朱熹老夫子的族侄女，居然造反造到尊亲的头顶上，全不把传统社会的一切规章礼法放在眼里，不仅毫无顾忌地做了，而且还以诗词为武器，向封建婚姻制度宣战，公开对抗传统道德的禁锢，热烈追求个人情爱与自我觉醒。其结局，不仅自身不容于社会，遭迫害致死；而且，连累到那些掷地有声的词章也惨遭毁损，付之一炬，致使“传唱而遗留者不过十之一”。

那首《生查子·元夕》词，竟至聚讼纷纭，从南宋一直闹到晚清。有的把它作为“不贞”的罪证，对作者加以鞭挞，承认“词则佳矣”，但“岂良人家妇所宜邪”？有的则出于善意，为了维护作者的“贞节”之名，说成是误收，而把它栽到大文豪欧阳修头上。在纳妾、嫖妓风行的男权社会中，尽管欧阳修以道德文章命世，却没有任何人加以责怪。偏偏在一个女子身上就成了大逆不道，岂非咄咄怪事！

其实，《断肠诗词》原本是十分娴雅、优美的，完全不同于那些淫媟污秽、不堪入目的货色。但在那些道学先生眼中，却通通成了罪证，他们一色的道貌岸然，却一肚子男盗女娼，“一见短袖子，立刻想到白胳膊，立刻想到裸体，立刻想到生殖器，立刻想到性交，立刻想到杂交，立刻想到了私生子。中国人的想象，惟在这一层能够如此跃进”。（鲁迅语）也许正是有鉴于此吧，作者才写下那首反讽式的诗，以“自责”的形式谴责道学与礼教对女性的禁锢，抒发其感时伤世的愤慨之情：

女子弄文诚可罪，那堪咏月更吟风。
磨穿铁砚非吾事，绣折金针却有功！

数百年后，清代文人吴敬梓在《儒林外史》中塑造了“自古及今难得的一个奇男子”形象——杜少卿。他“奇”在哪里呢？

一是鄙弃八股举业，粪土世俗功名，说“秀才未见得好似奴才”；二是敢于向封建权威大胆地提出挑战，在文字狱盛行之时，竟敢公然反驳钦定的理论标准——“四书”的朱注；三是敢于依据自己的人生哲学，说《诗经·溱洧》一章讲的只是夫妇同游，并非属于淫乱。四是，他不仅是勇敢的言者，而且还能身体力行，在游览姚园时，竟坦然地携着娘子的手，当着两边看得目眩神摇的人，大笑着，情驰神纵，惊世骇俗地走了一里多路。那些真假道学先生为之痛心疾首，却又无可奈何。

那么，若是将这位“奇男子”同理学盛炽的南宋时期的那位“奇女子”比一比呢？无论是勇气、豪情，还是冲决一切、无所顾忌的叛逆精神，两相比较，又是如何呢？

管道升：
千秋名重女全才

在中国古代历史上，管道升集姿容美、心灵美、艺术美于一身，堪称是一位“诗书画三绝”的艺术全才。她出生于书香门第，具有极高的天赋；加上后来嫁给一位才华盖世、志同道合的丈夫，更是培植、发展了她的多方面的艺术才能。她的诗创辟新格，清新晓畅；绘画方面，于人物、佛像、花鸟无不精通，尤长于画竹；书法造诣和东晋著名女书家卫夫人齐名，被誉为“卫夫人后第一人”。

上

五年前，我应浙江省湖州师范学院文学院邀请前往讲课，一个星期日，由颜、张两位教授陪同，我们一道游观了坐落于市区东南隅的莲花庄景区。

这里原是元代著名书画家赵孟頫、管道升夫妇的居所。“洲渚绿萦回，芙蓉面面开”的景色浮现在眼前，但是，除了一块高达三米八的太湖石为当年旧物，上有赵氏手书的“莲花峰”三个篆字，其他一切亭台馆榭都是后来的建筑。就中颇富纪念意义的，有题山楼、松雪斋、鸥波亭——赵、管夫妇的许多杰作都是在这里完成的。

我们在题山楼前停下了脚步。匾额为当代著名书法家沙孟海题写，字体雄浑，甚饶姿媚。由于它是纪念管道升夫人的，大家就从她的身上扯开了话题的线团。颜教授是一位美学家，他说，由于艺术门类之间是互通的，大凡具有艺术天赋和功力的人，往往兼备数长。最明显的就是文学艺术领域，自古就出现过诗书画“三绝”的现象。管道升就属于这种全才型的艺术家。

我接上说，但是，由于种种特定因素，“文名常被诗名掩”，或者“书名一例掩诗名”的情况，所在多有。前者如李白。其实，李白的文章写得非常好，像人们熟知的《春夜宴桃李园序》、《与韩荆州书》，都是散文中的上品。可是，由于他的诗非常出色，被骚坛奉为“诗仙”，结果，他的文章就不被人们注意了。后者像管道升，她的诗堪称绝妙，但是一提起她来，就是女书家、女画家，反倒没有多少人去研究她的诗了。且看那首脍炙人口的《我侬词》：

> 尔侬我侬，忒煞情多。情多处，热似火，把一块泥，捻一个尔，塑一个我。将咱两个一齐打破，用水调和；再捻一个尔，再塑一个我。我泥中有尔，尔泥中有我：我与尔生同一个衾，死同一个椁。

经人考证，这一年赵孟頫刚好五十岁。他正在杭州出任江浙等处儒学提举，管道升时年四十二岁。杭州乃花柳繁华地、温柔富贵乡，赵孟頫也想要仿效那些江南名士，纳妾求欢，于是，便写了首小诗投石问路：“我为学士，你做夫人。岂不闻陶学士有桃叶、桃根，苏学士有朝云、暮云。我便多娶几个吴姬、赵女有何过分！你年纪已过四旬，只管占住玉堂春。”在这面临婚姻危机的关键时刻，管夫人经过思考，决定沉着应付，冷静对待，便“以其人之道还治其人之身”，同样回复一首诗。据说，看过之后，赵孟頫深受感动，当即打消了纳妾的念头，夫妻和好如初。而这首诗（实际是一首元人小令）便流传开来，被现代诗人刘大白誉为自由诗的开山祖师。

赵、管成婚于元朝至元二十五年（公元 1288 年），其时，赵三十五岁；管二十七岁。他们何以迟至此时才谈婚论嫁，史书上没有记载。有资料提到，此前，赵孟頫曾在管道升所在的德清县生活过一段时间。当是出于相互倾慕，志同道合，才使两位旷世才人结为眷属；并在尔后的三十余年中，他们珠联璧合，相得益彰，又能自成格局，各有千秋，而同臻化境。元朝延祐六年（公元 1319 年）五月，管道升脚气病发作，由丈夫陪伴，自大都（今北京）南归，病逝于山东临清舟中，终年五十八岁。三年后，赵孟頫也驾鹤西归。两人合葬于湖州德清县东衡山南麓。

赵孟頫一生仕途，尚称顺畅。早年受元世祖忽必烈赏识，曾晋京任职；后来，先后放到济南、杭州；晚年再次仕于大都，晋升为翰林学士承旨、荣禄大夫，官居从一品。但他以宋室后裔而出仕元朝，并成为显宦，心理上承受着双重沉重的压力：一方面，受民族之偏见支配，对于汉员大臣，蒙元朝廷并不完全信任；另一方面，饱遭士林与乡里的讥刺，认为他丧失节操，致令他精神郁闷，情绪低沉。对此，夫人管道升看得一清二楚，而且是深知深解的，曾在所绘《渔父图》上填写《渔父词》四首，奉劝他辞官解职，归去来兮：

遥想山堂数树梅。凌寒玉蕊发南枝。
山月照，晓风吹。只为清香苦欲归。

南望吴兴路四千。几时闲去水云边。
名与利，付之天。笑把渔竿上画船。

身在燕山近帝居。归心日夜忆东吴。
斟美酒，脍新鱼，除却清闲总不如。

人生贵极是王侯，浮利浮名不自由。
争得似，一扁舟，弄月吟风归去休！

赵孟頫曾答词一首：

渺渺烟波一叶舟，西风木落五湖秋。
盟鸥鹭，傲王侯，管甚鲈鱼不上钩！

尽管夫人极有见地，所谈皆人生至理，而且，情辞恳切，晓理又兼动情；但是，对于这位末代王孙来说，已经跨上呼啸奔驰的仕途列车，中途卸载，谈何容易！何况，要实现个人价值，得遂“修齐治平”之平生夙愿，舍此便再无他途。这样，也就只好忍辱负重、勉力为之了。当然，公余之暇，潜心于书画以自遣，还是没有疑问的。

下

在中国古代历史上，管道升集姿容美、心灵美、艺术美于一身，堪称是一位“诗书画三绝”的艺术全才。她出生于书香门第，母亲擅长诗词；父亲任侠、倜傥，闻名乡里。她本人资质超群，具有极高的天赋，文献上说她“翰墨词章，不学而能”，“有才略，聪明过人，德姿言功，靡一不备”。加上后来嫁给了一位才华盖世，志同道合的丈夫，更是培植、发展了她的多方面的艺术才能。她的诗创辟新格，清新晓畅；绘画方面，于人物、佛像、花鸟无不精通，尤长于画竹；书法造诣和东晋著名女书家卫夫人齐名，被誉为“卫夫人后第一人”。

黄玉亭先生在《试论管道升书画艺术的审美特征》一文中指出，她的家乡湖州府本是东南竹乡，婀娜多姿的翠竹随处可见，道升从小被这些竹子所吸引，常常描摹写生，画出的竹子神形兼备，别具一格。她还首创了成竹和幼竹交织在一起的画法，富有新意，深受世人赞赏。她曾写墨竹和设色竹，呈献给皇宫。其竹画如同其书法，备受皇宫赏识。清代女画家廖云锦在《题管夫人墨竹》一诗中赞道：

清姿秀骨脱凡尘，柳絮才高莫与伦。
一抹近山数丛竹，绝无脂粉累风神。

管夫人存世的《水竹图》等卷，现藏北京故宫博物院；《竹石图》、《烟雨丛竹图》等卷，藏于中国台北故宫博物院。

黄玉亭先生认为，管夫人书法成就的取得，除聪明过人和笃信佛教外，直接受赵孟頫的影响是一重要原因。艺术上他们互相切磋，相互影响，正如董其昌所说，“管夫人书牍行楷，与鸥波公（即赵孟頫）殆不可辨同异，卫夫人后无俦”。管道升工小楷与行草书。小楷写得凝重端庄，落笔不苟，行草写得清新俊逸，飞动美妙。

史载，元仁宗知道升之名，特命她书写《千字文》，并指派玉工磨制玉轴，装册收藏；同时，又命孟頫书写六体《千字文》，再让其子赵雍也书写一卷。孟頫题诗其上，其要义已被我国书画界奉为圭臬：

石如飞白木如籀，写竹还于八法通。
若也有人能会此，方知书画本来同。

仁宗说：“今尽知我朝有善书妇人，且一家俱能书，亦奇事也。”

赵雍，字仲穆，出生于至元二十六年（公元 1289 年）。承家学，擅画人物、山水、鞍马。他的书画在元代影响很大，不但文人士子题诗盛赞，连皇帝也非常佩服。其成就的取得，除自身努力外，极得力于循循善诱、言传身教的慈母之栽培。管道升在一首《题画竹》诗中，借用森森竹笋的发芽、生长，表达母亲对儿子的殷殷瞩望：

春晴今日又逢晴，闲与儿曹竹下行。
春意近来浓几许，森森稚子日边生。

管道升兢兢业业，相夫教子，传承诗书画艺，培养后代传人。赵氏一门三代，出了七个大书画家。其子赵雍，孙赵麟、赵彦正，均成果斐然，名闻遐迩。外孙王蒙在道升抚育下，自小研习，得天独厚，所作画曲尽山林幽致，传世作品以水墨山水居多。代表作《青卞隐居图》，被明代著名书画家董其昌誉为“天下第一”。

在以男性为主流的中国封建时代书画艺术发展史上，像管道升这样的女性书画家，真是寥如晨星，甚至千百年不一见。她们面对纲常名教、封建伦理的束缚，受到诸如名节、身份的限制，艺术才能与情怀遭到普遍的扼杀自不必说，由于担心会被视同风尘女子，看作行为失检，即使偶有所成，也只能随手毁弃，不敢往外流传，有的只能归到父兄、丈夫名下，社会更不会给予关注。所以，就这一点来说，管道升实在是个历史上并不多见的幸运儿，因而，她的成就与事迹，就尤为可贵，尤堪重视。

秦良玉：
石柱擎天一女豪

作为一位具有传奇色彩的女英雄，秦良玉在中国历史上，创造了多个“唯一”与“第一”：她是中国历史上唯一凭战功封侯、唯一由国家正式颁饷的女将军，也是“二十四史”中，皇帝后妃传、列女传之外，唯一单独载入正史、单独列传的女性英才。她是历史上唯一获得皇帝赐诗旌表的女将军。尽忠报国，满门英烈，这在中国边疆民族史上，也是独一无二的。

一

闲翻旧籍，见到清代闺秀诗人谢香堂的一首七绝：

倾城直欲作干城，忠孝由来出至情，
异代有人还继武，桃花马上请长缨。

这里彰扬了两位中国古代的女英雄，一位是北魏时的替父从军的花木兰，一位是明代末年驰驱南北、战功卓著的秦良玉。诗从木兰说起——倾城美色的佳人，出于忠孝至情，成为“国之干城”、赳赳武夫。“继武”，跟着前人的脚步继续前进。“武”，是步伐。“请长缨”，用《汉书·终军传》典故，意为立志报国，上马杀敌。这里说的“继武”与“请长缨”，指的都是秦良玉。

看到这里，我记起了身边接触到的两桩见闻：

头一桩见闻是，上世纪六十年代初到北京出差，下榻在宣武门外骡马市大街一个不太大的宾馆里。闲逛中，见到一条名叫“四川营”的胡同。经请教一位长者，得知名字的由来，是因为四川女将军秦良玉当年北上勤王时曾屯兵于此。后来，四川人士为了纪念这位巾帼英雄，在这里建立了四川会馆。馆额上书：“蜀女界伟人秦良玉驻兵遗址”。胡同旁边还有棉花头条至棉花九条，名字来源于秦良玉驻军时，女兵们曾在此间为置办军服纺绩棉花。

另一桩见闻，是前几年沈阳市组织重修地方志，征询我的意见。我建议要把明清之际的“浑河血战”写进去，发掘一下民族英雄秦良玉及其兄弟邦屏、民屏的英勇事迹。据《清太祖实录》、朝鲜《李朝实录》、《明史记事本末》等史籍记载，明天启元年（公元1621年）三月，努尔哈赤率兵数万直逼沈阳，在城外浑河边上，意外遭遇秦良玉麾下的数千石砫（后改为柱）土司兵，双方发生了一场激战。土司兵由秦邦屏、秦民屏指挥，他们骁勇强悍，身披坚甲，手持少数民族特有的刀剑长矛，连番击退八旗兵的步兵猛攻，后续的八旗骑兵上来，也纷纷落马。这时，已投降后金的原明朝将领李永芳利用沈阳城中的大墩台，架上大炮，重金买通一些明军中的炮手，居高临下，猛轰川兵，并派出骑兵从两翼围杀，秦邦屏和明将周敦吉等以下数千人殉难，其中石砫兵死伤过半。秦民屏身负重伤，突围脱险。与此同时，秦良玉在榆关（山海关）与后金兵展开了同样的激战。其子马祥麟眼睛中箭，犹“拔矢逐贼，斩获如故，敌惊退，军中誉之为赵子龙”。后金兵在南北两线，损伤都极为惨重。

兵部尚书张鹤鸣为此上书奏报朝廷：“浑河血战，首功数千，实石砫、酉阳二土司功。邦屏既没，良玉即遣使入都，制冬衣一千五百，分给残卒，而身督精兵三千抵榆关。上急公家难，下复私门仇，气甚壮。”（见《明史·秦良玉传》）清人魏源也在文章中记述：“是役，明以万余人当我数万众，虽力屈而覆，为辽左用兵以来第一血战。”

宋代散文家欧阳修在谈到太祖赵匡胤当年用兵，生擒南唐将领皇甫晖、姚凤于滁州东门外时，曾慨乎其言地说：“修尝考其山川，按其图记，升高以望清流之关，欲求晖、凤就擒之所，而故老皆无在者，盖天下之平久矣。”我那篇建议发出之后，也曾经按照有关史料的记述，漫游浑北、城南，踏勘“浑河血战”的现场，所见除了高楼林立，绿树葱茏，同样是任何遗迹也没有看到。其实，欧阳修所谓“久矣”，为时不过百年；而浑河之战，算来已经过去将近四百载了。

秦良玉，字贞素，明万历二年（公元1574年）出生于四川忠州。其父秦葵贡生出身，良玉自幼得以接受正规的儒学教育。二十二岁那年，嫁给了四川石砫（今石柱土家族自治县）土司马千乘为妻。后来，千乘遭到太监邱乘云的诬陷，冤死于云阳狱中。朝廷考虑到其妻良玉屡建功勋，战绩卓著，遂批准由她袭任其职。土司属地方官职，元朝始置，用于封授西北、西南地区少数民族部族首领。土司有宣慰使、宣抚使、安抚使三种武官职务，马千乘即为宣抚使。

万历二十七年（公元1599年），朝廷下令，让播州（今贵州遵义）土司杨应龙出兵抗击倭寇，但他不仅抗命不从，还乘机发动叛乱。长期以来，他实行地方割据，横行乡里，鱼肉百姓，这次，朝廷决心予以惩治，遂集结重兵围剿。马千乘率兵三千随从官军出征，秦良玉又统领精悍士卒五百名，自备军粮马匹，前往贵州配合作战。她所率领的石砫兵，一律手持顶端呈钩状、矛尾有圆环的特制长矛，以利于攀援山地险峻地形时前后搭接。兵员一般比较矮小，而矛杆甚长，均以白杆制作，时人称之为“白杆兵”。正月初二这天，军营置酒欢度春节。良玉预料到叛军有可能发动夜袭，提醒千乘加以戒备。深夜时分，杨应龙果然率部前来袭营。官军猝不及备，惊慌失措；唯独千乘夫妇领兵奋勇迎战，迅速将其击败，并追入叛军老巢，连破金筑等七寨，直取桑木关，“为南川路战功第一”。

天启元年（公元 1621 年）九月，四川永宁土司奢崇明叛乱。适逢秦良玉返回四川征兵，奢崇明想要与她结援，派遣使者带上金帛前来联络。良玉斩其来使，率领胞弟民屏及儿子翼明、拱明，溯江西上，急趋重庆南坪关，阻断叛军归路。经过三年奋战，终于扫平叛乱，安定全川。

为维护国家统一，扑灭地方分裂势力，秦良玉多次做出卓越的贡献。

二

作为一位具有传奇色彩的女英雄，秦良玉在中国历史上创造了多个“唯一”与“第一”：

第一个“唯一”，她是中国历史上唯一凭战功封侯、唯一由国家正式颁饷的女将军，也是“二十四史”中，皇帝后妃传、列女传之外，唯一单独载入正史、单独列传的女性英才。

当年花木兰女扮男装，替父从军，“万里赴戎机，关山度若飞。朔气传金柝，寒光照铁衣”。皇帝因她战功卓著，想要委以重任，但她力辞不就，终于回家孝敬父母。传说中的穆桂英，作为“杨门女将”中的杰出人物，出征保国，屡建战功；还有南宋时期的梁红玉，与丈夫韩世忠一起抗击金兵，力尽伤重，落马而死。她们都未获正式封侯。

著名学者胡适早在 1908 年就曾评论说：“中国历史有个定鼎开基的黄帝，有个驱除胡虏的明太祖，有个孔子，有个岳飞，有个班超，有个玄奘，文学有李白、杜甫，女界有秦良玉、木兰，这都是我们国民天天所应该纪念着的。”把秦良玉和这些光耀千秋的伟人排列在一起，评价不可谓不高。

作为女性军事统帅、民族英雄、军事家，秦良玉戎马生涯四十余载，足迹遍及长城内外、大江南北。《明史》本传中说她“为人饶胆智，勇骑射，兼通词翰，仪度娴雅，而驭下严峻，每行军发令，戎伍肃然”。俨然有大将风度。她一生中，先后参与、领导了扫平播州之乱、出兵援辽、平定奢氏叛乱、勤王抗清、讨伐张献忠等诸多重大战役。直到晚年，仍然坚持高举抗清义帜，七十三岁高龄，还准备前往福建抗清，后以郑芝龙叛变，成行未果。两年后，病死于石砫大都督府。墓碑题文为：“明上柱国　光禄大夫　镇守四川等处地方提督　汉土官兵总兵官　持镇东将军印　中军都督府左都督　太子太保　忠贞侯　贞素秦太君墓”。墓碑题文长达五十三个字，官衔多达八个，这在中国历史上，包括男性在内也是仅见的。

第二个“唯一”，她是历史上唯一获得皇帝赐诗旌表的女将军。

良玉曾三次从四川出发，驰驱数千里，奔赴北方抗清前线，参加战斗。第一次，在“浑河血战”、榆关大战中，良玉一家两代四口，洒血沙场，“负弩前驱”，长兄邦屏壮烈捐躯。第二次是崇祯二年（公元1629年），皇太极率后金兵攻到北京城下，其时，袁崇焕因被反间逮捕入狱，京城危于累卵。秦良玉再次奉命进京勤王，到达北京后，驻兵于今宣武区四川营胡同，俨然“国之干城”，成为清军难以逾越的障碍。第三次是崇祯三年（公元1630年），清兵直逼北京城下，永平、滦州、迁安告急，朝廷诏令天下勤王。可是，各方将领拥兵自保，畏葸不前，唯独秦良玉踊跃响应，率领侄子翼明捐出家财济饷，昼夜兼程，再次驰援京师。

京师围解之后，崇祯皇帝在皇宫平台召见了这位战功煊赫的女将军，优诏褒奖。当即赋诗四首，并亲手书写以赠，旌表其功。

学就西川八阵图，鸳鸯袖里握兵符。
由来巾帼甘心受，何必将军是丈夫。

蜀锦征袍手剪成，桃花马上请长缨。
世间多少奇男子，谁肯沙场万里行！

露宿风餐誓不辞，饮将鲜血代胭脂。
凯歌马上清平曲，不是昭君出塞时。

凭将箕帚作蝥弧。一派欢声动地呼。
试看他年麟阁上，丹青先画美人图。

首先，说她娴熟兵法，掌管兵符，发号施令。巾帼可以成为战场上的英雄，领兵打仗的不一定都是男子汉、大丈夫。“八阵图”，三国时诸葛亮创设的一种阵法，布石阵，开八门，变化万端，据说可挡十万精兵。诗中以秦良玉与王昭君作比。昭君为争取汉家和平、安宁和兴旺，请求出塞和亲；而良玉是领兵出征，“倾城直欲作干城”。“箕帚”是扫除工具，指妇女操持家务。“蝥弧”指帅旗。用在女性身上，说她放下箕帚，举起帅旗慷慨出征。“作蝥弧”三字，原为“扫虏胡”。良玉的玄孙马宗大，在乾隆时为了免遭“文字祸”，把原文三个字挖下、换掉。诗作原件，现藏于秦良玉大都督府内玉音楼。

清代忠州白鹿书院院长陈攀凤，曾就此写诗颂赞：

堂堂白杆播威名，艳说夫人善用兵；
召对平台天子喜，亲挥宸翰表忠贞。

第三个“唯一”，秦、马两家，满门忠烈。这在中国边疆民族史上，也是独一无二的。

据《明史》、《石砫厅志》、《马氏家乘》、《秦氏家乘》等史籍记载，除了秦良玉，她的丈夫马千乘忠于国家、忠于朝廷，被陷害冤死云阳狱中；她的哥哥秦邦屏、秦邦翰战死于辽东前线；弟弟秦民屏、儿子马祥麟身受重伤；在平定土司奢崇明的叛乱中，秦民屏又捐躯沙场，其子佐明、祚明皆重伤；在地方平暴中，良玉之子马祥麟、媳张凤仪相继殉难。因此，后人有“报朝廷，甘向沙场死，一门内，忠贞矣”的词句。陈攀凤诗云：

兄为名将弟元戎，子效丹忱妇效忠；

试问古来麟阁上，谁家似此尽英雄。

“麟阁”，即麒麟阁，汉朝供奉功臣的所在。

三

第四个“第一”，作为女性，纯粹以个人功业，而非由于美貌绝伦或者悲惨遭遇，引发后代诗人关注，竞相以文学作品赞美的，数量之多，分量之重，秦良玉也成了中国历史之最。

歌颂、赞美秦良玉的文学作品，连篇累牍。为数可观的说部、戏曲、影视作品之外，据不完全统计，仅诗歌就有一百四十余首。其中明代的四十二首，清代的三十一首，民国年间的二十九首，当代著名文学家的三十四首。另有忠州秦良玉祠庙、墓园、四川会馆、秦少保屯兵遗址、北京四川营遗址、万寿山门、巴县双忠祠等多处对联，达几十副。

诗词内容丰富，有借助歌颂秦良玉的辉煌功业、传奇人生而书写一己宏图壮志的。如革命烈士、“鉴湖女侠”秋瑾的《满江红》：

肮脏尘寰，问几个男儿英哲！算只有蛾眉队里，时闻豪杰。良玉勋名襟上泪，云英事业心头血。醉摩挲长剑作龙吟，声悲咽。　　自由香，常思爇；家国恨，何时雪。劝吾侪今日，各宜努力。振拔须思安种类，繁华莫但夸衣玦。算弓鞋三寸太无为，宜改革。

这首词大约写于秋瑾加入同盟会后、牺牲前的1906年，中心是为争取女权与民族解放而大声疾呼。词中上片开头四句，讲娥眉压倒须眉，领起全篇。接着，正面引出秦良玉的功业、勋名和理想、抱负。这里提到了明朝末年的著名女将沈云英。她文武全才，有胆有识，青年随父征战，父亲战死后，继承遗志，组织父亲旧部解危纾难。“云英事业心头血”，指此。下片讲对自由爇香顶礼，衷心向往；对国恨家仇，刻刻不忘。奉劝姐妹们应该提振精神，关心种族复兴大业，改革陋习积弊，不要只沾沾于衣着打扮。

秋瑾女士还为以秦、沈为题材的清人杂剧《芝龛记》写下了八首七绝，现摘录其中四首：

> 搘撑乾坤女土司，将军才调绝尘姿。
> 花刀帕首桃花马，不愧名称娘子师。
>
> 莫重男儿薄女儿，平台诗句赐蛾眉。
> 吾侪得此添生色，始信英雄亦有雌。
>
> 谪来尘世耻为男，翠鬓荷戈上将坛。
> 忠孝而今归女子，千秋羞说左宁南。
>
> 肉食朝臣尽素餐，精忠报国赖红颜。
> 状哉奇女谈军事，鼎足当年花木兰。

第一首说，女英雄能够独当一面。“搘撑”意为支撑。第二首说，女性中也有英豪。“平台诗句”指崇祯皇帝赐诗。第三首说，秦良玉是贬谪到尘世的仙人，但她却耻于为男子。至于与她重名的明末将领左良玉，就更不值得一提了。“左宁南”，左良玉曾被封为宁南伯，故以此代。由于他拥兵自重，骄横跋扈，部队烧杀劫掠，被称为“勇于虐民、怯于斗敌的大军阀”，声名很坏，甚至千年以后，人们都会耻于说起他来。第四首说，满朝文武尸位素餐，真正救国尽忠的却是这两位女将。她们与花木兰一起，鼎足而三。“肉食”，指享有厚禄的官员，他们以食肉为常。典出《左传》：“肉食者鄙，未能远谋。”

乾隆年间进士、四川丰都县知县、石柱厅直隶同知王萦绪在赞诗中写道：

桃花战马锦征裙，召对平台策大勋。
多少登坛飞将在，须眉都愧女将军。

卸却金钗排虎符，提兵十万上皇都。
西南嫠妇援东土，愧煞中原少丈夫。

“嫠妇”，孤居的妇女，这里特指秦良玉。

乾隆年间进士、黔江知县翁若梅，拜谒秦夫人墓时，曾写过一首七律：

一腔热血长松楸，忠爱堂前目未收。
明季衣冠臣半妾，边陲节钺妇通侯。
合门尽足垂终古，末路犹能正首丘。
石柱勋名铜柱上，回龙何日拜山头。

首联“长松楸”，扣紧墓地。颔联上句“明季衣冠臣半妾”，讽刺明朝末年很多大臣寡廉鲜耻，没有骨气，奴颜婢膝，半数都成了“妾妇”；下句以秦良玉进行对照：一个女子，身在边陲，却能仗节挥钺出征，封侯掌印。颈联，说她满门忠烈，自己最后死在乡关，取“狐死首丘”之义。尾联“铜柱”，用东汉将军马援典故。当年马援征服交趾，在边界上竖立铜柱，以记边功。

清代诗人吴世贤，写过一首《秦夫人赞》：

万里烽烟落日惊，蚕丛愁听乱蛙鸣。
绣襦甲帐桃花马，知是夫人白杆兵。

“蚕丛”，蜀人的祖先，这里借指蜀地四川。

当代大文豪、秦良玉的异代同乡郭沫若，写了四首七绝，热情予以颂扬。其一、二云：

石柱擎天一女豪，提兵绝域事征辽。
同名愧杀当时左，只解屠民意气骄。

兼长翰墨世俱钦，一袭征袍万里心。
艳说胭脂鲜血代，谁知草檄有金音。

头一首，以同时挥师于北方抗清前线的“二左”相比。“当时左”，指左良玉。第二首，说秦良玉不但战功煊赫，而且文采斑斓，擅长辞翰。“草檄”，指她曾作《固守石砫檄文》：针对张献忠“犯蜀，石砫震恐，有议降者，有议迁者”，特“传檄布告父老军士，同心御侮”。“金音”，说她为文有金石激越之音，意为颇富战斗力。

香妃：
香冢

香妃生长在所谓“化外之邦”，处在一个与内地截然不同的生活环境里，那里没有受到那么多的封建礼教的污染，男女之间地位是平等的，关系是开放的。在她看来，爱情发自内在的情感，是最纯洁、最真诚的，掺不得假，勉强不得。她无论如何不能理解，三宫六院那么多如花似玉的女子，怎么全都泯灭了自己的意志，眼巴巴地盯着一个皇帝，得不到满足还哭哭啼啼。

一

我总觉得，她像一株冷艳的寒梅。

这也许是由于古人习惯以梅花来比拟心志高洁的佳人吧？再不就是受了唐人王建的诗句“天山路旁一株梅，年年花发黄云下”的感染，……实在说不清楚。反正一想起她来，我的脑海里就浮现出“暗香浮动”、“疏影横斜”的意象，渐渐地，这种意象竟活灵活现，袅袅婷婷地走过来了，“想佩环月夜归来，化作此花幽独”（姜白石词）。

这已经是第三次访问北京的陶然亭了。没有风，空际云幕低沉，是一种酿雪的天气。果然，走着走着，丝丝、片片的雪花，就漫空飘舞起来。水木明瑟的平湖、高阜，还有那弯弯的柳径，淡雅的兰畦，脱尽了昔日的青青翠影，冷森森、白光光地默对着游人。平时，这里就不怎么嚣烦，此刻更是清空寥寂了。拾级步上高高的台地，在山门内檐瞧了瞧已经有三百余年历史的金字匾额“陶然”二字，又匆匆浏览了两边的对联，记得还有一副“十朝名士闲中老，一角西山恨有情”的联语，来不及寻看了，赶忙朝那北向的门窗纵目望去，立刻，前方雪影中闪现出几幅“素以为绚”的清妙的册页。

令我万分惊异的是，那满布着衰草寒枝的土坡上，分明挺立着一枝傲雪的寒梅。我知道，这肯定是一种错觉——在幽燕大地上，怎么可能见到那“惨淡江南白玉妃”的踪影呢？揉了揉眼睛，再定下神来，细看上去，原来竟是没有飘落的枝间红叶，闪烁在雪虐风饕里。我知道，这次所要寻访的“香冢”，就在它的下面。于是，我匆匆地走下亭台，沿着铺雪的石径，很快就来到银装素裹的土阜旁边，一盔三尺孤坟累然展现在眼前。

二

关于香冢，一如墓主的身世、遭际，有各种各样的说法，扑朔迷离，令人如堕五里雾中。我是相信这样的传说的：此间就是香妃的埋骨之地。披着满身的雪花，我静静地伫立在石碣前，一个字一个字地咀嚼着那没有留下作者姓名的哀感顽艳的铭文，并且依照流布已久的传闻轶话，凭着我的理解加以诠释、印证。

浩浩愁，茫茫劫；短歌终，明月缺。郁郁佳城，中有碧血。碧亦有时尽，血亦有时灭。一缕香魂无断绝。是耶？非耶？化为蝴蝶。

起首的四个短句、十二个字，形象地概括了香妃这位充满悲剧性、传奇性的女性凄苦、劫难的一生，堪称是以简驭繁、片言撷要的范例。古人驱遣文字的功夫着实了得。你看，唐代诗人杜牧在《阿房宫赋》的开头，也是用了同样的字数和短句，就把秦始皇并吞六国之后，大兴土木，修建阿房的过程，交代得一清二楚。

传说，香妃是一位出生在西域的貌美超群的人间绝色，回眸一笑，唇红齿白，能令人心醉神迷；而且，心地善良，性情温柔，天真活泼。由于她生来便体有异香，因而名为“伊帕尔罕”（维吾尔语：香姑娘）。她的童年时代，在亲人的爱抚下，整天过着无忧无虑的甜美的生活。可是，绮梦不长，这样一位貌似天仙、天真可爱的美人儿，长大了之后，偏偏赶上浓愁浩浩、劫难茫茫的动乱的年代，命运把她抛在一个动乱的地区、动乱的家族里，最后酿成一场“短歌终，明月缺”的悲惨结局。

她的丈夫霍集占是天山以南的维吾尔族地区当时称为“回部”的和卓木（教长或首领），当时参加了一场西部边疆的叛乱活动，把清朝派去的副都统、回部招抚使杀害了。乾隆皇帝派将军兆惠率兵讨伐。霍集占兵败逃亡，带着妻子、仆从三四百人遁入巴达克山，他本人被山民擒杀，香妃被清军劫获到大营里。

对于香妃的美艳绝伦，乾隆皇帝早有知闻，兆惠临行前，即有意暗示，在讨伐过程中，必须设法保护好香妃，并把她安全地带回京师。听到她已经被俘获的消息，皇帝又敕令沿途官吏悉心护视香妃的起居，万不可损蚀了她的玉颜姿色。进京“献俘”之日，乾隆皇帝一见倾心，惊为天人，立即下令，在宫内妥为安置。尔后，又几次去看她，觉得她神光高洁，有一种凛然不可犯的气概，因此，没敢伸出指尖去触她一触，只嗅得缕缕异香扑进鼻管来。心说，好一个绝代天仙，好一个香草美人！今得相见，也算是百世奇缘，三生厚福。当即赏赐了大量的珠宝衣饰，并嘱咐宫女、太监：只要香妃提出要求，一切都予以满足。

为了讨得美人的欢心，乾隆爷不惜破费巨量资财，在今天的新华门那里，专门给她修建了一座伊斯兰式的豪华住宅，名曰宝月楼，里面一切设施，包括浴池、壁砖、衣镜、装饰画等等，以及生活起居、日常习惯，都和在西域的情形没有什么两样。还在宝月楼的对面，特意修建了一座清真寺；在皇城墙外，盖起“回部”市廛楼台，设置了“回回营”，辟出一条“回回街”设肆售货，演奏体现“回部”风情的乐曲，使香妃有身在家园的感觉。但是，乾隆皇帝到底失算了，这种浓郁的环境氛围，不仅没能慰藉香妃的思乡之情，反而更加撩拨起心灵深处的背井离乡的痛楚。

三

自从入宫以来，香妃一直是冷若冰霜，对于皇上的种种垂顾，全然不加理睬。就是万岁爷的圣驾到了，她该做什么还是做什么，旁若无人一般，一任皇帝在那里怔怔地望着，她只是撅着嘴巴，垂着眼角，木然没有半点反应。皇帝叹了一口气，自言自语地说，朕和香妃，怎么就这般无缘！难道真是天仙下凡，可望而不可即吗？

皇帝走后，宫女们赶忙过来相劝，说："后宫佳丽三千，哪个不翘首望幸！别说皇帝主动登门，就是有机会被瞧上一眼，也觉得无比荣幸。人活一世，草木一秋，女人一辈子图希着什么？还不是夫荣子贵，终身有个倚托！你若是肯于顺从皇上，说不定一年过后就生下一个王子，马上就会成为正式的皇帝后妃，风光一世，万古留名。你怎么就这么任性，这么倔强，这么想不开事呢？"

限于所受到的封建道统的浸染，宫女们的思维脉络，大概也只能这么想、这么说、这么劝解，应该说也没有什么恶意；可是，在香妃听来，却比挨一顿臭骂还难受得多，觉得极不顺耳，极度反感，便冷冷地还了一句："各人有各人的追求，各人有各人的活法，我更看重的是个性的独立，人身的自由。"话说到这个份儿上，她觉得胸间郁闷难舒，于是，便又"突突突"地冒出了一团烈火般的话语："人终究是人，两条腿是用来站立的，不能像牛马那样四脚着地爬行，不能听从人家任意摆布！我才不想窝窝囊囊、委委屈屈地享受什么'荣华富贵'呢！"

香妃生长在所谓"化外之邦"，处在一个与内地截然不同的生活环境里，那里没有受到那么多的封建礼教的污染，男女之间地位是平等的，关系是开放的。在她看来，爱情发自内在的情感，是最纯洁、最真诚的，掺不得假，勉强不得。她无论如何不能理解，三宫六院那么多如花似玉的女子，怎么全都泯灭了自己的意志，眼巴巴地盯着一个皇帝，得不到满足还哭哭啼啼。——她不懂得这是怎么回事儿。

是呀，男人女人，皇帝宫女，不都是人吗？为什么女人就不能有自己的意愿，自己的爱的选择和追求？霍集占犯了事，由他自己去承担，那叫自作自受，犯不上要把妻子搭上。香妃是清白无辜的，香妃的人身是自由的，人格是独立的，她有权利选定自己的出路，安排自己的情感取向。“三军可夺帅，匹夫不可夺志也”。为什么要像对待牲口似的，不吃草硬按脑袋？为什么硬要逼着去顺从皇帝？——皇帝又怎么样？

四

香妃的话语不多，却使宫女们听起来如雷震耳。个性？独立？自由？女人，特别是打入深宫的女人，同这些是根本不沾边的。虽然她们不能理解，也并不认同，但是，从此之后，对香妃却添了几分敬重，不能不另眼相看。几天过去，她们又来解劝香妃：“皇帝可不是好惹的，‘金口玉牙，说啥是啥’，万一龙威震怒，可就活不成了；就算是舍不得杀了你，哪一天，高兴了，忍耐不住了，硬把你弄过去，动了真格的，小胳膊还能拧过大腿吗？”香妃听了，冷笑一声，说：“人活百岁，终有一死，我早就做了这一手准备，一旦把我逼急了，我就……”说着，“嗖”的一声，从衣服下摆里抽出一把雪亮的匕首。这可把宫女们吓傻了，天哪，自刎也好，刺人也好，后果都是不堪想象的。

她们慌忙跑到皇后富察氏那里，不敢隐瞒，把这种种见闻一五一十地交代清楚。皇后也觉得事态严重，但又想不出什么办法。自从香妃过来之后，皇帝早已把她冷冷地甩在一边，不闻不问，尽管恨满心头，嘴上却绝对不敢露出半个“不”字。最后，倒是乾隆的母亲——皇太后钮钴禄氏，一锤定了音：设法除掉她！因为她了解自己的儿子，极端任性，当面一定劝他不转，莫如下个狠心，干脆来个“釜底抽薪”，也就断了他想望的念头。于是，趁乾隆皇帝到天坛祭天之时，安排两个太监，悄悄地在宝月楼把香妃绞死了。“郁郁佳城，中有碧血”。哀哉！

因为一切都是太后策划的，乾隆皇帝也不便发作，只是，终日惨然寡欢，怔怔忡忡，失魂落魄一般。他现在唯一能做的，就是吩咐太监将香妃用上好棺木装殓起来，找个风景绝佳、环境幽静的地方埋葬下。于是，右安门内的南下洼，陶然亭北的土坡下，便有一座新坟掩映在荒烟蔓草里，给后世才人留下了无尽的遐思，缠夹不清的话题。“碧亦有时尽，血亦有时灭，一缕香魂无断绝。”如此而已。

依皇帝旨意，原本要在这里建一座规模宏丽的陵寝，设计方案已经定下，但未及开工就停下了。1933年，清代著名工匠曹发达的后裔曹献瑞，迫于生计，将祖传下来的清朝各项工程图样转卖给北平图书馆与中法大学。整理图卷过程中，人们发现了一篇《香妃陵工图说》，详细记载了奉旨设计年月、工程图案、陵园地址，以及因太后干预，未能动工等情由。经核对，图样中所标示的地址正与香冢所在地点完全吻合。但是，“四十五言铭古冢，埋香瘗恨总模糊。”——那座短碣上的“瘗香铭”究竟刻在何时，是不是安葬当时就立下了？铭文出自谁人之手？如何索解？一切一切，都已为历史的烟尘所湮没，成了一个无人能够破解的谜团。“是耶？非耶？化为蝴蝶。”

五

雪已经停了，陶然亭公园内依旧见不到几个人影。我一时还无意离开，便在香冢周围随意地闲步，忽然联想起流传在域外的一桩故实。人世间的事情，往往是无独有偶，呈现意外的巧合，说来也是蛮有意味的。

十多年前，我在前苏联的雅尔塔，参观过一处著名古迹巴赫奇萨拉伊，这里曾是古克里米亚汗国的首都。在始建于16世纪初的鞑靼王基列伊的宫殿的旁边，有一座非常显眼的用白色大理石镶嵌的喷泉，上面高悬着一钩金属锻造的弯弯新月，相传是基列伊国王为寄托他对痴情苦恋的一位波兰郡主的哀思而修建的。整整过去了三百年之后，伟大诗人普希金有克里米亚之行，从一位女友那里听到了这个动人的传说，于是，花费三年时间，把它写成了一部题为《巴赫奇萨拉伊的喷泉》的著名长诗。后来，剧作家又把它改编成一台名叫《泪泉》的四幕芭蕾舞剧。

剧情是这样的：波兰郡主玛丽雅·波托茨卡娅聪明美丽，活泼可爱，有一个幸福的童年；不料灾祸突然降临——可汗基列伊率领鞑靼大军像河水一样涌进了波兰，父王惨遭杀害，郡主本人也成了俘虏，被关在巴赫奇萨拉伊的豪华宫殿里。后宫里有无数妖姬美妾，可是无论哪一个，可汗都没有动心，甚至连年轻美貌的皇后莎莱玛也抛在脑后了。唯一情有独钟的是那个外来的波兰郡主。但这只是一厢情愿，玛丽雅却对可汗冷峻得像一块铁石，一柄利剑。这天晚上，可汗又来到玛丽雅郡主身旁，摘掉了王冠，脱下了斗篷，显得殷勤备至，恭谨有礼，可是，玛丽雅却全然不理不睬，憎恨他剥夺了她的自由和欢乐，葬送了美妙的青春。可汗无奈，只好悻悻然离去。玛丽雅在无边的孤寂中静静地睡去。这时，王后莎莱玛像幽灵一样走过来了，她发现可汗的王冠和斗篷留在那里，又看到郡主梦中伊甸园天使般的幸福的笑容，顿时妒火高燃，再也控制不住自己了，抽出利刃，向郡主的胸膛刺去，一场惨痛的悲剧终于酿成了。可汗看到这种惨状，愤怒得简直要发疯了，当即命令卫士将王后抛入大海，予以最严厉的惩罚。为了寄托对玛丽雅郡主的无尽哀思，在王宫幽静的一角，修建了一座喷泉。

……

从“记忆之宫”里转悠出来，我朝陶然亭公园的大门走去，最后向香冢投去依依惜别的目光。这两个影像——香冢与泪泉，已经在我的脑海里叠合在一起：

两个同样的惊才绝艳又志高行洁的女郎；

她们同样被迫离开可爱的家园，被幽禁在皇宫深处；

她们面对的是两个同样贪婪好色的独裁者；

同样因为酷爱个性自由和人格独立而坚贞不屈；

最后又遭遇同样悲惨的下场——死在两个同样凶狠毒辣的女人手里；

特别是，一瞑之后，同样没有身名俱亡，幸遇文坛知己，写下了各自的《瘗香铭》，使她们像两盏耀眼的明灯，闪烁在封建专制王朝幽暗的夜空里。

开美久命金：
殉情

牧女开美久命金发现情人祖布羽勒排不见了，不知道他已在半路上被父母拦截回去，便请托善飞的黑乌鸦捎带口信到祖布羽勒排家里去问讯，结果遭到他的父母的一番咒骂。可怜的开美久命金在绝望中踏上归程，来到什罗山的大桑树下，用一条牛毛编结的绳索结束了年轻的生命，口里还叨念着要去那雪山上的“十二欢乐坡”，会见爱神游主阿祖。

一

“问世间，情是何物？直教生死相许。”元好问的这两句词，我是在读高中时记下的。前些天，忽然见到有的文章说是台湾作家琼瑶之作，不禁大吃一惊。细想想，又觉得怪也不怪，二十年前，有个文艺出版社编选《琼瑶的诗》，竟然把“蒹葭苍苍”和《红楼梦》中林黛玉的《问菊》诗，都列在了这位当代女作家的名下。说来真叫人脸红，还是到此打住。

记得那天教语文的石先生给我们讲的课文是汉乐府《孔雀东南飞》。当谈到诗中主人公刘兰芝和焦仲卿为反抗封建礼教的压制，分别“举身赴清池”与“自挂东南枝”，以死殉情时，他在黑板上写下了这两句词。说，金代文学家元好问写过两首有关殉情的词，课后同学们可以找来看看。至于这两句，他并没有多加阐释，可是，却给我们这班初涉世事的年轻人留下了一道终生都在叩问、求索的课题。是呀，情是何物？竟有如此巨大的震撼力量！

石先生年轻时当过副刊编辑，文学修养很深，三、四十年代在沈阳的《盛京时报》、大连的《泰东日报》上发表过许多作品。教我们课时已经年过半百，但是，仍然豪情似火，充满了诗人气质。平素感情容易激动，有时一件细微的物事，也会激起他奋袖低昂，情见乎辞，脸上经常浮现着红艳艳的华彩。据校医说，这和他患有严重的肺结核也有直接关系。

几天后，先生便因咯血住进了医院。我是班上的语文课代表，受班上同学委托，到病房去慰问他。这天，他精神很好，在询问过课程的情况之后，又从《孔雀东南飞》谈起了“殉情”这个话题。说，过去在编辑部，听一位南方籍的同事讲过，西南少数民族地区也有一部类似《孔雀东南飞》的长诗，名字记不得了。据说，这个少数民族历史上烈女殉情的事十分盛行。

此后不久，反右就开始了，石先生被错划为右派。批斗中，由于大量咯血，终致惨死在会场上。当时一条突出的罪名，就是他曾经在课堂上大肆宣扬爱恋和殉情等“极不健康”的内容，严重地毒害了青少年的稚嫩的心灵。可是，我们这些学生却私下里议论，课讲得最棒的是石先生。别的老师克勤克谨，照本宣科，尽管也是严肃认真，但只是一般地授业、解惑；而石先生则能够以其汪洋恣肆的才情和富于魅力的讲演给学生以感染。他交给学生的是一把开启心灵的钥匙，一大堆颇富情趣的问号和渊深渺远的联想。

二

几十年倏忽飘逝，石先生的面影早已变得模糊不清了。可是，他说的烈女殉情的事，却一直在头脑里萦回着。上个世纪90年代初，我在省图书馆偶然翻检到一部《纳西族文学史》，从中发现，原来纳西族有一部名为《鲁般鲁饶》的东巴叙事长诗。从文学史中叙述的内容、情节看，完全符合石先生所说的，但只有片断的引文，全诗却无从看到。

次年秋天，参加中国作家协会的采风活动，来到了云南丽江，这里正是纳西族聚居的地区。放下了行囊，我还来不及洗去脸上的征尘，便连续跑了两家书店去寻觅那部长诗。谁知，营业员竟连《鲁般鲁饶》的书名都没有听说过。我只好拜托当地一位熟悉的文友代为物色，结果仍是落了空。

那些天，为着寻找这部《鲁般鲁饶》，真个是魂牵梦萦，茶饭无心。天天想的，日日盼的，梦里见的，嘴里念的，无非《鲁般鲁饶》。这个“劳什子”实在是害人好苦。

一天早上散步，我在丽江旅行社的橱窗前偶然停步，不经意地往里瞄了一眼，忽然发现书架上摆着一本《东巴经典选译》。我想，作为一部代表作，这部经典性的长诗肯定是要录入的。当时还没有开门，我便转到后面，找到一位值宿的老汉请求帮助，老人告诉我必须等到八点半上班时才能开橱销售。看了看表，刚刚六点一刻，我便四下里闲逛，一直挨到开门才算把书买到。翻检一过，《鲁般鲁饶》赫然印在里面。真是：踏破铁鞋无觅处，得来全不费工夫！当时的兴奋劲儿实在难以形容。尽管已经过了饭时，饿了半天肚子，心中仍然感到无边的快慰。

原来，“鲁般鲁饶”是“牧奴迁徙下山”的意思。“鲁”字意译为牧奴，“般”是迁徙，“饶”是从高山上下来。它是纳西族东巴祭司用原始象形文字写下的古代书面文学，主要描述奴隶制度下牧奴的爱情悲剧。故事的梗概是：

在很古的时候，一群纳西族的青年男女牧奴在高山牧场里放牧，他们搭起帐篷，吹笛子，弹口弦，相亲相爱，过着自由自在的生活。住在平坝上的牧主不能容忍这种自由的心性和举动，勒令他们迁徙下山。但牧奴们向往的是自由婚恋，为了摆脱拘束，拒不从命。一次又一次地催促，一次又一次地遭到拒绝。牧主怕他们逃跑远游，就在山下修了几道石门加以拦阻。青年牧奴们推倒石门，逃逸而去。前路被金沙江隔断，洪水滔天，他们便造船、溜索，战胜了重重困难，聚集在新的牧地。

这时，牧女开美久命金发现情人祖布羽勒排不见了，不知道他已在半路上被父母拦截回去，便请托善飞的黑乌鸦捎带口信到祖布羽勒排家里去问讯，结果遭到其父母的一番咒骂。可怜的开美久命金在绝望中踏上归程，来到什罗山的大桑树下，用一条牛毛编结的绳索结束了年轻的生命，口里还叨念着要去那雪山上的“十二欢乐坡”，会见爱神游主阿祖。七天七夜后，因为寻找丢失的牦牛来到什罗山的祖布羽勒排发现恋人已经吊死在树下，悲痛欲绝，便将她的尸首从树枝上卸下，投入到熊熊烈火之中，同时自己也葬身火海。生时没有得到幸福结合的自由，死后共同奔向理想的“山国乐园”。他们相信，那里是个风景绝佳，没有尘世污浊的净洁之地，在那里，处处是鲜花，冰雪酿美酒，白鹿当坐骑，没有嫉妒和干扰，情侣自由爱恋，永远年轻。

纳西族中还流传着一个“情死树”的故事。说是在刺是坪坝上，长着一株亭亭如伞盖的硕大无朋的古树，树身伛偻着，枝杈像虬龙，笼罩的阴凉有几十平方米。传说，当年开美久命金就是在这棵树上吊死的。从此，远近村寨的青年男女，每当遇到自由选择的婚姻受阻时，就跑到这棵树下来结束生命，每年至少有几十对。有人夜间从附近经过，发现树下点燃着熊熊篝火，周围几圈人围着它跳阿蒙达舞。远近传闻：这棵树聚结了情死者的精魂。

三

据纳西族的学者考证，丽江纳西族是西北河湟地区古羌人的后裔，他们的身上世世代代流淌着这个古老游牧民族的奔腾、炽热的血液。高耸的雪山，幽深的峡谷，急折陡转的金沙江，浩渺苍茫的连天牧野，造就了这个民族刚烈、奔放，渴望自由，视死如归的性格。这里，长期保留着母系氏族社会的古老婚姻习俗，男女结合极为自由，没有任何附加条件，唯一需要的就是两人之间的真挚爱情。这种自由自在、了无拘禁的性爱观念，已经成为一种稳定的社会心理结构，深深地积淀在纳西族的传统文化之中。后来在汉族文化的强力冲击下，他们在充分享用社会文明成果，推动生产力进步的同时，一些人特别是老一代人，在观念上也不可避免地接受了儒家封建礼教、包办婚姻的毒害。可是，男女青年们骨子里却依旧按照本民族传统的情感方式去理解和追求他们的爱情。这样，两种文化的剧烈冲突出现了，殉情悲剧也随之而愈演愈烈。丽江，因此而获得一个“殉情之都”的艳称。

世世代代，为了实现美丽神圣的爱情自由，无数恋人相约到丽江城外的玉龙雪山去赴死，寻找那传说中的“十二欢乐坡”。而《鲁般鲁饶》中的开美久命金则开其先河。当然，有理由说，这只是一种传说。可是，在没有史书记载的地方，作为早期历史的折射，神话传说确有其不可忽视的认识作用。人们可以从神话传说中窥见已经失载的人类早期社会的影子。事实上，在一些特定情况下，幻想世界有时比哲人的记述还更为精辟。因为并非所有的生活都能被语言所阐释。那些疑幻疑真的神游情思，常会在如梦如烟的网络中显现出某些真实的影像。

一位美籍学者指出，在这里，“神话事件构成了原型情境，所颂扬的神话主人公的经历是类似情境中活着的人们再体验。这样，活着的人又成为神话主角。”那些年纪轻轻的人愿意在生命的花季里潇洒地离开人世，以为这样，青春与幸福就会永远地伴随着一对对情侣。按照纳西人的信仰观念，情死者深信，殉情并非生命简单的结束，而是从此进入了一个美妙无比的胜境。他们在那里啜饮露珠，在云彩中漫游，与自己的情侣永世恩爱。在他们看来，情死绝非对于生命的轻抛虚掷，而是一番求真求美的生命实验。因此，出发前，男女青年总要梳洗打扮，穿上平时最喜欢的衣裳，好像要做新郎新娘一样。

听当地的朋友讲，现在这种殉情的现象很少了，一是包办婚姻不合潮流，为人们所抛弃；二是纵使遇到这种情况，当事者抗争不成，也会一走了之，出现了“跑婚”现象：两人一起跑到很远的地方，去过自己向往的自由生活；或者一方跑到对方家里偷偷藏匿起来，待到生米做成熟饭之后，再托人到家里说亲。数百年来，无数青年男女无法逾越的天堑，在当代恋人的脚下，一步就跨跃过去了。

往者已矣。古老、神秘的“情死”本身，原是一种爱情遭受摧残后的感情变形，终竟属于过去制度下的一道风景。但它所蕴含的那种渴望爱情自由，誓不与陈规旧制妥协，宁为玉碎不为瓦全的抗争精神，却是具有深刻的认识价值和美学意蕴的。

四

文友们说，要想深入探究殉情这个蕴含丰富的话题，了解一番“十二欢乐坡”的奥秘，就必须去造访玉龙雪山。这个冰清玉洁的所在，恰是纳西人心灵世界的写照。在这里，不仅残存着玄奇、幽渺的原始风韵，而且，每天都在生发着新的神话，每造访一次都会有新的发现，新的感悟。

我以为，关于雪山的话题，当地文友讲得非常到位。玉龙雪山无疑是最佳的一处旅游景点。那透着寒凉、闪着幽光的银雕玉砌的万代冰峰，仿佛要刺破苍天，遗世独立。晴雨晦明，风晨月夕，雪山景观总在交替变幻着，呈现出多姿多彩的画面。山间分布着北半球最南端的现代冰川和雪海，被专家誉为“我国天然冰川博物馆”。主峰扇子陡五千六百米，是世界上攀登难度最大的险峰之一，至今仍为处女峰。雪山的观赏效果，当然是必须肯定的。可是，文友们并没有停留在这个浅近的层面上，而是突出强调其认识价值。

长期以来，玉龙雪山被纳西族人民赋予了许多瑰奇、神秘的色彩。只要你凝眸一望，就会铸定终生相许的情怀；只要你面对雪山有过一段深沉的思考，你的心灵就会从此被它牢牢地占据。由于举目可见，你会觉得它就在身旁，离得很近；可是，当你想到罩在它的头上的魔魇的光环，神话的空灵，传说的奇诡，又仿佛面对一个扑朔迷离的梦境，只能在想象中认知，而无从确实地把握。你会觉得，对于它的阐述，充其量是在表述环境，烘托氛围，若要潜入它的内界探索更深的奥妙，还须解开许许多多的谜团。

比如，纳西人为什么会把自己的理想之国建立在这个冰雪世界之中？是一些什么因素使它获得了灵山圣境的光环？一对对相爱的人们，为了爱情宁愿将生命抛向这晶莹的世界，这么巨大的魅力从何而来？面对这座图腾式的庞然大物，这个古老而充满活力的族群，感到的是轻松抑或沉重呢？作为一个民族的象征，一种古老文化的载体，玉龙雪山不仅象征着神圣与豪纵，而且也映衬着悲凉和苦难。这种神圣、豪纵、悲凉、苦难，体现出纳西族的哲学思想、民族心理、生命情调、价值取向以及自然观、情爱观，需要我们进行全方位的探索。

秋初的一个响晴天，我们驱车向雪山进发。出了丽江城，驶过一片铺满沙砾的白沙坝子，便有一条水清见底的溪流从雪山深涧中涌出。车子停了下来，陪同的友人指着向左前方岔开的一条狭窄的山路，说，顺着这条小路走过去，穿过那一大片原始森林，就到了雪山脚下的云杉坪。这是一个神秘的所在，据说，《鲁般鲁饶》中描绘的“欢乐山国”——十二欢乐坡就在那里。我想，纳西族那些痴迷倾倒的世世代代的殉情者，走的该都是这条路吧。山路弯弯，望眼迢遥，若隐若现，伸入了莽莽的丛林。应该说，人们所见的只是一条世俗之路，而殉情者真正踏上的不归之路却是无形的，那是一条除了自己、其他人谁也看不见的心灵之路。

在穿过云杉林时，我忽然产生了一种错觉，仿佛置身于一座庄严肃穆的大教堂。一棵棵光滑笔直、高耸天际的林杉宛如支撑堂奥的排排支柱，而透过林梢倾洒下来的光束，不就是从哥特式的窗子照射进来的吗？走着走着，突然一阵山风乍起，高高的林梢间掀起一场骚动，原先还在喁喁低诉的丛林一下子腾起了滚滚涛声，几只鸦巢像洪波中的扁舟似地摇晃起来，群鸦“呱—呱”地惊叫着，听来有些像晚祷的钟声。又走了一段，犹如武陵人闯进了桃花源，眼前豁然开朗，一片茫茫无际的巨大草坪刷地摊开。山风掠过，缀满了杂花野卉的绿茸茸的草海，翻腾着五彩浪花，一直荡漾到雪山脚下。

云杉坪又名锦绣谷，海拔三千二百多米。按照通常想法，在这片人迹罕至的草场面前，总会感到一种轻松与宁静，生发出心旷神怡的快感。可是，我从踏上这块草地伊始，便经历着心灵之海的浪激潮涌，感受着感情的风雨的飒飒、潇潇。我觉得，这里的一花一草一木一石都具有鲜活的生命，都潜伏着一个个情死者的柔弱的凄婉的幽魂。不要说在草坪上狼奔豕突，肆意践踏，哪怕是采撷一株青草、一朵野花，也不忍心，也下不得手。或许是关于云杉坪就是“情死坡”的观念太浓烈了，我以为，在这里一切喋喋浮言都是多余的。它需要用心灵去感受，去体悟，而不是用嘴巴，用眼睛。

五

是的，草木花鸟都是有知觉的。这在中外古今的传说中可说是连篇累牍。晋人干宝《搜神记》卷十二中记载，战国时有个韩凭，为宋康王的舍人。妻子何氏饶有姿色，康王夺之，而把韩凭囚禁起来。二人相约坚守爱情，以死抗暴。韩凭自杀，妻子也投台而死。他们遗言，希望能葬在一起。康王忌恨，偏把他们分开埋葬。两坟相望，不久，各长出一棵大树，根须环抱，枝叶交织。人称之为连理枝。“在天愿为比翼鸟，在地愿为连理枝”。历代诗人为之谱写出无数凄婉动人的华章。就中，元好问的两首词可说是千秋绝唱。

金泰和五年，年仅十六岁的元好问从故里秀容到并州去赴试，途中听一位捕雁的人讲述：“今天我捕获一只大雁，把它杀了。没想到，侥幸脱网的另一只雁竟然宛转悲鸣，哀哀不肯离去，尔后自投于地，惨然死去。”词人深受感动，便掏钱买下了这两只死雁，葬于汾水之旁，累石作记，号为“雁丘”。他即兴写了一首《雁丘词》，后来作了润色，调寄《摸鱼儿》。

全词紧紧扣住一个“情”字。上片以拟人化手法，为雁作传，赞叹雁为情死的“痴”操。开头两句就是前面引过的“问世间，情是何物？直教生死相许。”以问领起，笔势凌厉，震撼人心。表面上是在提问，实际上申明了作者这样的见解：必要时献出宝贵的生命，才称得上真正有情。在这里，词人寄托了无尽的哀思，也表达了深深的赞誉。接着是：“天南地北双飞客，老翅几回寒暑。欢乐处，离别苦，就中更有痴儿女。”先说空间，无分东西南北；后说时间，无分春夏秋冬，大雁总是双宿双飞，形影不离。既有为情而欢，也有为情而苦，而且和人间的痴情儿女一样，更有为情而死的。“君应有语：渺万里层云，千山暮雪，只影为谁去！”意思是：殉情的孤雁如果能够说话，它会这般哭诉：层云漠漠，暮雪茫茫，叫我这单身孤影去追踵谁人，投向何方？言下之意，除了殉死一途，别无选择。凄怆之辞，催人涕下。下片由雁及人，直抒胸臆，写下了词人的深沉感慨。最后说，这对殉情的大雁绝不会像寻常的莺莺燕燕那样与时间俱逝。“千秋万古，为留待骚人，狂歌痛饮，来访雁丘处”。予以深重的期许，崇高的评价。

无独有偶，也是在泰和年间，元好问听说，河北大名府一对民家儿女，“以私情不如意”双双赴水。人们跟着巡查，没有见到踪影。后来，挖藕的人发现水里有两具尸体，经过验证，正是这两个青年。这一年，池中荷花盛开，全都是并蒂的。于是，他又填写了《迈陂塘》这首词：

问莲根、有丝多少，莲心知为谁苦。双花脉脉娇相向，只是旧家儿女。天已许，甚不教、白头生死鸳鸯浦？夕阳无语。算谢客烟中，湘妃江上，未是断肠处。　香奁梦，好在灵芝玉露。中间俯仰千古。海枯石烂情缘在，幽恨不埋黄土。相思树，流年度，无端又被西风误。兰舟少住。怕载酒重来，红衣半落，狼藉卧风雨。

一开头，作者就抒发了无限的感慨。以莲丝缕缕象征这对恋人的缠绵无尽的情思，以莲心苦涩表现他们的悲惨遭遇。“双花脉脉娇相向”，刻画出这对殉情精魂的深沉爱恋尽在凝眸不语、含情睇视之中。紧跟上就愤愤地逼问一句：既然坚贞不渝的爱情可以感动上苍（死后化生出满池的并蒂荷花说明了这一点），那为什么就不能在人世上白头偕老，非要在付出生命的代价之后才能获得相爱的自由呢？“夕阳无语”——作答的只是斜阳一抹，死一般的静默。看来，即使是人神相恋而不得通其情的江妃，追寻舜帝英灵而失声长泣的湘水女神，比起这一对殉情的痴儿女，都算不上怎样的断肠了。好在这种坚贞之情当会像灵芝玉露一般，俯仰千古，永世长新。纵使海枯石烂，情缘也在，黄土又岂能埋没得了这巨恨幽怀！然而，自然界毕竟布满了风霜雨雪，当西风掠地，大野寒凝，连高大的相思树都要落叶飘零，更不要说这弱质纤柔的荷花了。因此，还是暂驻兰舟，多多看上几眼这并蒂莲吧，只怕下次载酒重来，已经是残红委地，风雨凄其了。

两首词都寄寓了作者对世间美好事物（包括坚贞爱情）的由衷赞颂和对殉情儿女的深沉的悼惜之情。可是，我仍然觉得似乎还没有说清楚究竟“情是何物”——这个“斯芬克斯之谜”似的问题。看来，还是泰戈尔说得巧妙：“爱情是个无穷无尽的奥秘，就连它自己也说不明白。”

于凤至：
断裂的爱

凤至屈己待人，雍容大度。她的情感逻辑是，只要是有功于自己所钟爱的男子，哪怕她是情敌、是对手，也会亲之近之，视同知己。当然，就她个人来说，其品诚然可钦，而其情尤为可悯。尽管她献出了全部的爱，最终却并没有赢得爱情。她以九十载惨淡人生，书写了一部令人黯然神伤的人间悲剧。

作为张学良来说，他已经实现了“红尘觉悟”，百年风霜历尽，万事秋风过耳，一切都付之旷怀达观，因此，有“平生无憾事”的说法。其实，根本不是这么一回事。他自己比谁都清楚，哪里是“无憾事”，而是憾恨多多呀！甚至可以说，多到“恒河沙数”，难以计筹的程度。那些“重头戏”不去说了，只拣在他的百年生涯中一件说大未必大、说小绝非小的情感方面的缺憾来讲。

1991年，张学良先生专程去美国探亲。依照常理，他的结发妻子于凤至，在所“探”之“亲”中应该是列在首位的。可是，令人憾恨的是，“夫欲往而妻不待”——也不是“妻不待”，她隔海相望，“望穿了盈盈秋水，蹙损了淡淡春山”，苦苦地等待了半个世纪，最后实在撑持不下去了，不得不颓然倒下，怅憾先行。

“无可奈何花落去，似曾相识燕归来”。当然，晚到的责任并不在张老先生。古人说“戴盆难以望天”，铁窗生涯中，他身不由己呀！

从张学良研究专家窦应泰所写的传记中得知，老先生到了美国之后，很快就在他和于凤至的女儿闾瑛的陪同下，乘飞机从旧金山前往洛杉矶，然后，驱车直奔风景秀丽的好莱坞山。女儿指给他看，山顶上那幢掩映在苍松翠柏间的风格独特的米黄色建筑，就是母亲十二年前以巨金买下来的别墅，她希望有朝一日，夫妻能够共同在这里安度晚年。老先生顺着所指的方向望了望，便神色黯然地低下了头。他说不清楚当时心里是什么滋味，只是催促着迅速前往城外的比佛利山脚下的玫瑰园公墓，想要尽快地赶到久违了的“凤至大姐”的身旁。

汽车沿着山麓飞速地前行，穿过了郁郁葱葱的雪杉、红松林，不远处，就见到了一个大型的公共墓地。这时，一座用中英文镌刻着“张学良先生发妻于凤至女士之墓”的花岗岩墓碑，赫然出现在眼前。下了车，他满怀伤感地肃立在墓前，微闭着双眼，声音低沉地叨念着：“大姐，你去得太匆忙了。你若再等一等，我们就能见面了。”是呀，他清楚地记得，“大姐”走的那天是上年 3 月 20 日，再过几天，就整整一年了。

女儿告诉他：“母亲总是盼望着有那么一天能和父亲在一起。去年年初，她听说父亲要来美国探亲，高兴极了，特意买了一根手杖，准备拄着它迎接您。万没想到，……”女儿还说，母亲弥留之际，留下了口头遗嘱，大意是：

在我死去以后，可将我埋在洛杉矶城外最高的山上，我在那里能看到我的故乡。在我的坟墓旁边，替我再挖一个空墓穴，留给他……

女儿说，母亲直到咽气，还惦记着要和父亲在一起。

此刻，感情的洪水正在他的心头掀涛涌浪、放纵奔流着。简直像是撞翻了五味瓶，酸甜苦辣，百感交集。绵延不绝的记忆之潮将他推回到迢遥的往昔。冥冥之中，他似乎又见到了这位知情知义、宽厚待人，真情至死不渝，为了他曾经作出难以言表的牺牲的永远的“大姐”。

归途上，他一改往日活泼、开朗的面容，神情凄苦，缄默无言。原来，他正沉浸在往事依稀的追忆之中，他的思绪已经飘回到太平洋彼岸遥远的故乡……

那是民国二年的中秋节吧？他的父亲张作霖因为处理军务来到辽北的边城郑家屯，在老朋友、“丰聚长”商号的老板于文斗家，意外地见到了于家的聪颖早慧、品貌双全的“千金小姐”，当即动了要娶她做儿媳的心思。《诗经》有言：“取妻如何，匪媒不得。”于是，随行的大帅的至交、绰号“吴大舌头”的吴俊升督军，锐身自任，主动担起了“月老牵线”的角色。

这在于家，自是“乞浆得酒”，大喜过望。能够攀上这样一门高亲，对一个小资本家来说，绝对是求之不得的幸事。况且，未来女婿——这个帅府中出色的大公子，早已名闻遐迩了。于家当即满口应承。而在帅府上下，听了大帅一说，也都以良缘佳偶、天作之合相期许。可是，唯独张学良这个当事人，打心眼里不满意。他想：“偌大的奉天城，名媛闺秀不可胜数，有什么要紧偏要到边远小镇去娶个村姑？”当然，那时候他还年幼，翅膀不硬，面对大帅一言九鼎的绝对权威，除了“口诽心谤”，还不敢、也做不到公然抗命。最后，由大帅一锤定音：“这闺女模样好，生辰八字好，文笔书画好，名字更好，吉祥如意，凤至凤至，不正是当皇后的材料吗？你小六子别不识抬举，这门亲事就这么定了！”

过了不长时间，“大舌头”吴督军就奉大帅之命，陪同少帅前往于家登门拜亲。如所周知，张学良的个性也不是随方就圆，要怎么捏弄就怎么捏弄的，结果到了郑家屯，突然改变主意，不等登上于家门槛儿，就径自溜走了，第二天就回到了奉天。这样一来，那边可就“炸锅”了。于家已经做好了迎接贵客的准备，女婿却过门不入，未见而别，在他们看来，不啻遭到莫大的污辱。直把于小姐气得七窍生烟，当即向父亲提出：立即解除婚约。这边，张学良回到帅府，同样遭遇到严峻的局面，首先就是大帅的一顿劈头盖脑的臭骂。当然，“知子莫如父”，他也了解儿子的倔犟脾气，不想把事情弄得过僵，于是又稍作转圜，说：“你的正室元配非听我的不可。你如果不同意旧式婚姻，成亲以后，外面再找女人，我可以不管。”这样，少帅也就没有什么好说的了。

据窦应泰所著传记中记载，于文斗老板前往奉天置办一批商货，平素酷爱书画的凤至小姐，也随他前来买画看画。父女俩住在了中街路南的天益坊药房。吴督军侦得这一消息，喜出望外，当即同张学良商量：“既然婚事已经定下，何不趁机与小姐会上一面？看看她的文才、相貌到底如何，也趁便主动缓和一下气氛，疏通疏通感情。”当即得到少帅首肯，但他还想留一个“后步”，不愿直接抛头露面，于是，便上演了一场“画店相亲”的喜剧。

原来，凤至小姐对古画十分痴迷，喜欢收藏，也具有相当高的鉴赏能力。她听吴督军说中街画店新进一批珍贵的古画，便跟着他前来观赏。进了画店，见老板十分年轻，一表人才，仪态非凡，谈吐儒雅，先就产生了几分好感。寒暄过后，小老板随即把一幅古画展开，说："请于小姐看看这幅《竹兰图》。"于凤至仔细认真地端详一过，点了点头，说："画得不错。"小老板说："岂止不错，这可是地道的珍品！郑板桥的东西市面上已经很少见了。"于凤至便问了问价钱，只见小老板伸出三个指头。三十？不；三百？不；原来要三千块银元。于小姐嫣然一笑，说："这样一件赝品，怎值得那么大的价钱！"小老板疑惑地问道："赝品？怎见得？"小姐不紧不慢地回答："行家都会知道，板桥画竹，挥挥洒洒，初看似轻俗，再观之，逸趣横生，三赏则见出暗藏风骨。而这幅画，徒有空架，实无神韵，可知是后人伪作。"寥寥数语，说得小老板有些尴尬。

这边，凤至小姐已经打开了精致的手提箱，轻轻取出自己带来的画卷，送请掌柜鉴赏一番，给定个价。小老板打开一看，见是《钟馗捉鬼图》，便连声叫道："好画，好画，这是吴道子真迹！"于小姐听了，抿嘴一乐，笑着指正："您说错了，掌柜。它出自吴道子门生黄筌之手。哎呀，您身为画店掌柜，真假都分不清，那样生意可怎么去做！"一句话使小老板更加羞愧难当，只好甘拜下风。一直守候在旁边的"大舌头"督军见此情景，不由得有些快意，心说："看你还神气不！"他悄悄地用眼睛同老板对话，意思是："怎么样？"老板会意地连连点头，表示由衷地赞佩。

下面的戏，大家就不难猜想了——无非是当场认亲，皆大欢喜。看来，张学良的演技还是很高超的，虽然鉴赏能力差一些，小老板的角色扮演得倒是很地道。不过，临到分手时，事情又陡起波澜——为了报前次的"一箭之仇"，于小姐郑重坚持，未婚夫必须亲往郑家屯去拜见未来的岳丈、岳母，然后才能提"完婚"二字。

成婚之日，少帅才十六岁，夫人长他三岁。为此，日后几十年，他总是以“大姐”相称，当然，这里很大的成分还是出于敬重。而凤至女士，无论是作为妻子，还是作为大姐，在生活上对丈夫都是无微不至地爱抚、关怀。不论在什么情况下，从来都大度雍容，体贴入微，从不撒泼、任性。尤其值得称道的，是她的识大体、有见识，因而赢得了少帅以及阖府上下的特殊尊重。当然，“大姐”的进门，不啻良师在侧，对于少帅的莽撞任性、率意而为，也发挥了一定的制约作用。

1920年秋，少帅带兵赴黑龙江、吉林两省剿匪，因功晋升为陆军少将。回到奉天后，经与大帅商定，准备聘任岳父于文斗为富裕银行总裁。夫人听说后，觉得这样安排有欠妥帖，便立刻做父亲的工作，以“放不下家里的商务”为由主动请辞。少帅批评“大姐”说：“你真糊涂，岳父经商大半生，忙忙碌碌，辛辛苦苦，难道当儿女的就忍心让老人家这样下去？”“大姐”笑着解释：“你让父亲来做官，我怎么会不高兴！可是，汉卿，你想没想过，这样做，肯定会遭人议论：‘郑家屯的土老头子，凭什么来管银行？还不是依靠张家的势力！’这对你可是很不利呀！”听了这番话，少帅为妻子的深明大义而感佩有加。

大帅被日本关东军炸死之后，在军署参谋长臧式毅和奉天省长刘尚清的策划下，柔弱的“大姐”与大帅的五夫人等一道，忍着深悲剧痛秘不发丧，每日令厨房照常开大帅的饭食，医生天天入帅府为大帅换药、逐日填写医疗处方，与日本特务头子土肥原贤二等巧作周旋，争取到必要的时间，等待少帅秘密潜回奔丧，夫妻同理乱局，共度艰危。尔后，在张学良大刀阔斧地建设新东北时，她又慷慨地拿出自己的私房钱，在东北大学兴办家政系，创办了同泽女中。在早年的军政生涯中，“大姐”堪称是少帅的得力助手。

结婚十多年来，应该说，张学良对“大姐”也是有情有义的。有这样一件事，令她终生念念不忘：在她生第四个孩子的时候，病得非常严重，中外医生都束手无策了。当时，他的岳母提议，要把凤至的侄女给他娶过来，帮她照料这些孩子。少帅当即予以严词拒绝，说：“这事绝对使不得！她现在病得这么重，真要我娶她的侄女，那我不就是这边娶亲，那边催她死吗？那叫她心里多难过呀！”后来，凤至大姐奇迹般地痊愈了，她为这件事情铭感于心。对丈夫也就倍加关怀，倍加宠信。用少帅自己的话说：“所以，对我也就很放纵，就不管我了，拈花惹草的。”

尽管话是这么说，尽管“大姐”也清楚，老帅生前对儿子有过“成亲以后，外面再找女人，我可以不管”的承诺，但当年轻漂亮、美慧天成的赵四小姐突然闯入时，她仍然感到那是一次无法承受的意外打击。为着维护一己之尊严和妻子特有的权利，她本来也可以拼死抗争，闹个沸反盈天，江河倒泻；以她当时在家庭中的地位与威望，是存在着成功的可能性的。但是，她没有这样做，因为念及赵四小姐已经无家可归，没有了退路——父亲登报声明与她断绝了父女关系，这就意味着切断了归路；而且，这时的赵四小姐已经有了身孕，不久即产下了婴儿。在这种情况下，如果硬是逼着他们斩断情缘，纵使不致逼出人命来，起码也显得有些残忍、有些不近人情吧。揆情度理，悲天悯人，“大姐”以大度包容的态度，主动去见赵四小姐，把新生婴儿接到帅府抚养。尔后，两人一直以姐妹相称，相亲相重，表现出一位贤良女性的博大胸怀。

人们常说，爱情与婚姻常常是两股道上跑的车，并非完全是一码事。少帅同妻子于凤至也正是如此。虽说相敬如宾，彼此十分尊重，感情也不为不深；但敬重、感激是一回事，而爱情又是另一回事。可以说，终其一生，他对“大姐”也并没有建立起真正的爱情。在同负责整理“口述历史”的历史学家唐德刚教授交谈时，他曾直言不讳地说过：

> 我跟我太太啊，我不喜欢我的太太，我们是媒妁之言，父母之命。我跟我太太说，你嫁错了人，你是贤妻良母呀，可是，张学良不要这个贤妻良母。我是上战场的人，那打起仗来，真不知道谁能回来谁回不来。我跟你说，她对我很好啊，怎么好？我给你说说个中道理。

西安事变爆发之际，“大姐”正在英国陪着三个孩子读书。当她惊悉丈夫被蒋介石拘禁之后，便忍痛把三个年幼的孩子托付给友人照料，万里迢迢，只身赶到上海，经由宋氏兄妹通融，被允准到溪口同丈夫见面，陪侍在他的身边。当时，上面规定，于凤至与赵一荻两人不能同时在场，必须分别轮换。而赵四小姐由于上海沦陷，其时已被迫转赴香港。这样一来，就只有“大姐”陪同他苦度那一段铁窗岁月了。

之后，在她的陪伴下，张学良被转移到了黄山。五百多公里的路程，对军旅出身的张学良来说，倒不觉得怎么样；而身体素来娇弱又经过大病煎熬的“大姐”，可就吃不消了。经过千辛万苦，总算到达了目的地。不料，却只住了十多天，南京失守了，为防止出现意外，便又被解往江西的萍乡。两天多的崎岖山路，又使“大姐”受尽了颠折。小住三个多月，再次转移，匆匆赶赴湖南郴州，一路上更是崎岖历尽，苦不堪言。当局选择城外险僻的山顶上一座旧庙作为监禁少帅的场所。当时，那里正疾疫流行，人称“马到郴州死，人到郴州打摆子”。

住了一段，过了春节，张学良又被秘密押解到湘西沅陵的凤凰山。路程遥远，而且跋山涉水，乘车上船，一路上，“大姐”跟着他受尽了颠簸之苦。最后被监禁在凤凰寺里。为了安慰“大姐”，他苦中作乐，即兴戏吟一首七言诗：

卿名凤至不一般，凤至落到凤凰山。
深山古刹多梵语，别有天地非人间。

正是在这“非人间”的“天地”，“落魄的凤凰”身体彻底垮下来了。但她为了不给丈夫增添烦恼，忍受着一切的痛苦，从无半句怨言。哪怕是心情百般郁闷，她也还是耐心地安慰他，仿佛这般般苦难都是由她造成的。在此期间，远在伦敦的次子被纳粹的狂轰滥炸所惊吓，患上了比较严重的精神分裂症。凤至“大姐”肝肠寸断，忍受着对母亲来说最为残酷的精神折磨；同时，还要帮助丈夫解除内心的愁苦。山上的住所是一处年久失修的古建筑，地板破损得很厉害，走在上面，吱嘎作响。她唯恐丈夫休息不好，连走路都是轻轻的，全副心思都放在他的身上，却把自己的健康置之度外。

一年过后，湖南局势也更趋紧张，日本侵略者直逼长沙，于是，少帅又被转移到了贵阳。汽车艰难地爬行在蜿蜒的山路上，不时地熄火；凤至“大姐”也像带病操劳的汽车，脸色蜡黄，说话没有气力，觉得全副身躯都像散了架子。到达禁所之后，她发现左侧乳房长出三个明显的肿块，有时痛得厉害，竟至冷汗淋漓。经医生诊断，患上了乳腺癌，必须立即转地实施切除手术，才有存活希望。最后，在宋氏兄妹帮助下，允许她赴美就医，由赵一荻来替换，当时是1940年2月。岂料，此番分手，竟是夫妇二人的生死长别！

“大姐”身在海外，心系丈夫，经常给他寄送各种衣物、食品，并天天祈祷上苍，保佑他早日脱离苦海，重新获得自由；盼望着有朝一日，夫妻能够团聚。这样，一直挨到了1963年的秋天。

突然，静如止水的生活，又一次翻起了掀天巨浪。她遭遇到平生最为惨重的致命的打击。起因是女儿、女婿从台北归来，带回了父亲的一封信：

我的爱妻凤至大姐：

闾瑛、鹏飞之来，带来了你的信息，知你生活平静，身心健康，不胜高兴，思念之情，稍得安慰。

数十年了，你与我同历盛衰，共赴磨难，汉卿于心何忍。我一人获罪，却连累三人坐牢（还有一荻小妹），我心难安。然而，你从无怨言。芝魂兰韵，谁人可比；昆玉秋霜，再无匹敌。你对汉卿恩之深，爱之厚，关照之重，永世难忘。今生得一凤至为妻，足矣！

反思之，我给了你一些什么呢？只有一世辛苦、半生哀怨。忆之思之，俱汉卿之罪孽。我这一辈子，虽不得其志，至今无悔；只有一件憾事，那就是对不起大姐。欠你的实在是太多太多。

想当年，弟统兵数十万，南征北剿，气吞万里如虎。也曾为开发东北，稳定中原，坚树勃勃大志，大展武运雄风。谁能料到，阴错阳差，舛途生变，无过而遭唾骂，无罪而受牢刑。此间你为我陪牢伴狱，形同犯妇。呜呼，身世浮沉，其非天意耶？奋争固然可贵，成败千古莫测呀！

近年来，小弟超脱凡俗，习读《圣经》，似有所悟，意欲摒弃一切人间苦恼，而皈依基督。然戒律有言，不能一夫多妻，只有一位太太才能受洗。小弟权衡再三，一生所剩时光苦短，且与大姐重逢无日，夫妻之情名存实无。而一荻在我身边，伺奉晨昏，也有几十年光景，遂生求近而舍远之念，请求大姐与汉卿解除婚约。大姐是至明至察之人，对汉卿之心洞若观火，一定能深加理解，遂小弟心愿。何去何从，任由大姐酌定。

弟学良手启

“大姐”读了丈夫的信之后，心痛如捣，泪如雨下。她一向刚强、洒脱，通情达理，包括当年突然面对赵四的闯入。这次，确实有些支撑不住了。连续多天，坐卧不宁，茶饭无心，苦苦思考着对方的请求。

尽管两人远隔重洋，身在万里之外，而且，彼此睽隔已经二十多年了；但她考量问题，仍然像当年聚首时那样，习惯于一切以丈夫为转移。现在，她想到的是，分手以来，她没有尽到妻子的责任，而一荻小姐在“没有名分”的情况下，忍辱负重几十年，为了他，她做出了一般女人难以做出的奉献，不能不让人由衷地感激。在未来的岁月，他有她来陪伴，自己也就放心了。

为了心爱的人，“大姐”甘愿付出一切，至于个人的苦楚，算不了什么。据《张学良情爱档案》记载，于凤至在回忆录中表示：“我思考再三，他们决不肯给汉卿以自由。汉卿是笼中鸟，他们随时会掐死他。这个办法不成，会换另一个办法。为了保护汉卿的安全，我给这个独裁者签了字。但我要向世人说明，我不承认强加给我的、非法的所谓离婚、结婚……”

听说，于凤至还曾就此事，写给赵四小姐一封很长的信，但一直没有看到。原本要求教于文史专家窦应泰先生，后来在范克明所著《张学良全传》上发现了原文：

媞妹慧鉴：

时间过得真快，自从1940年我赴美医治乳癌，已经廿余年不曾见面，真是隔海翘首，天各一方。

记得是1928年秋天，在天津《大公报》上看到你父亲赵燧山因你和汉卿到奉天而发表的《启事》，声称与你断绝父女关系。那时虽然我与你还不相认，但却有耳闻，你是位聪明果断，知书达理的贤惠女子。你住进北陵后，潜心学业，在汉卿宣布东北易帜时，你成了他有力的助手。为了家庭和睦，你深明大义，甚至同意汉卿所提出的苛刻条件：不给你以夫人名义，对外以秘书称谓。从那时开始，你在你父亲和公众舆论的压力下，表现出超人的坚贞和顾全大局的心胸，这都成为我们日后真诚相处的基础与纽带！

你我第一次见面，是1929年的冬天。我记得，那天沈阳大雪纷飞，我是从汉卿的言语上偶尔流露中得知你已产下一子，这本来是件喜事。但是我听说你为闾琳的降生而忧虑。因为你和汉卿并无夫妻名分，由你本人抚养婴儿实在是件很困难的事情。你有心把孩子送到天津的姥姥家里，可是你的父亲已经声明与你脱离了关系，你处于困窘的境地。我在你临产以前，就为你备下了乳粉与乳婴的衣物。那时我不想到北陵探望，令你难为情。我思来想去，决定还是亲自到北陵看你。我冒着鹅毛大雪，带着蒋妈赶到你的住处，见了面我才知道你不仅是位聪明贤惠的妹妹，还是位美丽温柔的女子。你那时万没有想到我会在你最困难的时候来“下奶”，当你听我说把孩子抱回大帅府，由我代你抚养时，你感动得嘴唇哆嗦，眼泪就像断了线的珠子一样滚落下来，你叫一声：“大姐!”就抱住我失声地哭了起来，……

汉卿后来被囚于奉化，你已经由上海转香港。我非常理解你的处境，你和闾琳暂避香港完全是出于不得已！经我据理力争，宋美龄和蒋介石被迫同意我去奉化陪狱。嗣后，我随汉卿转辗了许多地方，江西萍乡、安徽黄山、湖南郴州，最后又到了凤凰山。转眼就是三年，媞妹，我只陪了汉卿三年，可是你却在牢中陪他20多年。你的意志是一般女人所不能相比的，在我决心到美国治病时，汉卿提出由你来代替我的主张，说真的，当初我心乱如麻。既想继续陪着他，又担心疾病转重，失去了医治的机会。按说你当时不来相陪也是有理由的，闾琳尚幼，且在香港生活安逸。我和你当时面临一个痛苦的选择，要么放弃闾琳，要么放弃汉卿，一个女人的心怎能经受得住如此痛苦的折磨?

后来，你为了汉卿终于放弃了孩子……

媞妹，回首逝去的岁月，汉卿对于我的敬重，对我的真情，都是难以忘怀的。其实，在旧中国依汉卿当时的地位，三妻四妾也不足为怪（依先帅为例，他就是一妻五妾）。可是，汉卿到底是品格高尚的人，他为了尊重我，始终不肯给你以应得的名分……

闾瑛和鹏飞带回了汉卿的信，他在信中谈及他在受洗时不能同时有两个妻子。我听后十分理解，事实上20多年的患难生活，你早已成为了汉卿最真挚的知己和伴侣了，我对你的忠贞表示敬佩！……现在我正式提出：为了尊重你和汉卿多年的患难深情，我同意与张学良解除婚姻关系，并且真诚地祝你们知己缔盟，偕老百年！

特此专复

顺祝

钧安

姊：于凤至

于旧金山多树城

1963年10月

这和着血泪、带着深情写下的一纸离婚书，实在是感人至深。即使是处于极度痛苦之中，仍然是出语体贴，真情灼灼，足见凤至“大姐”的超人气度。但也有人怀疑此信的真实程度。我曾就此求教于张学良研究专家窦应泰、赵杰两位先生，他们也都一笑置之，未加可否。我想，就算是出自某位才子之手，也是一篇绝妙好辞，不失为一曲千秋绝唱。何妨载以传之。

著名学者唐德刚先生曾题诗赞颂《于夫人主动离婚》：

为尊教义礼真神，未许娥英自在亲。

最是贤良称姐弟，平生稽首凤夫人。

凤至“大姐”的屈己待人、雍容大度，着实令人感佩。抛开那些政治联姻者不算，正常情况下，不会有一个女子对于身边出现一个年轻、貌美的情敌，会无动于衷的，这可说是另一类的

“卧榻之旁岂容他人鼾睡”。然而，她不仅平静地接受了这一既成事实，而且，在尔后的数十年间，始终如一地待之如亲生姊妹；即使最后“鸠占鹊巢”，她仍然“真诚地祝你们知己缔盟，偕老百年”。直到垂暮之年，她还同子女说：“绮霞小姐对张家是有功的。”看得出来，只要是有功于自己所钟爱的男子，哪怕她是情敌、是对手，她也亲之近之，爱人如己。“汉卿的事情，我都是无条件支持的，只要对汉卿有好处，叫我死我就死!”爱一个人能达到这个份儿上，真正是难以企及的高标准了。

就凤至“大姐”来说，我以为，其德诚然可钦，而其情尤为可悯。尽管她献出了全部爱情，但最终却并没有赢得爱情，她以九十载惨淡人生，书写了一部令人黯然神伤的人间悲剧。因亦为诗恸之：

形神磨难苦连年，久染沉疴幸得全。
一世飘零风荡草，前尘隔海意绵绵。

当然，也可以从另一角度去看，作为边城僻镇上的一个“小家碧玉”，能够为举世知名，受到时人与后世的关注与赞叹，客观上确也得益于那位多姿多彩的传奇丈夫。唐德刚教授有言：“如果没有西安事变，张学良什么也不是。蒋介石把他一关，关出了个中国的哈姆雷特。”套用这句话也可以说，如果不是嫁给张学良，于凤至什么也不是，至多不过是一位普通意义上的贤妻良母。而“艰难困苦，玉汝于成”，颠折、苦难的人生，成就了她的女性光辉、人格魅力，打造出一个中国牌的“人间圣母”。

宋美龄：
交友以信

近代以降，世道浇漓，人情薄如纸，早都把什么“一诺千金”这些陈年旧话抛到了九霄云外。莫说是心中的暗许，即便是“红口白牙”当面承诺的事，到头来，都一股脑儿丢在阴山背后。什么“剖符作誓”、“金匮石言”，到头来一概都不管用，照样是说关就关，说砍就砍，毫无信诺可言。正因为这样，今天记下那些“良”言“美”语，还是不无警示与借鉴意义的。

张学良辞世之后，没过一年，宋美龄也随之驾鹤西归了。当时，我写了一首调寄《浪淘沙》的词，以“瀛洲外史”笔名，刊载在海外一家华文报纸上：

百岁已堪奇，况此双兮！论交七十六年期。旖旎风流传韵事，烟景凄迷。　　贵贱隔云泥，信守无欺。钟情直到夕阳西。一语千金承重诺，终始不移！

那种绵绵如缕，充满了罗曼蒂克、柏拉图式的浪漫、鲜活的情愫，无疑是纯真而动人的；但我觉得，较之“英雄美人”的风流韵事更为值得珍视的，还是建立在信任基础之上、根于良知的重情与守信。

当时宋美龄正待字闺中

事情要追溯到1925年6月中旬。

为了调停由于“五卅惨案”而引起的中外冲突和稳定上海局势，张学良以当时中国最年轻的陆军中将兼东路军总司令身份，率领东北军三个加强旅，在保卫上海居民不受外人欺凌的口号下，首次开进了大上海。期间，在一次鸡尾酒会上，结识了名震上海滩的待字闺中的美女宋美龄。对于这位少帅，此前宋已有所关注。南京路大屠杀，上海全埠震动，中外为之震惊。赴沪前，张学良曾在天津《大公报》上发表了《致上海五卅爱国学生电》：

> 报载：上海学生因援助失业工人，遭到英国巡捕的开枪轰击，死伤多名。展读之余，曷胜悲悼。痛我莘莘学子，竟被摧残；莽莽神州，天道何在？积弱之国，现象如斯，凡我国人，宜知奋勉。兹本人类爱群之心，谨以廉俸所入，捐助二千元，即日由中国银行汇上，慰藉死伤。宵烛寒光，力难远济，聊以尽心而已。

在这泣血椎心、情见乎辞的电文后面，闪现着一位青年爱国将领的高大身影，这使早年留学美国、一直密切关注社会动向的宋美龄产生了良好印象。

一个俏男，一个靓女，出身、地位、年龄大体上相似，两人又都通晓英文，都有接受西方教育的文化背景。因此，他们一见倾心，都为彼此的高雅气质、出色才华所吸引。张称宋为“美若天仙”；宋则称张为“莱茵河畔的骑士”。此后一些时日，绝代佳姝便带着年轻的将领频繁出入于十里洋场，被目为两颗光华闪耀的明星。

从少年起就接受过洋派熏陶、广见世面的张学良，十分谙熟交接礼仪，举止得体，风度翩翩，举凡打牌、跳舞、游泳、打高尔夫球，无不精通老到。这一切，都使这位宋小姐感到欢欣快活。尤其使她为之倾倒的，是张学良反应迅速、辩才无碍的演讲才能。她万没有想到张作霖一个胡匪头子，竟然调教出这样一个“宁馨儿”。身为少帅临时英语译员的宋小姐，这些天一直陪伴着他参加各种公开活动。一次在接受外国记者采访时，意大利记者提问：“少帅对上海的罢工、罢学、罢市有何感想?”这是一个刁钻而敏感的话题。如果说话不周严，则会造成与工人、学生、市民的对立。何况，作为一个爱国军人，岂有压制爱国运动之理！只见张学良淡然一笑，从容地回答：

> 余不赞成国人自己牺牲过大。罢学，令学生荒弃求学光阴，对手方面，正希望我国人无知无识。罢市，则华商日损三百万，对手则不及十分之一。如果能即刻开市的话，不仅能够打败外国商人的垄断，而且能维持华人的生活，其效力如何伟大。参与罢工者仅是华商雇工，而对手雇用的华工，则反而无一致举动。此乃等于我们自杀。而且我国正宜一致力起，抵御经济侵略。今此现象，实非国家之福。因此，我本人并不赞成罢工和罢学。但是，我上海工人和学生的罢工

和罢课，都是不可否认的爱国之举，我本人又颇感同情！……

说得理顺情通，比较得体，使与会记者也沉寂了。

在这段美妙的时光里，通过彼此的亲密交接，同样也使张学良对宋氏小姐产生了刻骨铭心的迷恋。转瞬间，五十多年过去了，当他在对美国哥伦比亚大学口述历史的时候，追念前尘往事，还深情脉脉地说："当时我和还是小姑独处的宋美龄见面，惊为天人，极为倾倒，……如果当时没有太太（指于凤至），说不定还要猛追她呢！"

后来的结果，大家都知道了，宋美龄于1927年12月，在上海与蒋介石结婚。不久，蒋介石在北京第一次见到了张学良，恰好夫人也在场。当他听到夫人亲热地招呼："Peter（张学良的英文名字），how are you?"诧异地问道："怎么，你们俩认识啊？"宋美龄笑着回答说："我认识他，比认识你还早呢。"

尔后，宋美龄也一直关注着少帅的行迹，当看到他稳治父丧，临危受命，毅然除掉杨、常两个亲日派元老，坚决维护统一，实施东北易帜，以及窥测战机而挥兵入关、结束中原战事等种种作为，感到这位意气风发的青年将领确是一位了不起的政治家，从而平添了由衷的敬意。因此，当张学良抵达南京后，受到蒋介石与中央政府至为隆重的礼遇和接待时，她情不自禁地为之欢腾雀跃。当晚，她即在官邸设宴，以私人名义为张学良夫妇接风洗尘。几天下来，宋美龄与于凤至两人形影不离，结拜为干姊妹；蒋介石也主动和张学良换了金兰谱，结拜为异姓兄弟。

有资料记载，西安事变发生后，当张学良把惊魂未定的蒋介石安置到城内一间公馆后，蒋曾郑重交代："汉卿，在华清池的五间厅里，还遗落一个文件包，那是我随时随地带着的，是机密，万不可落入他人之手呀!”张学良立即赶到那里，文件包还在，打开一看，发现里面除了秘密的军事调防计划，还有张学良几年来给宋美龄写的书信，但似乎未被打开过。有的资料还谈道，1945年在陪都重庆，宋美龄曾经用笔名写了一篇近三万字的题为《往事如烟》的小说，字里行间好像在追述一段远逝的浪漫情怀。这些，也可能是子虚乌有之言；但张宋二人的绵绵情愫却是毋庸置疑、有目共睹的。

宋美龄曾多次说：“我们对不起汉卿。”

东北易帜之后，张学良跟定了蒋介石。

1929年，按照蒋介石的指令，他为中东路问题发起对苏联的攻击，结果遭到惨败；

1930年，各地军阀群起反蒋，他挥师入关进行有力的军事调停，使得反蒋同盟土崩瓦解；

1931年，日军入侵东北，蒋介石告诉他“不要扩大事态，不要管东北”，他就不管，而后，自然就长期地背上了“黑锅”；

1933年，热河陷落，举国愤怒。老蒋说，风浪太大了，船太小了，需要下去一个人，才能保住这条船。为了保蒋安全渡险，他就主动下野出洋；

1934年，他欧游归来，老蒋让他去武汉剿共，他就把东北军调过去剿共；

1935年，红军到了西北，老蒋让他跟踪追击，他又把东北军折腾到了大西北。

八年间，他越来越觉得，跟着老蒋背时、丧气，连连受挫，步步倒霉，越跟越没有出路。更没有想到，千辛万苦奔赴陕北，蒋介石又嫌他“剿匪”不力，正在准备撤换他，实际上是在打“瓦解东北军”的主意。思来想去，感到“怀揣着冰棒——透心地凉”。而手下的东北军则怨声载道，疑窦重重：放着眼皮底下的日本鬼子不打，国恨家仇不报，却要跑到大西北，围剿抗日救国的共产党，真是岂有此理！

西安事变之前，他曾反复向蒋介石进谏，说，应该立即停止内战，一致抗日，否则，害民误国，终将成为千古罪人、民族败类。说到动情处，竟至声泪俱下。可是，蒋介石有他自己的小算盘，根本不管这一套，对张学良吼叫着：“你现在就是拿枪把我打死了，我的剿共政策也不能改变！”看来，苦谏、哭谏一概行不通，最后只有兵谏一途。这样，就逼出了一桩“临潼捉蒋”的惊人壮举。

当南京方面了解到张、杨二将军和中共都无意加害蒋介石，而是真心希望和平解决这一事态后，相继委派宋子文、宋美龄前往西安参加谈判，在周恩来的斡旋下，双方最后达成一致抗日的协议。蒋介石在会见周恩来时，表示要以人格担保：回去后一定“停止剿共，联红抗日”。在这种情况下，才决定放还蒋介石，张学良并且要亲自送蒋回宁。后来他在“口述历史”中说：“当时的考虑是，我亲自送他回去，也有讨债的意思，使他答应我们的事不能反悔。此外，也可以压一压南京亲日派的气焰，使他们不好讲什么乖话。”

其实，现在分析，张的决意要去，也同宋美龄的热诚劝驾、极力催促、全权担保有一定关系。因为从蒋介石角度看，张学良能够陪同他返回南京，这可以大大帮助他挣得身份，挽回面子。

因此，当宋美龄看到张学良随她登上了飞机，一时竟感动得要哭出来，当即表示："汉卿，只要有我们在，你就自管放心去南京好了。"

应该说，宋美龄事先确实没有料到，蒋介石回到南京以后会翻卦，会反扑。所以，当阎宝航去见她时，她还反复嘱托："请务必告诉东北军和西北军的头头们，张副司令用不了几天就会回去。大家一定要平静，凡事多想想，不要再生出事情。"见阎宝航有些迟疑，宋美龄又补充一句："我们去西安的时候，汉卿以礼相待，守了信用。现在，我们怎么会回过头来整汉卿呢?"此时的宋美龄，对保证张学良安全返回还是信心十足的。而张学良的态度是："我是军人，自己做的事自己负责任，我没有别的想法。为了停止内战，我决心牺牲自己。"

回去之后，蒋介石就断然翻悔，根本不想践履"回到南京，一定要送汉卿回西安"的承诺，这使宋美龄倍感难堪，为自己失信于张学良，心里充盈着深深的愧疚。监禁中，张学良曾委托前去看望他的国民党要员张治中向蒋介石转达他的两点要求：一是希望恢复自由，做一个普通的老百姓，什么事情也不做，哪里也不去，委员长在哪里，他就住在哪里；二是希望和看管人员一家分开来住，使自己有一定的自由和清静。张治中回到南京后，见到了蒋介石，还没等把话讲完，蒋介石的脸色便阴沉下来，只"啊、啊"地哼了几声，便转换了话题。张治中见状，只好告退。宋美龄听张治中说过情况后，长叹了一声，说："唉，文白兄，我们对不起汉卿哪!"

她曾多次向蒋介石痛切陈辞，要他珍视"领袖人格"，履行自己在西安的承诺。她说：张学良"和中国历史上任何为一己私利发动政变的人都不同，他是个不为官也不为钱的硬汉子。好在他重感情，所以达令才能化险为夷!”蒋介石只当作没有听见，在一旁默不作声。宋美龄接上又说：

这几天，子文同你吵了好几回了。他觉得没脸再见人了。在西安，我们是作过保证的。端纳先生也告诉我，他对这个结局很失望，打算辞去顾问，离开中国。……达令，我觉得你也应该好好想想，毕竟他们是为你出过力，冒过险的啊!

宋美龄一脸阴郁，眼圈微红，明显有哭过的痕迹。

冒险，冒险!在西安，有谁比我冒的险更大!华清池那天早上，弹雨横飞，乱枪四射，邵元冲、蒋孝先不就被他的部下打死了吗?!要是哪颗子弹偏一点点，打到了我蒋某人身上，你们现在还会为他求情吗?政治是要流血的，不是靠感情来支配的!

蒋介石气呼呼地说着，脖子上青筋暴突，嘴里大口喘着粗气。他见局面有些不好收拾，想把气氛缓和一下，于是，以流氓腔调搭讪着说：

是他自己要来送我，又不是我蒋某人要他来的。可他来了以后就由不得他了。再说，交军事法庭审一下，也不过走走过场。到时候我还可以特赦他嘛!

后来的结局是，莫说特赦，即使监禁期限已满，蒋介石仍然不肯放他出来，致使这个“好汉做事好汉当”的东北硬汉子，在大陆、在台湾，遭到长达半个多世纪的监禁。

宋美龄是少帅的保护神

因为开罪于最高独裁者而遭到监禁、流放者，古今中外，屡见不鲜；但像张学良那样，一押就是五十四年，翻遍世界历史，也属于罕见奇闻。

对于张学良，蒋介石可说是恨入骨髓。恨他发动西安事变，打乱了他的“剿匪”部署，促使全国抗日统一战线形成，共产党在全民抗战的浩荡声威中得以壮大实力，终至战胜攻取，所向无敌；恨他让自己临潼受辱，在世人面前威风扫地，颜面无光。只是限于种种关碍与顾忌，无法将他寸磔、凌迟，“食其肉而寝其皮”，但起码也要剥夺其人身自由，长期关押，直至老死。否则，是无法解此心头之恨的。

当然，这只是一个方面。作为一个深谋远虑的政治家、阴谋家，蒋介石扣住张学良不放，除了感情因素，还有更深层次的原因。他怕把这只桀骜不驯的“东北虎”放出来，会带来更大的祸害；怕三十万东北军在张学良统率下，重整旗鼓，再振军威，成为难以控制的异己的军事集团；怕已经解散了的“三位一体”重新组合起来，对他的“一统天下”再次造成巨大的威胁。

在蒋介石看来，最理想的抉择，当然是尽早把这一后患彻底铲除，免得“刺猬”捧在手里，终朝每日，提心吊胆。那些年，几乎日寇侵略军的铁蹄每向前踏进一步，他都要亲自部署负责看押者，将张学良转移到一个新的地方，以确保其不致趁乱脱逃，或者被劫走。最后，大陆已无“安全之地”可供押解，只好转送到孤悬海上的荒岛台湾。为了张学良，蒋介石可说是费尽了心机，熬光了头发。毫无疑问，一刀宰之，要比这样处心积虑，不知简单、容易多少倍；可是，他却舍此不由，始终未敢对张学良狠下毒手。应该说，宋美龄在其间的制约、干预是起着颇大作用的。虽然她“胳膊拧不过大腿”，不具备让蒋改弦更张的实力，但她总还有一定的威慑力与制衡力。于是，尽一己之所能，终于保住了张学良的性命，并在精神上、物质上予以必要的关照与安抚，尽可能地为张学良多做一点事情，以补偿自己的歉疚之情。

这里还有一个重要情节。据张学良的美籍私人飞机驾驶员伦纳德1943年在回忆录中记载：

> （送蒋回宁那天，）少帅钻进机舱，坐在我旁边的副驾驶座位。稍后我听到身后一个带着美国腔的女人的声音：“准备好了吗?”我转过身去，原来是蒋夫人正坐在机舱左手前排。我回答说：“准备好了。”夫人随声说：“好。离开这里，让我们快走吧！”起飞五分钟后，少帅面对我，示意要我向后看。我吃惊地发现总司令（蒋介石）的身影，他双目紧闭，脸色憔悴，躺在机舱唯一的长沙发上。……我不时地回头打量一下机舱。蒋夫人看着窗外，脸上露出疲惫的微笑。
>
> 宋子文偶尔看一下文件，大部分时间都在休息。总司令还在继续睡觉。我们到达洛阳时天刚黑，当飞机降落在沙子铺设的飞机场时，学生和士兵朝我们涌来。当他们看见蒋夫人迈出舱门，便止步立正、敬礼，两名军官上前搀扶她。少帅跟着蒋夫人，刚刚站稳，四名士兵就拿枪对准他，一名士兵面向夫人带有请示口气：“我们杀了他!”蒋夫人断然制止

说："不许胡来！让他独自走。"总司令被搀扶下了飞机，脚一落地，前来问候的人立即兴奋起来，他们把帽子抛向空中。有的人眼中闪着泪花，帮助总司令坐进汽车。少帅孤独地走向自己的汽车，爆竹在他腿边炸响，但没有人威胁他，蒋夫人命令给他贵宾待遇。

看得出来，实际上，离开西安后，少帅就已经进入"危难圈"了。也正是从此开始，宋美龄担负起护卫他的责任。

宋美龄写信给张学良说："我向你保证：我没有忘记你。"

事实证明，她并没有食言。

在羁身异域或者局处孤岛，面临着种种困境，加之身体一直不太好的情况下，宋美龄对于张学良仍然念念不忘，不时地致函寄物，经常亲切地问候，表述关注之殷，感念之诚。这在张学良的日记中都作了翔实记载。

张学良身后留存四大箱信件，约有五百多封，多为数十年间同政界要人与亲朋至友的往来函札，其中以和宋美龄的私人通信为最多，计约百封以上，它们真实而明晰地记录了两人之间的诚挚感情。信函的书写，宋美龄多用英文，一直称呼张学良为"汉卿"；张学良则自称"良"，而称宋美龄为"夫人"。从往来书信中可以看出，宋美龄对于软禁中的张学良十分关切，尤其体现在生活上，可说是无微不至。她不仅经常送些珍贵礼物和日用品给张学良，还负责代为转递张学良在美亲人特别是原配夫人于凤至托带的物品、信件。一向习惯于以英文写信的宋美龄，当得知张学良目力不佳后，便改用中文书写，甚是体贴周到。

张学良被押解到台湾的第二年，宋美龄也从美国来到这里。此后，他们便一直保持着通信联系，并先后有六次会面交谈。1947年9月19日，在给张学良的信中，宋美龄描述了在美国先后三次同于凤至见面晤谈的情景：

> 凤姐姐把加州的家布置得得体而气派，不但那所房子让我见了会想起你们从前在北平时的顺承王府格局，而且让我惊奇的是，她用炒股票赚得的收入，还在昂贵的美国高级居住区买了一幢带花园的房产。

张学良收到女友从美国带回的信息和物品，感动至极。——“烽火连三月，家书抵万金。”何况是万里之外的结发妻子的信息，何况还有大量所急需的珍贵的药品、食品！当即亲笔给宋美龄复信：

> 夫人钧鉴：9月19日的手示敬悉。附所赐果物及凤至捎来的药品统统领到，夫人对良护念周至，使良感谢无极。
>
> 展读手札再三，并阅读剪报一则，闻知家乡事，心中情况难以笔述。夫人，大概您晓得海城是良的原籍，良祖父及上代的坟墓皆在该地，真不知今日是何景况。兹借东坡两句诗，可以代表良现下的心境：“纵有锄犁与田亩，已无面目见丘园。”
>
> 夫人，请您不要这么挂念，良这里吃穿用度倒还算周备，假如良必有所需，当再上烦钧听。

请释念，谨祝健康并请代叩

介公钧安。

1950年4月，张学良一连收到两封宋美龄的来信。在4月11日信中，宋美龄说：

自我返国，我就一直安排和你见面，所以未给你写信。但每次要去看你时，总是临时有事……但我向你保证，我没有忘记你。……所以，下周末我将可以来看你。

张学良知道宋美龄身体一向不适，现在听说她要亲自到井上温泉来看他，便急忙复函，劝她“切请勿来，因路远而太坏，余可随时随地往见”。收到张学良的信之后，宋在回信中说：“下周我应该可以和你见面，时间和地点我会通知你。”几天过去，张学良就接到通知，说蒋夫人安排约见。

张学良意念重重，辗转反侧，一夜未眠。早五点半出发，沿着崎岖的山路北行，六小时后到达大溪蒋家别墅，与宋美龄会面，备极亲热，畅谈了家常。这是他们到台湾后第一次相见。这一年，张学良五十岁，宋美龄长他三岁，两人都已过了知命之年。当年被宋美龄称为“年轻骑士”的少帅，头发已经谢顶，而宋美龄却风采依旧。两人见面，久久相对无言。一方心怀愧赧，却又做不了主，有心无力；一方心里憋着千般苦楚、万种委屈，但为了不致使对方为难与难堪，也不好意思张口。吃过了饭，宋美龄问他可有什么要求，张学良提出，“想见见蒋先生”，又说他“需要一些钱”。

1951年1月12日，宋美龄致信张学良，说：

> 自来台后，余忽对绘画兴趣浓烈，大有寄情山水，两眼皆空之感，……余即延请黄君璧先生教山水，而郑曼青先生之花卉，乃是台湾首屈一指之翘楚，两位才华决不逊于张大千和徐悲鸿。如此一来，余反倒觉得每日过得充实起来，再没有刚来台湾时那种终日惶惶，神不守舍的情绪。

她把张学良奉为知己，倾吐自己的心曲。紧接着，又派人从台北专程给张学良送来年货。在当时货物奇缺、米珠薪桂的窘况下，宋美龄竟把大量食品肉类辗转运到深山之中，使张学良着实感动。

知道宋美龄热心绘事，爱好书法，张学良也从多年珍藏的文物中挑选几样名家书画作为回赠，托来人带回台北。其中有一幅苏轼手卷《少年游》，是他早年以重金从北洋某大臣手里买到的，多年流离转徙，始终收藏在身边，他觉得，舍此手边再无价值更大的礼物了。宋美龄在回信中说：

> 汉卿，得照片与手卷极美，多谢！早当致意，唯两年来苦于支气管炎，不便作书，目前始渐愈。《生活》拟刊一文，附余画作照片，出刊后当寄奉一本。余习石涛、沈石田甚勤，以余师谓余笔法风格近此两家之故。然台岛难得真迹亲炙，尽力而已。

农历二月十二，宋美龄生日时，张学良寄去了贺寿信，听说她身体欠佳，特意问候。并从当地人手中购买了以原始方式织染的布料作为寿礼送去。不久，即收到宋美龄的回信：“非常感谢你记得我的生日，你送给我当地（高山族）生产的布料，很可爱，我特别喜欢其亲和的颜色。”

1954 年，备受“神经性皮炎”困扰的宋美龄再度赴美就医。返回台北后，立即写信给张学良：

> 我前两天刚回台北……在旧金山见到凤姐姐，她到医院来看我，次日我们一起吃晚饭。她能说英语，而且，她看来比我十年前见她时还要年轻十岁，我既惊讶，又高兴。……她看起来很快乐，而且心神非常宁静，但她非常想念你。

宋美龄给张学良带来了收音机。当时台湾竹东山区尚不通电，与外界联系绝少。有时收到国外友朋送来的小电器，张学良常戏称之为“废物”。为此，宋美龄特意交代：“我已装了电池，你打开就能收听。我希望它带给你乐趣”。

1957 年 7 月，宋美龄又托人给张学良带来一盏台灯，信中说：“汉卿：近闻你患严重眼疾，寄美国台灯一盏，此灯不拘位置、角度，极为方便，余在美用之，甚感满意，另奉上旧金山糖果名产些许。”同时告诉张，所提的三个问题可望解决：已派董显光前往高雄，作张学良和赵一荻的英语教师；正敦促蒋介石接见张学良；建议让张学良搬出山区，到台北定居。

1958 年 5 月 17 日，宋美龄突然来到西子湾张学良住所，使主人大感意外，措手不及。急忙偕赵四小姐与之相见，这是宋、赵两人第一次见面。寒暄过后，宋美龄巡视了各个房间，送了些糖果与鲜花。并告诉张学良，近日她将有美国之行，可抓紧写封家信，由她给带过去。

这年 7 月，张学良在日记中记载：21 日上午，与宋美龄的秘书等商谈他在美的钱款事。25日上午9时，宋美龄派车将他接到阳明山官邸，两人作了一次长谈。分手前，宋美龄久久地注视着他，好一阵才说："你的问题，时间还要久哪！要有忍耐，这一切，都是上帝的安排……"

最让张学良感动的是，1959年12月24日，宋美龄派人送来了一棵圣诞树，还有张学良家人的信札和照片。来人说，蒋夫人限时限刻让他们送过来，为的是让张先生能在节日里看到家人的来信，享受到节日的欢乐气氛。为了纪念这一令人难忘的时刻，张学良坐在圣诞树前，让赵一荻为他拍了张照片。

1960年1月17日，宋美龄借陪同越南首脑吴廷艳来高雄参观之机，到西子湾张学良家中，一同商量几件家事：在美的存款如何管理；有关赵四小姐与于凤至的事，等等。

同年4月5日，张学良得知将要迁居台北，日记中写道："系蒋夫人的意思"。

迁到台北之后，宋美龄不时派秘书送来水果、杂志。5月30日，她再次猝然光临，张"仓皇出迎"，"夫人再三询问寓所如何，并至卧室小坐"。宋要张到"其私人礼拜堂去做礼拜"。

这天，宋美龄礼拜毕退出，边走边与众人打招呼，走到最后一排时，忽然向张学良伸出手，表示问候。这一举动，让所有在场的人将惊讶的目光投送过来——"失踪"多年的张学良第一次出现在众多老朋友的面前，让所有的人"惊呼热中肠"。紧接着，张群、何应钦等党政要人纷纷上前问候。有的老朋友报上名字，张学良"左右端详竟不认识，再一细看，惊已改容，非言不识矣"。这是宋美龄刻意安排的一个场面。她有意让张学良亮亮相，以握手的方式，巧妙地将他推到众人面前。张在日记中写道："夫人深情，使我没齿难忘。"

过后不久，宋美龄又派秘书把张学良接到阳明山官邸。宋告诉他：可以自选一块地方，自己建房。张学良想在阳明山区居住，宋美龄认为这里“太潮湿，宜夏不宜冬，应该另选他地”。后来，张学良便选定了北投复兴岗。

张学良在《我信基督教的经过》一文中说：

> 在漫长的幽禁岁月中，我一度对佛教产生了浓厚兴趣，买了许多有关佛学的书。有一天，蒋夫人来访，问我看些什么书，我告诉她我正在研究佛学。她就说：“汉卿，你又走错了路。你也许认为我信基督是很愚蠢。但是，世界上有许多有名的伟大人物都是基督徒，难道他们都是很愚蠢的吗?”她说她希望我也研究研究基督教。

尔后，宋美龄就为张学良请了三位教师，给他讲授英文、讲解《圣经》。宋美龄希望他通过信教，摇首出红尘，取得心定神安，摆脱政治上的纠葛，排遣掉心中的愤懑不平。这样，他就成了一个虔诚的基督徒，赵四小姐也跟他一起信奉了基督教，并最终促成了两人的正式结婚。

2001 年 10 月，张学良在檀香山病逝。消息传到纽约，宋美龄想起两人七十多年的深情厚谊，感到无限的悲痛。经过多时的静默，她特意委托辜振甫（曾为蒋介石的日文翻译）及夫人严倬云专程赶赴夏威夷，代表她参加张学良的追思礼拜与公祭。追悼会上，辜氏夫妇将一束署有“蒋宋美龄”的十字架鲜花，置于张学良灵前。

他要为夫人守住秘密

张学良坚持要到2002年以后再向外公布“口述历史”及西安事变有关资料；还曾对日本NHK电视台记者说：“不要采访西安事变，我不想谈，说了会伤害某个人。”

我们可以猜测：张学良唯恐伤害的“某个人”究竟是谁？既然与西安事变有关，那我们不妨用“排除法”一一进行过滤：西安事变主要当事人中，不过五六位。其中，蒋介石、宋子文早已死去，周恩来、杨虎城也作古了，仍然在世的只剩下他和宋美龄两个人。显然，这个人非宋美龄莫属。据张学良预测，他自己活不过2002年；宋美龄大他三岁，估计到2002年，恐怕也就不在了。那么，为什么他在这里偏要“卖关子”，只说“某个人”而不直接点出来？用意也许在于，直接挑明了本身就是一种伤害。

美籍华人唐德刚教授认为，张学良有意维护对他极好的宋美龄。怕有些话说出来，会使蒋夫人受窘为难。可是，如果按过去大家所知道的，似乎也没有什么可以谈到能够“伤害她”。由此我们推测，协议中大概还有未曾公开的内容。联系西安事变当时政治、军事的实际，人们猜测，可能包括两个方面：一是当时蒋曾许诺，回南京后，任命张学良为全国抗战副总司令；再就是改组南京军政班底，比如，撤换亲日派何应钦等。这些，作为必要的条件，是由宋氏兄妹当场担保之后，才做出释放蒋介石的决定的。而且，为了给蒋介石壮声色、留颜面，也是由她动员张学良亲自陪送的，并且做出承诺，确保去了之后如期返回。

可是，蒋介石却翻脸不认人，不但所答应下来的条件一一翻悔，统统不算数；而且，一巴掌把张学良打入了十八层地狱，让他永世不得翻身。对此，宋美龄自然深感愧疚；而张学良将军却抱着感恩思想，讲道义，重然诺，设身处地，体谅宋美龄的难处，始终不愿翻出旧账，以免伤害了她。张学良曾经说过，在他的生命中，有两个女人对他恩重如山，一个是无怨无悔陪伴他走过大半生的赵四小姐，另一个就是力保他不死的蒋夫人宋美龄。即此，也足能看出张学良的守信重义，宽以待人。

在我们号称“礼仪之邦”的泱泱华夏，自古就流传下来“挂剑空垅”、“一诺千金”的美谈。春秋时期，吴国的季札北行出使，路经徐国，拜见了徐君，徐君很喜欢季札所佩的宝剑，可是不好意思说出来。季札看出了徐君的心思，但是出使中原诸国，不能不佩剑，因此未能即刻脱手相赠。等到他出使回来，再次途经徐国，马上想到要把宝剑赠与徐君。没料到，徐君已经去世了，感伤之余，季札便把宝剑挂在徐君墓前的树上，然后，才安心地离开。随从人员不解地问：“徐君已经死了，为什么还要挂剑空垅呢?”季札说：“话不能这么讲，当初我已经心里答应送给他了，不能因为他不在了，便违背了自己的本意。”

至于“得黄金百金，不如季布一诺”的故实，则是发生在汉代的事情。总之，都是远哉遥遥的陈年古话了。

近代以降，世道浇漓，人情薄如纸，早都把这些老古董抛到了九霄云外。莫说是心中的暗许，即便是“红口白牙”当面承诺的事，到头来，都一股脑儿丢在阴山背后。蒋介石此其尤者。当然，这也是古已有之的。什么“剖符作誓，铁契丹书”，什么“金匮石言，藏之宗庙”，到头来一概都不管用，照样是说关就关，说砍就砍，毫无信诺可言。正因为这样，今天记下那些“良”言“美”语，还是不无警示与借鉴意义的。

蒋士云：
迟暮的补偿

早年的女友蒋四小姐与汉公在异域耄耋重逢。她觉得汉公五十四载的铁窗岁月，实在是太委屈、太熬苦、太可怜了！应该在有生之年加以有效的补偿，充分感知人生的乐趣。这样，他们也就有机会重拾“柏拉图”式的绝版情爱于生命的黄昏。而赵四小姐则断然叫停，多次以电话促归。汉公无奈，只好来个“华丽的转身”。结果，盛筵不再，空留下一腔因情而痛、刻骨铭心的怅憾。

引子

1991 年 3 月 10 日，张汉卿先生身着灰色西装，头戴法兰西便帽，鼻梁上架着一副金边墨镜，在夫人赵一荻女士陪伴下，仪态从容、步履稳健地步入了台北桃园中正机场。他们要从这里乘坐华航飞机，前往美国探亲。这是他第三次出国了。第一次，东渡日本观操，那年他刚满二十岁，自是少年得志，意气扬扬；第二次是 1933 年，抗战失利，引咎辞职，怀着痛苦、沉重的心情前往欧洲考察；这次的心情又怎样呢？刚一照面，记者就提出了这个问题。他笑嘻嘻地回答："我觉得很好。我好吃好喝，就是不知道是什么心情。"接着，又开起了玩笑："别人都说我成了电视明星，你们采访我，我可要向你们收钱了。"

说"不知道是什么心情"，自然是调侃；但他此刻的心境，确也不是三言两语能够表达清楚的。说是悲欣交集，百感杂陈，也不为过。欢快呀，激动呀，自不必说；"久在樊笼里，复得返自然"，轻松感、自由感可能要占主导成分；再就是，怀念、牵挂与期盼。

此行何为？他向台湾当局讲的唯一理由，就是去看望子女。不过，汉公私下里曾对几位友人说过，要去纽约会朋友，会的是女朋友。要会女朋友？寥寥五个字，宛如一块大石头投入水中，立刻激起了轩然大波。汉公在美国还有女朋友？简直是天方夜谭！莫不是又在开玩笑吧？但细一琢磨，又觉得不像：笑话里的"包袱"，冷不防地一抖，才能抓人儿；哪能说了再说、重复多遍呢！

那么，这个女朋友是谁呢？

于是，人们用"排他法"进行猜测：显然不是已经解除婚约的于凤至，这位"大姐"已于一年前去世了；那么，该是蒋夫人宋美龄吧？她可是汉公几十年的挚友啊！而且又长住纽约。不过，据知情人讲，这段时间蒋夫人恰恰不在美国。……

不管是谁，反正是有所爱就有怀念，有怀念、有牵挂就有期盼吧！

汉公夫妇所乘飞机在旧金山着陆以后，就被女儿、女婿接到家去了，自有一番诉不完的离绪别肠，说不尽的天伦之乐；四天过后，老两口又去了洛杉矶，数日勾留中，除了同子女欢聚，还拜扫了于凤至墓。然后，夫人留下来，汉公由孙儿、孙媳陪同前往纽约，下榻于曼哈顿花园街贝夫人的豪宅，一住就是三个月。

这样，“女朋友”之谜也就揭开了。

三十年前旧相识

据窦应泰先生《张学良在美国》等书记载，贝夫人名叫蒋士云，1910 年出生于江南古城苏州，由于上有一兄两姊，故称为“四小姐”。她天生丽质，聪明早慧，开始在国内学习英语，后随外交官的父亲远走欧陆，留学于法国巴黎；1927 年随父回到北京，与少帅相识于外交总长顾维钧的宴席上，互相都留下了美好印象。尔后，他们又在上海重逢，赴宴、伴舞、出游，总是以英语互通情愫，谈得十分惬意。沪上名媛丰姿绰约，关东少帅倜傥风流，两人心底里深深地埋下了爱恋种子。

少帅诚邀四小姐到奉天的东北大学就读；而她碍于巴黎的法文学业尚未结束，不想半途而废，请求假以时日，少帅表示理解与支持。但阅世颇深的他，也隐约感到，这个窈窕少女如此力攻法文，心向欧陆，其发展方向必定不在国内. 这与现实处境不无龃龉。在北去的列车上，他望着窗外飞扬的雪花，心中一片惘然。之后，他仍然不断收到四小姐寄自巴黎的书信，知道她心中也充满着矛盾。他在回信中写道：

> 我现在所见到的你. 是让我赞叹的全新女性，德才融于一身. 以自立为己任，以不依赖别人为前提。然后再求得生存与进步，这是值得男人们欣赏的。士云妹. 我对你从心里更加敬重了！

1930年末，结束巴黎学业，蒋士云即匆匆返回上海。她实在难以割舍对少帅的一片恋情，新年一过，就兴冲冲地登车北上。然而，出乎意料的是，当他们在北京相见时，却发现少帅身旁，于凤至之外，还有一个女秘书，并且从少帅口中了解到这位捷足先登的赵四小姐的曲折来历。这样，尽管两人欢聚如常，却共认“鸳盟”缘分已尽，最后，唯有洒泪而别。

几个月后，蒋士云即乘意大利邮轮远赴欧洲，开始了自己新的生活。她下决心斩断情丝，把失恋的痛苦化做发愤读书的动力。一次，在罗马城意外地邂逅了一位熟人——中央银行总裁贝祖贻。他因发妻新丧，国外度假，解闷消愁。同是天涯沦落人，相逢况又曾相识。悼亡、失恋，同病相怜。交谈数日，两颗孤寂的心灵终于碰撞出爱情的火花，蒋士云毅然应允了贝祖贻的求婚。

翌年春初，已经背上“不抵抗将军”的恶名、处于焦头烂额之际的少帅，听到蒋、贝结缡沪上的消息，派员专程送去贺礼，极表祝福之忱。婚后，他们长期寓居国外，鹣鲽相亲，恩爱夫妻长达半个世纪，直到1982年贝祖贻病逝于纽约。贝夫人说，贝先生和少帅有一点很相同：口才好，会讲话，有风趣，爱说笑话，爱热闹。

西安事变前，贝夫人从欧洲回到上海。当她听说少帅送蒋回宁，被关押起来失去了自由，万分挂念，立即投入营救活动，与于凤至一起在国民党上层人士中奔走呼号。后来，她从秘密渠道获悉少帅被囚禁于奉化雪窦山，经与军统局联络，获准前往探视。少帅被押解到台湾之后，知情重义的她，又专程从美国飞赴台北，在一家餐馆里宴请、慰问，并到家中探望。红颜知己的

“惊鸿一瞥”，对于已成“涸辙之鲋”的少帅来说，直如清泉灌注，润泽心胸。走后多日，他还感到挚友的知心话语仍在耳边萦绕。而挂在贝夫人嘴上的，则是：

> 少帅是一个了不起的人，为人豪爽，重承诺，讲信义。……我认为，张将军是那种可以终身引为朋友的人！我很佩服他这个人！

一般认为，爱缘于情，似乎与理智、逻辑不相干。实际上，只要是认真而实在的爱恋，总都具有严格的选择性，就是说，排除不了理性的参与。有人对世界文学作品中所描绘的无数种爱恋形式进行分析研究，得出一个大致相同的结论：在这里，直觉表现为一种潜在的、十分敏捷的逻辑，亦即对所爱者的直觉评判，往往是惊人的透彻与准确。从而，一经认同，便历久不变。

昔梦重温

“天意怜幽草，人间重晚晴。”已是耄耋之年的两位老人，有幸在万里之遥的异域重逢，重拾旧日情怀于生命的黄昏，给这场“柏拉图”式的绝版情爱，画上一个虽不满足却也满意的句号，也算是“失之东隅，收之桑榆”吧？

贝夫人觉得，当日风云叱咤、活虎生龙般的少帅，在五十四载的软禁中，度过了难以想象的苦涩岁月，冤枉、委屈且不说，也实在是太亏欠、太熬苦了！如果不能在有生之年作一次有效的补偿，这昂藏的七尺之躯，岂不是空在阳世间走一遭！“所以，这次，”贝夫人说，“我一定让半生历尽苦难的汉公，真正感知到人生的乐趣”；要他见见老朋友，广泛地接触各界，也体验一下国外的社会生活，“看看我们在美国怎样过日子”。

好在汉公虽已年届高龄，但身体尚称硬朗，尤其是来到了纽约之后，就像吞服了什么灵丹妙药，容光焕发，声音洪亮，精神头十足，兴致异常高涨。为此，贝夫人便精心策划，周密安排各项活动，整个日程都排得满满的。汉公也予以主动的配合、高度的信任。对于一切求见者，他都是一句话：“贝太太就是我的秘书。你任何事情都通过她，由她替我安排好啦!”

而一些媒体记者，早已闻风而至。他们“狮子大开口”，从郭军反奉、杨常事件、东北易帜、九一八事变，到兵谏捉蒋、铁窗岁月、两岸关系、何时还乡，以及帅府春秋、名人印象、宗教信仰、养生之道，还有同蒋夫人、贝夫人的关系，全都要刨根问底。尽管有些敏感的政治问题，他不愿深谈；但从解析历史角度谈论一些往事，他还是蛮有兴趣的。在与哥伦比亚大学汉语班学生对话时，他说：

> 我年轻的时候，最不喜欢听年纪大的人讲话。他们一说话就是教训。我设身处地替年轻人想，大概你们也不愿意听我说话。不过，我可以这样说，如果同学中有人对中国清末民初的历史有兴趣，只要是以东北地区为主的，我知道的可能比任何人都多。我耳朵听到的，眼睛看到的，亲身所经历的，老实说，不能不着重北方这一段。可以说，我是唯一的“宝”。

作为虔诚的基督教徒，汉公还经常由贝夫人陪着去华人教堂，或做礼拜，或听牧师布道。4月7日上午10时，当牧师宣布张学良先生到来时，堂内二百多名会众立即起身鼓掌，汉公面带微笑，向大家颔首致谢，然后就坐下来聆听牧师布道。结束之后，他刚刚起身，就见一位白发苍苍、拄着拐杖的老者，眼含热泪，对他诉说：

> 少帅呀少帅，我们盼了你多少年，等了你多少年啊！当年在奉天，我远远地望着你骑着高头大马从北大营出来。少年英雄，让人好钦佩、好羡慕啊！后来听说你西安举事，被关了，被囚了，我心里多少年不是滋味。现在，没想到我还能活着见到你，……

汉公激动地握着老人的手，颤声说道："学良无德无能，还让身处异乡的故人这么牵挂，真是惭愧得很。"

西方有"足岁祝寿"的习俗，是年恰值汉公九十整寿。寿诞之日还没到，在美的大批亲友，特别是寓居纽约的东北军耆旧和东北同乡会友，便接连不断地前来为他祝寿，先后达八九次。

5月30日晚，曼哈顿万寿宫灯盏齐明，纽约"华美协进社"在这里为汉公举办九秩寿庆。台湾工商界巨子王永庆闻讯后，以不能莅临为憾，特意捐赠五万美元作为寿礼。四百多名中美人士欢聚一堂，其中包括蒋介石的孙子，宋子文、孔祥熙的女儿。七时许，汉公由贝夫人陪同，兴致勃勃地步入堂内，顿时欢声四起，闪光灯耀同白昼。

汉公突然发现，前方有两列老人，齐刷刷地分立左右。随着"校长，你好！"一阵欢呼，左列老人一齐行九十度鞠躬礼，待到抬起头来，尽皆泪花满眼。肃立于队首的是东北大学在美校友会会长张捷迁，这一列的老人全是当年东北大学的学子。汉公刚要开口答话，只听右列为首的老人、当年他的机要秘书田雨时一声口令："副司令到，敬礼!"站在右列的昔日东北军军官们挺直腰板，行军礼致敬。

瞬间，汉公仿佛又回到了奉天，正在主持东北大学的开学典礼和在北大营检阅着二十万家乡子弟兵，从而，重温了早岁的桑梓浓情，并在一定程度上找回了他在世人心目中的英雄地位。他深情地凝望着这些白发苍颜、垂垂老矣的文武两班部下，将激动得有些颤抖的右手举向额际，向众人郑重还礼。

目睹这一感人至深的场面，《纽约时报》资深记者索尔兹伯里对座旁美国前驻华大使的夫人包柏漪说："这份荣耀，只有张学良担当得起!"而包柏漪在致词中则说：

> 作为最伟大的历史英雄，张学良将军终竟还是一个悲剧人物。他的一切作为，都是为了实现祖国富强、民族独立、人民幸福这三大愿望。而他要实现这些愿望几乎是不可能的。因为他不能自由自在地做自己想做的事，因为他住在城堡中，这限制了他的自由。尽管他无尽地宽恕、忍怨含痛的美德是举世罕见的，但一个没有自由的人，是改变不了历史的。

这个期间，汉公有机会同当年的老部下、曾任全国政协副主席的吕正操开怀畅叙。他说："我看，台湾和大陆的统一是必然的，两岸不能这样长期下去"。并表示："有生之年愿为祖国和平统一尽点力量"；"我愿保持我这个身份，到那一天会用得上的"。贝夫人还帮他联系哥伦比亚大学做"口述历史"，会见一些学界名流。她知道汉公喜欢吃，好玩、好赌，便特意陪他到固定的饭馆进餐，主要是吃饺子；还多次欣赏京剧演出，到华盛顿看跑马，看球赛，看划船；除了经常在家里搓麻将，又去了两次大西洋城赌场，玩了“二十一点”。真是不知老之已至，玩得不亦乐乎。

一位心理学家说过，要想知道一个人爱不爱你，就看他和你在一起时，有没有活力，快活不快活，开不开心。汉公不止一次地说，在纽约的三个月，是他一生中最快活的时光；也是他自1937年1月被幽禁以来，最感自由的九十天。这大概指的是，不仅身边再没有国民党便衣特务跟梢、侦查；而且，也摆脱了夫人赵一荻出于关心爱护的约束与限制，从而真正做到了率性而为，无拘无束。

在这里，他仿佛重返了青春，回归当日自由自在的本我；透过社会交往这短暂而温馨的“旧时月色”，朦胧地体验到“烈士暮年，壮心不已”的虚幻价值。特别是，幸获机缘，同一生中最喜欢的女人畅怀适意、无所顾虑地欢聚一段时光；且因长期隔绝，距离增益了美感。

听说，汉公晚年曾私下里讲过：“赵四是对我最好的，却不是我最爱的，我的最爱在纽约。”好事的记者曾就这番话，单刀直入地求证于贝夫人：“汉公说，他的最爱在纽约，那就是您吧？”贝夫人腼腆地应对：“随他怎么说，随他怎么说。”

未了情

古人云：“有白头如新，倾盖如故。何则？知与不知也。”对于汉公天性，聪明绝顶的蒋四小姐，可说是深知深解，尽管彼此相聚无多。她知道，汉公喜欢热闹，愿意与外界接触；喜放纵，厌拘束，不愿难为自己，委屈自己；逆反心理强，你越限制他，他越要乱闯。为此，应该任其自然，顺情适意，让他回归本性，还其本来面目。这也是一种补偿，因为他的大半生过得太苦了，应该抓紧时光好好地享受一把。

这是赵四小姐无力提供、也不想提供的。应该肯定，出于真爱与痴情，赵四小姐为汉公已经付出了一切。黑格尔老人说过，爱是一种忘我境界。乌赫托姆斯基认为，“爱情不单单是情感，而且是一种奉献”，也就是“把自己的整个身心都转到另一个人身上”。赵四小姐做到了这一点。

但是，在尊崇个性、顺其自然方面，她缺乏应有的气魄与胆识。起码，她担心如此放手，会累垮所爱，适得其反。而蒋四小姐却认为，老年人只要体力允许，这种“信马由缰”地解放身心，极为有益。两个同样竭诚尽力的“保健医生”，所持方略截然不同。实践表明，后者是正确的。这为蒋四小姐赢得了一个满贯。

当然，要说最后的胜利者，还是赵四小姐。与蒋四小姐只有义务、只有感情不同，她的手中握有两宗制胜的法宝：一是道德，黑格尔老人说过，道德是弱者用来制约强者的工具；二是权利，她有予取予夺、支配一切的权利，关键时刻，她可以叫停，煞车。九十天中，她正是祭起这两样法宝，多次电话催驾，要丈夫早些回去。汉公尽管不情愿，但又不忍过拂盛意，只好来个“华丽的转身”。结果，盛筵不再，空留下一腔因情而痛、刻骨铭心的憾恨。

对此，人们也许觉得赵四小姐未免做得过分，甚至会以胸襟褊窄、心存嫉妒讥之。应该说，在情感面前，往往“现实即是合理”，各有各的理由，很难以非此即彼的思维方式判断孰是孰非。从赵四小姐角度看，这样做有其必然性。投入的越多，便越怕失去，情感上的分割，哪怕是一点一滴也无法忍受。面对她的作为，除了“理解万岁”，他人还能说什么呢？

说到汉公的天性，其实还有一个重要方面，就是多情、好色。不是有人目之为“中国的唐璜”吗？对于这一点，他自己也并不讳言，自述诗云：“平生无憾事，唯一好女人”；“我虽并非英雄汉，惟有好色似英雄”。很难设想，一个美食家，一辈子只盯住一道菜，哪怕它是旷世难求的珍馐美味。至于能与赵四小姐厮守终身、百年偕老，那是“拜”独裁者蒋介石之“赐”，风流唐璜失去了“骑马倚斜桥，满楼红袖招”的条件。作为耳鬓厮磨、相濡以沫数十年的知心伴侣，赵四小姐对此是心知肚明的。

同样，她也十分了解眼前这位极具竞争力的另一位“四小姐”：饱经欧风美雨的熏沐，谙熟多国语言，思想开放，广见博识，学养深厚，且又活力四射，富有魅力；而她自己，尽管早年为了爱其所爱，也曾千里奔驰，勇决封建罗网，但就家庭影响、个人所处环境而言，终究属于传统型女人。此刻，以一己的衰病之躯，与这位老而弥健，风韵犹存的美妇相对，未免有“自愧弗如”之感，防范当然就成为至关紧要的了。

一场凄婉动人的悲喜剧，随着男主角的黯然退场而落下了帷幕。落寞的女主角，除了无可奈何的追忆，便只握有苦诉与陈情的专利。她说，令我最感困惑的是，自从汉公被赵一荻接回去，直到一年后他们长期定居夏威夷，本来是离得很近的，却再也没有见面的机会，而且断了联系，连通个电话都成为不可能。纽约分手，原以为后会有期，万没想到，竟是永生的诀别！

事过八年之后，在回答祖国大陆访谈者的提问中，她还说道：

和汉公分手以后，我打过两次电话，打不进去。我知道有人阻拦。他不便跟外界接触，大概是觉得不方便，也许不自由。他们的生活很奇怪，没有他的自由。有很多外国人要去看他，他不能见。到底为什么，莫名其妙。我想，他一定觉得很苦。都到这个年纪了，还要怕什么？就是他内人管，这也是多余的。反正这么大年纪了，让他自由好了。自由是最要紧的。

于凤至器量大，这个人很了不起。她将少帅让给赵一荻，自己难过自己克服，少帅觉得怎么好就怎么做。赵一荻器量小、专制，她一向不喜欢少帅和朋友来往，不要他和别人接触，要控制少帅。她不了解，像少帅这种人，怎么可以不见朋友呢！不过，她陪着少帅，幽居了几十年，实在不容易。

汉公第一次到美国来时，那么开心。我很多朋友请他吃饭。他定居夏威夷后，思维依旧清晰，会想这里的朋友，但他能有什么办法呢？我就不懂赵一荻，在台湾跟他见面，赵一荻拦住他，希望最好不要见我。这大概是女人和女人之间总有看不开的地方。在纽约的时候，少帅身体特别好，手杖都不用，脑筋又清楚，说话谈笑风生，特别幽默。我劝他不能坐轮椅，坐惯了轮椅腿就没用了。搬到夏威夷以后，精神就慢慢不行了。现在，大概要整天坐着了，真没意思。

“世间好物不坚牢，彩云易散琉璃脆。”到头来，曲终人散，空留下一番凄美的追忆。此日重寻旧迹，只能在每个礼拜天，看到身着体面服装的贝夫人闪现于华人教堂中的身影，而身旁的汉公已经不见了。

伴随着高耸的穹顶下一波波流转的管风琴浑厚的声音，她手抚《圣经》，低头祈祷，内心里漾起一种难以名状的感动与皈依。定居美国数十年，她一直没有任何信仰。但是，自从每周陪同汉公到教堂来做礼拜和听牧师讲经布道，受到了深深的熏染与陶冶，从此，她便也信奉了基督教。她把所爱的人的信仰作为自己暮年的唯一追求，以此寄托无尽的怀念与追思。

走笔至此，我忽然想起了那位“剑胆箫心”的近代诗人龚自珍的一首“己亥杂诗”，就好像在一个半世纪之前，定公就已经预先为贝、张二位写好了：

> 未济终焉心飘渺，百事翻从缺陷好：
> 吟到夕阳山外山，古今难免余情绕。

寥寥四句，其间蕴涵着一种生命的密码，渗透着深邃的哲学意蕴。“未济”，为古老的《周易》最后一卦，象征事功未成。诗人以之说明这是一场没有结果、未能如愿的“断尾”情缘。

而世间事物总是失去的更宝贵，没有到手的才是最好的。也就是为此，尽管已届暮景衰年，却还搁置不下这份未了情、相思债。

萧红：
青天一缕霞

同那些跨越时代的文坛巨匠相比，萧红也许算不上长河巨泊。她的生命短暂，而且身世坎坷，迭遭不幸。她失去的不少，而所得可能更多；她像冷月、闲花一样悄然陨落，却长期活在后世读者的心里；她似乎一无所有，却在文学史上留下了一串坚实、清晰的脚印，树起了一座高耸的丰碑。她是不幸的，但也可以说，她是很幸运的。

从小我就喜欢凝望碧空的云朵，像清代大诗人袁枚说的："爱替青天管闲事，今朝几朵白云生？"尤其是七八月间的巧云，如诗如画如梦如幻，对我有极大的吸引力，我能连续几个小时眺望云空而不觉厌倦。虽然眺者自眺，飞者自飞，霄壤悬隔互不搭界，但在久久的深情谛视中，通过艺术的、精神的感应，往往彼此间能够取得某种默契。

我习惯于把望中的流云霞彩同接触到的各种事物作类比式联想。比如，当我读了女作家萧红的传记和作品，了解其行藏与身世后，便自然地把这个地上的人与天上的云联系起来——

看到片云当空不动，我会想到一个解事颇早的小女孩，没有母爱，没有伙伴，每天孤寂地坐在祖父的后花园里，双手支颐，凝望着碧空。

而当一抹流云掉头不顾地疾驰着逸向远方，我想，这宛如一个青年女子冲出封建家庭的樊笼，逃婚出走，开始其痛苦、顽强的奋斗生涯。

有时，两片浮游的云朵亲昵地叠合在一起，而后，又各不相干地飘走，我会想到两个叛逆的灵魂的契合，——他们在荆天棘地中偶然遇合，结伴跋涉，相濡以沫，后来却分道扬镳，天各一方了。

当发现一缕云霞渐渐地溶化在青空中，悄然泯没与消逝时，我便抑制不住悲怀，深情悼惜这位多思的才女。她，流离颠沛，忧病相煎，一缕香魂飘散在遥远的浅水湾……这时，会立即忆起她的挚友聂绀弩的诗句："何人绘得萧红影，望断青天一缕霞！"

正是这种深深的忆念，和出于对作品的热爱而希望了解其生活原型，即所谓"因蜜寻花"的心理，催动着我在观赏巧云的最佳时节——八月中旬，来到这神驰已久的呼兰，追寻女作家六十年前的岁月。

呵，呼兰河，这条流淌过血泪的河，充溢着欢乐的河，依然夹带着两岸泥土的芬芳，奔腾不息，跳搏着诱人的生命之波。

穿过大桥，满目青翠中，一条宽阔的马路把我引入了县城。东二道街，十字路口，茶庄，药店，一切都似曾相识，一切又都大大地变了样。

但是，可能因为期望值过高，当我踏进萧红故居，却未免有些失望。寥寥几幅灰暗模糊的照片，一些作家用过的旧物，疏疏落落地摆在五间正房里。原有的两千平方米的后花园，这印满了萧红的履痕、泪痕和梦痕的旧游地，如今已盖上了一列民宅。更为遗憾的是，留下百万字作品的著名女作家，陈列室中竟没有收藏一页手稿、一行手迹。

联想到坐落在圣彼得堡的普希金就读过的皇村学校，虽然经过一百七八十年的沧桑变化，包括战乱与兵燹，但是，普希金当年的作业簿和创作诗稿，依然完好无损地保存在那里。相形之下，深感我们在搜集、保存作家的手稿、遗物方面没有完全尽到责任。

当然，也可以顺着另一条思路考虑：这位叛逆的女性的前尘梦影原本不在家里。在她自己看来，这块土地沦于敌手之前，“家”就已经化为乌有了。她像白云一样飘逝着，她的世界在天之涯地之角。“昔人已乘白云去，此地空余黄鹤楼”，如此而已。云，是萧红作品中的风景线。手稿没有，何不去读窗外的云？

“白云犹是汉时秋”。仰望云天，同女作家当年描述的没有什么两样，天空依旧蓝悠悠的，又高又远。大团大团的白云，像雪山，像羊群，像棉堆，像洒了花的白银似的。我想，如果赶上傍晚，也一定能看到那变化俄顷，令人目不暇接的“火烧云”。

记得沈从文先生说过，云有地方性，各地的云颜色、形状各异，性格、风度不同。在浪迹天涯的十年间，萧红走遍大半个中国，而且，曾远涉东瀛。她不会看不到沈先生盛赞不已的青岛上空的彩云，肯定领略过那种云的“青春的嘘息”和轻快感、温柔感、音乐感；她也该注意到关中一带抓一把下来似乎可以团成窝窝头的朵朵黄云。透明、绮丽的南国浮云，素朴、单纯，仿佛用高山雪水洗涤过的热带晴云，樱花雨一般的东京湾上空的绮云，——这些恐怕都能引发女作家的奇思玄想。然而，她全没有记在笔下。

当豪爽的江湖行、亢奋的浪游热宣告结束，“发着颤响、飘着光带”的胸境和“用钢戟向晴空一挥似的笔触”，渐次消磨，而难堪的寂寞、孤独与失落感袭来的时候，她便像《战争与和平》中曾是战斗主力的安德烈公爵，受伤倒在地下，深情地望着高远的苍穹，随着飘飞的白云，回到梦里家园去寻求慰藉，慢慢地咀嚼着童年的记忆——这人生旅途中受用不尽的财富。

对萧红来说，尽管童年生涯是极端枯燥、寂寞的，家园并无温馨可言，甚至经常感到格格不入；但是，“人情恋故乡”，就像一首诗中描述的：“满纸深情悲仆妇，十年断梦绕呼兰。”一颗远悬的乡心，痴情缱绻，离开得越远，回音便越响。于是，“一篇叙事诗，一幅多彩的风土画，一串凄婉的歌谣”，便在“永久的憧憬与追求”中孕育诞生了。

时代造就了萧红。难能可贵的是，她不仅在“五四”新文化运动影响下，冲破了封建枷锁，离家出走，成为中国北方的一个勇敢的娜拉；而且，由于亲炙了反帝反封建的民主主义精神和得到一批革命作家及其作品的滋养，同时也接触了世界近代以来人文主义思潮和人道主义、个性主义的文化觉醒意识，她在文学创作伊始，就显示了崭新的精神世界，以稚嫩的歌喉唱出了时代的强音和民众的愿望。

对于乡园，她没有沉浸在一般层次上的眷恋、遐想与梦幻之中，而是超越了“五·四”新文学的美学思索，在现实主义与个性主义、人道主义交叠的文化视点上，力透纸背地写出了“北方人民的对于生的坚强，对于死的挣扎”，深入地开掘其关于“国民性”的哲理反思和病态社会的无情清算。

她“以女性作者特有的细致的观察和越轨的笔致”，以充分的感性化、个性化的认知方式，通过散化情节、淡化戏剧性、浓化情致韵味的艺术手法，揭露帝国主义、封建势力造成的弥天灾难，展示病态人生、病态社会心理的形成，以引起人们疗救的注意。

作为一个植根于现实土壤的现代文化追求者和思想先驱，她始终以其深邃的思考和“另一个世界”的眼光，审视着这块古老而沉寂的大地，呼唤着“别样人生”，期待着黎明的曙色。而且，为这一“永久的憧憬和追求”，付出了沉重的代价。

同那些跨越时代的文坛巨匠相比，萧红也许算不上长河巨泊。她的生命短暂，而且身世坎坷，迭遭不幸。她失去的不少，而所得可能更多；她像冷月、闲花一样悄然陨落，却长期活在后世读者的心里；她似乎一无所有，却在文学史上留下了一串坚实、清晰的脚印，树起了一座高耸的丰碑。她是不幸的，但也可以说，她是很幸运的。

像萧红一样，呼兰河既没有长江的波澜浩荡，也不像黄河那样奔腾汹涌；呼兰县城更是普通至极的一个北方城镇。但是，地以人传，河以文传，由于这里诞生了一位著名女作家，它们已被镌刻在文学碑林上，因此，名闻遐迩。这里的小桥流水、窄巷长街，都一一注入了生命的汁液，鲜活起来，充溢着灵性，吸引着无数中外游客。

而前来探访的客子、学人，也必然要对照萧红的作品去“按图索骥”，溯本寻源。这样，人文与自然相辅相成，历史和现实交辉互映，就益发强化了景观的魅力。

流光似水。如今，那被女作家诅咒过的岁月，远逝了；那没有人的尊严和独立人格的牛马般的生活，一去不复返了；女作家及其作品中的主人公血泪交迸的“生死场”，已经照彻了灿烂的阳光。

十字街头拐弯处，当年萧红读书的小学校还在。微风摇曳中，几棵饱经风霜的老榆树似在发出岁月的絮语。下课铃声响起，一群闪着澄澈、亲切的目光的活泼可爱的女孩子，野马般地拥向了操场，有的竟至和来访的客人撞了个满怀，随之而喧腾起一阵响亮的笑声。

我蓦然想起，《呼兰河传》中老胡家的团圆媳妇，不也是这般年纪、这样天真吗？可是，只因为她太大方了，走起路来飞快，头天到婆家吃饭就吃三碗，一点也不知害羞，硬是被活活地“管教”死了。

从“两眼下视黄泉，看天就是傲慢，满脸装出死相，说话就是放肆”的死寂无声的黑暗年代，到能够在阳光照彻的新天地里自由地纵情谈笑，这条路竟足足走了几千年！

如果萧红有幸活到今天，故地重游，看看呼兰河畔翻天覆地的变化，听劫后余生的王大姐讲讲她的苦尽甘来，再赏鉴一番故乡的“火烧云”，也许会用她那珠玑般的文字，写出一部《呼兰河新传》哩！

母亲：
望

对母亲来说，什么锦衣玉食、华堂广厦，并没有实际价值；她只是渴望，有机会多和儿孙们在一起谈谈心，唠唠家常，以排遣晚年难耐的无边寂寞。我们整天都在奔波忙碌之中，结果，老人常常深陷于一种莫名的寂闷之中。这种寂闷，在痛苦的思念中发酵，在热切的期待中膨胀，在无边的失望中弥漫，致使老人家逐渐地变得沉默寡言，神情木然，丧失了生命的活力。

多年以来，我的眼前经常浮现出熊岳城的望儿山的影像。

在巨钟般的峻峙如削的山体的顶端，矗立着一座四五米高的砖塔，远远望去，活脱脱地是一位披襟当风、翘首远望的老妈妈。远航归来的游子，只要抬眼望去，就会被这动人的形象牢牢地吸引住，油然生发出一种感慰之情，顿觉海上的风波、旅途的劳累消减了大半。他们晓得，老妈妈站在那里，是在远望着久出未归的儿子。“朝朝鹄立彩云间，石化千秋望子还”。

清代诗人魏燮均路过此地时，曾写诗咏叹：

山下行人去不返，山上顽石心不转。

天涯客须早还乡，莫使倚闾肠空断。

寥寥数语，令人恸心伤情，感怀无限。立刻，我想起了自己的母亲。

一

母亲从四十三岁时生下我来，到她老人家九十岁辞世，四十七年间，我们母子在一起，大约只有二十年上下。童年阶段过去，我便外出求学、就业，中间南北东西，离合聚散，说起来也是一言难尽了。那时，通讯条件很差，既没有电话可以联系，又找不到能够随时通报信息的人，寄信也不及时；母亲只有靠着推断，测定我的归期，总是早早地就站在外面瞭望，当然，十有八回收获的是失望。记得《战国策》中王孙贾的母亲对儿子说过这样的话：“汝朝出而晚来，则吾倚门而望；汝暮出而不还，则吾倚闾而望。”真是千古同怀。望，成了人世间母亲对儿女的主题词。

我从六岁开始，入私塾读书，每天晚上都要去温习夜课，无论刮风下雨、酷暑寒冬，年过半百的母亲，夜夜都要站在大门外面候望着我。回来时，家家都已熄灭了灯火，繁星在天，万籁俱寂，偶尔从谁家院子里传出来几声犬吠，显得分外凄厉而又响亮，我吓得大气都不敢出，心脏跳得嘣嘣的快，像是怀里揣着个小兔子，一溜烟地往回疯跑着，直到看见了母亲的身影，才大叫一声“妈妈”，然后扑在她的温暖的怀抱里。此刻，攻书的倦怠，赶路的惊恐，腹中的饥饿，身上的寒冷，一切都化解了。

劳累了一天的父亲已经睡下。不大工夫，母亲便把用猪油和葱花炒过的高粱米饭端到我的面前，然后装上一袋烟，坐在一边慢慢地抽着，直到我把米饭一粒不剩地吃完，她再安顿我睡下。但是，对于母亲，这一天的劳作并没有结束。寒冬腊月，夜间屋里一片冷清。母亲看着我钻进被窝，帮我把被子四下里掖紧，她又找出针线笸来，就着昏暗的豆油灯，一针一线地为我缝补着衣裳、鞋袜。有时半夜醒来，看到母亲还在小油灯下做活，微弱的灯光映着她那布满额上的皱纹和已经花白的头发，心里很不好受，往后穿着衣服、鞋袜也就比较仔细了。

我考取了县城中学的喜讯，给父亲、母亲带来了巨大的欣慰，但是，同时也增加了他们的忧虑和挂念。半个月时间里，这“一则以喜，一则以忧”成了全家人的中心话题。有生以来，我还头一次离开家门，远出求学，行前整个晚上，父亲、母亲都没有合眼。我也同样，睡得不好。醒转来，就发现两位老人面对面地坐着，不吭一声，默默地抽着烟、叹着气。几乎是动用了一切积蓄，为我备足了学费。早餐是丰盛的，包了菜饺子，炖了老母鸡，还蒸了一大碗鸡蛋糕，可是，谁也没有吃进去多少。素常寡言少语的母亲，一面帮我穿上新做的外衣，一面说：“往后，只能靠你自己照看自己了。”我哽噎着，说不出一句话，只有一串串泪珠滚落下来，算是无言的应答。

父亲三番几次催促我，可是，我就是不想上路。父亲背着行李走在前面，我却一步几回头，望着站在门前大沙岗上目送着我的母亲，她在遥遥地瞩望着，目送了好远好远，直到踪影不见了，才怅然而归。然后，她就计算着我可能归来的日子，依旧是站在大沙岗上，遥遥地瞩望着，瞩望着，数年如一日。

那天走在路上，我神情恍惚地反复默诵着清代诗人黄景仁的

《别老母》诗，心里很不是滋味。

> 搴帷拜母河梁去，白发愁看泪眼枯。
> 惨惨柴门风雪夜，此时有子不如无。

后来，听母亲告诉，我走了之后，她把平素我喜欢吃的东西，包括春节时腌在酱缸里的咸猪肉、端午节挂在房檐下的粽子，都精心留存下来。有一年，园子里结了个特大的香瓜，母亲说要留给我，一天到晚看守着，不许任何人动，直到熟透了，落了蒂，最后烂得捧不起来。

又过了二十几年，我们终于团聚了。但我还是经常外出开会，或者去工厂农村蹲点、调查。母亲几乎天天都站立在楼上的窗前，遥遥地望着，望着。渐渐地，老人家的眼睛看不清东西了，可是耳朵却异常灵敏，隔着很远，就能够辨识我的脚步声。只要告诉她，我在哪天返回来，母亲便会在这一天，拄着拐杖，从早到晚站在门里面，等着听到我的动静好顺手开门，直到把我迎进屋里。这时，老人家便再也支撑不住了，全身像瘫痪了一样，卧伏在床铺上。

二

在我的心目中，母亲就是家，家就是母亲。母亲、故乡、童年紧紧地联系在一起。正如一位大作家讲的，人即使到了七十岁、八十岁，只要老母亲还在，便可以多少还有点孩子气。一个人，若是失去了母亲，便像鲜花插在瓶子里，虽然还有色有香，却已经失去了根柢。

在母亲永远离开我们的时节，我的感觉，就是花儿离开了泥土，鸟儿无家可归，一天到晚，忽忽悠悠，心神不宁，像辞柯的黄叶飘飘荡荡，像懒散的白云浮漫无根。

那天我正在北京出差，突然接到家里传来的母亲病故的电报，立刻，脑袋就轰的一下，感到一阵晕眩。尽管老母亲已过耄耋之年，平常身体也不怎么好，但这个噩耗毕竟还是来得过于突然，一时我竟哽咽得说不出一句话来，两腿像瘫痪了一样，好一阵子站立不起来。我的眼前，模模糊糊地映现出老母亲伛偻的身影，可是，瞬息间便消失了。我马上意识到，从此，便和母亲人天永隔，再见面只能在魂梦中了。

乘坐火车赶回去奔丧，心里乱成了一团，分辨不出快慢来，忘记了昏晓，也失去了饥渴的感觉，觉得整个身心特别地疲倦，却又片刻也睡不着，整个意念都沉浸在无边的悲戚和痛苦的回忆里——

我的母亲出身于一个满族的世家，她的祖上爱新觉罗氏有几代都是清朝的文武官员。小时候，我在外祖父家的特大樟木箱里，看到过祖辈传下来的黄马褂、顶戴、雕翎和八股文试帖，记得还有一部朱笔点批的《朱子大全》，据说是很有些来头。

但我母亲并没有上过学，外祖父恪守着“女子无才便是德”的古训，尽管家境比较富裕，却不许女儿读书识字。母亲后来能够看些通俗的话本、鼓词，也能绊绊磕磕地读几句“子弟书”，都是在我父亲的熏陶渐染之下逐步习练的。

旧时婚姻讲究门当户对，可是，当时父亲却十分贫困。本来，我们祖上的家业也较为厚实，只是因为祖父英年弃世，父亲年岁又小，门衰祚薄，支撑不起这个家当，遂使家道中落。母亲以一个大家闺秀，突然经历这困苦的生涯，不仅没有丝毫怨言，而且，很快就适应了艰难的环境。她真像古代圣贤说的，“素富贵行乎富贵，素贫贱行乎贫贱”，称得上一个典型的贤妻良母型的东方女性。相夫教子，安贫乐道，全家上下、街坊邻里，无不交口称赞。

三

我有一个姐姐、两个哥哥。姐姐大我二十二岁，她非常聪慧，受家庭影响，从小读了许多文学作品，一部《红楼梦》，据她对父亲说，读过六七遍。每番读过，都是泪眼模糊，三两顿不想吃饭。不知患了什么病，在我两岁时她就故去了。听说，姐夫是一个电话接线生，夫妻感情非常深笃，当时悲痛欲绝。一天，他托起两岁的女儿，凄然地交给我的母亲，然后长跪在地下，连着叩了几个头，呜咽地说：“妈妈，给你增加了拖累，实在是对不起。原谅我这个不肖的儿男吧！”就在这个风雨凄其的当晚，鸿飞冥冥，一去便再无踪影。有的说他是出了家，有的说他是投了军，始终音信杳然。

这样，母亲便怀抱着我和外甥女这两个不懂事的孩子。我们整天嚷着要奶吃，母亲眼含着泪水，敞开衣襟，把两个已经干瘪的乳头分给我们一人一个。可是，由于吸吮不到奶水，两人又同时“哇哇”地哭叫起来。

外甥女出生在市井繁华的著名商埠营口，习惯了车水马龙、灯红酒绿的都市生活，乍一来到穷乡僻壤，油灯不明，道路不平，茅屋低矮，不见楼房、电车，不见熙熙攘攘的闹市，终日哭诉着要电灯，要上楼，要逛街，要妈妈。每一声哭闹，都牵动着母亲的思女之痛，仿佛尖利的钢针，一颗颗都扎在心窝上。

屋漏偏遭连夜雨。正在这令人肠断的日子里，我的二哥又病倒了。二哥大我十六岁。他还在读书时，就写得一手潇洒、俊逸的“赵体”字，三间屋里每面墙上，都有他的淋漓墨迹。不幸的是，在我三岁时，结核菌就夺去了他的年轻的生命。妈妈眼望着墙上鲜活的字迹，想起那突然消失了的活蹦乱跳的小伙子，泪水随之刷刷地流下。为了免去触景伤怀，睹物思人，父亲伤情无限地花费一整天时间，用菜刀把墙上的字迹一个个铲掉，然后再用抹泥板抹平。

时间老人的手里也操着一把抹泥板。随着岁月的迁移，父亲、母亲心上的伤痕慢慢地也有些平复了，脸上开始见了笑模样，话语也逐渐增多了。谁知，一波甫平一波又起，更惨痛的灾难又降临到了两位老人身上。

真是“衰门忍见死丧多”！二哥殁后三年，我的当瓦工的大哥患了疟疾，庸医误诊为伤寒，下了反药，出过一身凉汗之后，猝然就断气了，这一天正好是中秋节。人们都说，这种病即使不看医生，几天过后也会逐渐痊复的。父亲逢人就讲：“人间难觅后悔药，我真是悔青了肠子。”他根本不相信，健壮如牛的一个男儿，生命说完结就完结了。在床上停放了两整天，他和嫂嫂不合眼地枯守着，希望能看到哥哥长舒一口气，苏醒过来。最后，由于天气还热，实在放不住了，只好合棺入殓。尔后连续几天，父亲都在深夜里到坟头去转悠，幻想能听到哥哥在坟墓里的呼救声。面对着这场惊心动魄的打击，母亲孱弱的身躯再也难以承受了，足足病倒了三个月，形容枯槁，瘦骨支离，头发花白，终朝每日以眼泪洗面。但是从此以后，不管遇到怎样伤情的事，她也只是呜咽几声，再也哭不出眼泪来了，亲友们说她已经把泪水哭干了。

四

我们这一代，母亲还没有照看完，又开始把她衰迈的精力投放到下一代身上。结婚后，我们有了个小女孩，母亲爱怜备至。晚上搂在身旁，早晨起来以后，耐心地给她梳着小辫儿，扎着蝴蝶结、鸳鸯结、葫芦结，每天都变换一个花样。白天，像当年拉扯着我和外甥女那样，领着小孙女从后园子转到前院，又从前院爬坡到沙岗上，到处转悠着，讲各种各样的传说、故事，只是再也抱不动了。

看着老母亲苍苍的白发和伛偻的身躯，我想，她把整个一生都献给了儿孙。真个是："谁言寸草心，报得三春晖"！

父亲去世之后，母亲情怀抑郁，倍感孤寂，我护送她到三姨家里暂住一个时期。那是一个紧靠着辽河边的小村落，离县城大约有十华里。我们母子下了火车，来到县城。当时正处在"文革"初期，县里和农村都没有人管正事，群众临时在大堤上开辟一条道路，凸凹不平，还没有通公共汽车。我只好从朋友家里借了一辆自行车，让母亲坐在鞍座上，我在前面推着。

可是，她从来没有这样坐过，生怕跌下来，便紧紧地搂抱住我的腰。我一面要推车前进，一面还要回头照看母亲，非常费力，汗水湿透了棉衣．呼呼地喘着大气。母亲怜惜我，多次让我停下来休息一会儿。我说，天气太冷，还是快一点赶路吧，不然，容易把老人家冻感冒了。这一段原本不算太长的路程，我们足足走了两个半小时。

吃过了晚饭，三姨就把我安顿在滚热的炕头上早早躺下。这一天我确实很累，但是，心里却最踏实，最舒坦——我终于帮助母亲做了一点事。可惜，对我来说，这类机会实在是太少了。母亲为我、为孩子们操劳了一辈子，我长年在外，没有为老人尽过更多的孝心。即使我再苦再累，直到碎骨粉身，也难以酬报深恩大德于万一。

跟随我们进城之后，母亲时时想念着故里的乡亲。她经常催着小孙女给老家的亲朋故旧写信，每次都要在信尾捎上她的几句话。逢着有人自故乡来，她总是不知疲倦、不厌其烦地问长问短，从西邻的二婶、北院的三叔到屋后的枣树、门前的沙岗，都一一问遍。她说，最割舍不得的，是喝了几十年的门前那口井的甜水，从今以后，再也喝不到了。

老家来人的那几天，是她最快活、最精神的日子，白天也唠，晚上也唠，有时半夜醒来，还要接着唠个不停。几天过去，乡亲要回去了，她总要三番五次地挽留，舍不得放他们走开。

那时，家里还没有电视机，为了破除母亲的寂闷，我在工余之暇，常常到文化艺术馆去借一些母亲早年喜欢听的鼓词唱本，带回家去讲给她听。听着听着，她就抿着嘴乐了，脸上露出一种少见的笑容。

一次，听了我讲述《白蛇传》的故事之后，她高兴地插上了几句“子弟书”的唱词：“千错万错都是卑人的错，望娘子海量且容宽，从今再不信和尚的话，白头相守永无嫌。”——这些都是从前听我父亲吟唱时记下来的。

有时，看我太忙腾不出工夫来，她就让我的上了小学的女儿给她念，但小孙女毕竟识字有限，每当遇到一些陌生、难认的名字，像秦琼、哪吒、貂蝉、窦娥等就懵住了，还要由老祖母在一旁提词儿。老人家却乐得这样，总是兴致勃勃地听过一遍，再听一遍；同时，不住声地夸赞小孙女能够“识文断字”了。

五

母亲个性刚强、果断，自尊心强。“任可身子受苦，绝不让脸上受热。”这是她经常挂在嘴上的一句话。

她赋性严谨，口不轻言，平素很少和人开玩笑。对子女要求非常严格。在我四五岁的时候，有一次，她发现放在大柜里的几个特大的铜钱不知了去向，便怀疑是我偷偷拿出去换了糖球儿吃。于是，从早到晚审问我，逼着我承认。她铁青着脸，目光炯炯似剑，神态峻厉得有些吓人。我大声地哭叫着，极力为自己辩诬，并且，用拒绝吃饭、睡觉来表示抗议。母亲没办法，只好再一次翻箱倒柜，最后到底找到了，原来是记错了存放的地方。她长时间地紧紧地搂抱着我，深表悔慰之情，在尔后的几十年间，还曾多次提到这件事，感到过意不去。

我知道，母亲是在望子成龙的心理压力的驱使下，情急而出此。她看重的并不是几个铜钱，而是儿子的品格素质、道德修养。爱之愈深，责之愈切，律之则愈严。这一点，对我后来的为人处世，产生了深远的影响。在我成长的关键时刻，母亲对我进行一番生命的教育，把志气和品性传给了我，用的不是语言文字，而是行为。

小时候，还有一件事，留给我十分深刻的印象。我家院子里西厢房，住进了一位从山东搬迁过来的房客，我们称他“靳叔叔”。他人缘很好，可是同他说话必须大声叫喊，原来是个聋子。左邻右舍的婶子大娘们，看他“光杆子”一个，就给他提媒，把邻村一个智力有些缺陷的女人介绍给他。新娘比新郎年轻，手大、脚大、脸盘大，整天笑嘻嘻地，我们都叫她“笑婶”。“笑婶”特别喜欢戴花，只要上街，她就会拿出靳叔叔所有的钱把花买下。无论是真花假花，山花野花，见着了就往头上插，十朵二十朵，叠叠层层，满头花枝摇曳，然后，就对着镜子前后左右地照。却不懂得坐下来唠唠家常嗒儿，和丈夫说句体己话。办喜事那天，深更半夜里，聋子新郎一遍又一遍地催促着新娘脱衣服，可是，新娘却只是“呵呵呵”笑着，硬是不动弹。她越是在那里傻笑，新郎便越是恼火，最后，竟至蛮声蛮气地大吼起来：“你要脱裤啊！你怎么就不脱裤呢?”自此，“脱裤啊，脱裤啊”，成了村里的一个笑料。

这个“笑婶”确是有些“缺心眼”。妈妈看她不会做针线活，便将一件年轻时穿过的带大襟的旧棉袄送给她。不料，她却将前后两面颠倒过来穿反了，结果，费了很大劲也系不上纽扣，逗得人们在一旁窃笑。有时，在大门外，还会围上一群孩子、大人，抓住“笑婶”的一些话柄来耍笑她。每逢见到这种情景，妈妈都要喊我回家，不但不让我跟着掺和，连看热闹都不许。她很看重这类问题，总是严词厉色地告诫说，这样地取笑别人，是很不道德的，——痴也呆傻没有罪过。妈妈没有上过学，说不出来“尊重别人也就是尊重自己”和“己所不欲，勿施于人”、“恻隐之心，人皆有之”那番书本上的大道理，却极富同情心，总是设身处地，将人心比己心；而且，能从实际出发，讲出一条颇有些辩证色彩的“理论”：太阳爷不会总在一家头顶上红，三十年风水轮流转。上辈子聪明伶俐的，下辈人难免痴乜呆傻，现在你们笑人家，将来人家笑你们。

听说山东解放了，靳叔叔立刻返回老家，“笑婶”也不知了去向。一天，母亲打扫西厢房，无意间从棚顶上发现了一个小口袋，里面装有四块银洋。料想是靳叔叔唯恐“笑婶”乱花，私自藏起来的，过后却忘记了，没在离开时带走。当天晚上，母亲同全家人商量，想什么办法给靳叔叔捎回去。父亲说：“只听说他家在山东，可是，九州十府一百零八县，人海茫茫，到哪儿去找啊？你这个难题可不小。”可是，母亲并不死心，几乎问遍了屯里外出的人，人人都说：找那干啥？到街上割二斤肉、打一瓶酒，吃掉算了！即便是老靳仍然在世，恐怕连他自己也忘光了。可是，母亲并不这么想，她说：“人家血汗挣下的钱，我们迷着黑心眼子给花了，于良心有愧。”尔后过去了几十年，对此，她仍然耿耿在念，不能自释。钱，始终放在大柜底下，任何人都没有动过。

六

我从小就养成了一种爱玩水、爱鼓捣泥巴的习惯，特别是到了风天雨天，总愿意在大沙岗子上，无数次地爬上滚下。用现今的时髦话来说，叫做怀有一种“恋土情结”。我们可不要轻看它，追溯一番还是颇有来历的。记得《庄子·在宥》篇里，有这样一句富于哲理的话：“今夫百昌皆生于土而反于土”。意思是，而今万物都生长于泥土而又复归于泥土。但是，应该说明，我这种“恋土情结”的形成，却并非来自书本，而是自小由母亲灌输给我的。

母亲不可能知道古圣先贤笔下的高言傥论，更没有读过源于西方文明的《圣经·创世纪》，可是，她却郑而重之地告诉过我：咱们世上的人，都是天皇爷用泥巴捏出来的。看着那一个个动来动去、呆头呆脑的小东西，天皇爷便往他们鼻孔里吹气，一天吹三次，吹了七七四十九天，这些小东西才有了灵性，动了心思。这个胎里带来的根基，使得人一辈子都要和泥土打交道，土里刨食，土里找水，土里求生，土里扎根；最后，到了脚尖朝上、辫子翘起那一天，又复归于泥土之中。

母亲还说，不亲近泥土，孩子是长不大的。也许是为了让我快快长大吧，从落生那天起，母亲就叫我亲近泥土——不是用布块裁成的褯子包裹，而是把我直接摊放在烧得滚热、铺满细沙的土炕上，身上随便搭一块干净的布片。沙土随时更换，既免去了洗洗涮涮的麻烦，又可以增进身体健康，据说，这样侍候出来的孩子，长大之后不容易患关节炎。

原来，那白里透黄、细碎洁净的沙子，是我们当地的一种土特产。用处可多着哩。舀上一撮子放进铁锅里，烧热了可以炒花生、崩爆米花，不生不糊，酥脆可口，——那味道儿，走遍了天涯也忘怀不了。遇上连雨天，屋地泛潮了，潮虫乱乱营营地满地爬着，只要把沙子烧得滚烫，倒在地上，笤帚慢慢地一扫，地很快就干爽了。各家盘炕时，总要往炕洞里填进许多沙子，热量积存在沙子里，徐徐地往外散发，炕面便整夜温乎着。沙子还能治病。劳累了一辈子的老年人，常常闹身子骨酸痛，夏天找一处向阳的沙滩，只穿一个裤头，把整个身子埋进去，不出一个时辰就会满身透汗，酸啊痛哪，一股脑儿都跑到爪哇国了。因此，当本地姑娘嫁到外村时，在送亲车上，除了装上新做的被褥、备用的摇篮，还要特意带上几袋细沙子。

我的“恋土情结”达到最高潮，是在乱跑乱跳、疯淘疯炸的年龄段上。那时，整天在外面摸爬滚打，成了地地道道的泥孩儿。夜晚光着脚板在河边上举火照蟹，白天跳进池塘里捕鱼捉虾，或者踏着黑泥在苇丛中钻进钻出，觅雀蛋、摘苇叶，再就是成天和村里的顽童们打泥球仗。一般情况下，母亲是不加管束的，只是看到我的身子太脏了，便不容分说，将我脱得光光的，然后按在一个过年时用来宰猪退毛的大木盆里，里面灌满了温水，再用丝瓜瓤儿蘸着肥皂沫，把全身上下搓洗一通。

泥土伴着童年，连着童心，滋润着蓬勃、旺盛的生机活力。可以说，我的整个少年时代都是在泥土中摔打过来的。

七

母亲去世前一年，我奉调到省城工作，这是和家人团聚几年之后，又一次远离家门。老人家当时身体已经很衰弱了，打心眼里不情愿我走，但是，她知道我是“公家人”，一身不能由己，最后还是忍痛放行了。告别时，久久地拉着我的手不放，一再地嘱咐：“往后是见一次少一次了。只要能抽出身，就回来看我一眼。”听了，我的心都有些发颤，刷地眼泪就流了下来。后来听妻子说，我走后还不到一星期，母亲就问小孙女：“你爸爸已经走一两个月了，怎么还不回来看看？”

每当听到人们唱《烛光里的妈妈》，我总是想，母亲所体现的正是一种红烛精神。为了子女，她不惜把自己的一切都化作烛光，直到燃尽最后一滴蜡泪。她慷慨无私，心甘情愿地承受着百般劳苦，不为名不为利，也不需要任何报偿。她唯一的希望，就是年迈之后，儿子、媳妇，孙儿、孙女，不要把她遗忘了。

她对个人生活的要求，十分简单，非常有限，什么锦衣玉食、华堂广厦，对她来说，并没有实际价值；她只是渴望，有机会多和儿孙们在一起谈谈心，唠唠家常，以排遣晚年难耐的无边寂寞。特别是喜欢回忆晚辈的一些儿时旧事，因为老年人终朝每日，都生活在忆念与盼望之中。

无分贵贱贫富，应该说，这是十分廉价、极易达到的要求。可是，十有八九，我们做儿女的却没能给予满足。我就是这样。那时节，整天都在奔波忙碌之中，没有足够地理解母亲的心思、重视母亲的真正需要，对于母亲晚年的孤寂情怀体察得不深，缺乏感同身受的体验，没能抽出时间多回家看看，忽略了要和老母亲聊聊天，更谈不到给予终生茹苦含辛的母亲以生命的补偿了。

结果，老人常常深深陷于一种莫名的寂闷之中。这种寂闷，在痛苦的思念中发酵，在热切的期待中膨胀，在无边的失望中弥漫，致使老人家逐渐逐渐地变得沉默寡言，神情木然，丧失了生命的活力。

二十年过去了，有时看到桌上的电话，心里还一阵阵地觉着难过。现在，即使远在千里万里之外，只要拨个电话，就可以随便和家人欢谈。可是，那时家里却没有这种条件。记得到省城工作后，赶上过端午节，我想到应该给老母亲捎个话，问候问候，告诉她我一切都好，不要挂念。于是，就往我原来所在的机关拨个电话，请为转告。听说，老母亲欣慰之余，又不无遗憾地对那位传话的同志说，她实在走动不了啦，不然，一定跟他到机关去，在电话里听听我的声音，亲自同我交谈几句。

在漫长的岁月里，老人家为儿女们的成长、升腾，一步步地搭设台阶，架桥铺路。可是，她可曾料到：路就桥成之日，恰是儿女高飞远翥之时？最后，只剩她一个人“茕茕孑立，形影相吊”

了。

《光明日报》曾开辟“永久的悔”专栏，如果说，我也有永久的悔，那就是在母亲的有生之日，特别是晚年，我同她交流得太少了，我在她的身边为时过于短暂了。“树欲静而风不止，子欲养而亲不待。”现在，只能抱憾于无穷，椎心刺骨也好，呼天抢地也好，一切一切，都无济于事了。

嫂子：
碗花糕

关于嫂嫂的相貌、模样，我至今也说不清楚。在孩子的心目中，似乎没有俊丑的区分，只有“笑面”或者“愁面”的感觉。我的嫂嫂生成了一张笑脸，两道眉毛弯弯的，一双水泠泠的大眼睛总带着甜丝丝的盈盈笑意。

疼我爱我的嫂嫂去世了，我感到无限的哀伤，今生今世再也见不到我的嫂嫂，也再见不到那个浅花瓷碗了。

一

小时候，一年到头，最欢乐的日子要算是旧历除夕了。

除夕是亲人欢聚的日子。行人在外，再远也要赶回家去过个团圆年。而且，不分穷家富家，到了这个晚上，都要尽其所能痛痛快快地吃上一顿。母亲常说：“打一千，骂一万，丢不下三十晚上这顿饭。”老老少少，任谁都必须熬过夜半，送走了旧年、吃过了年饭之后再去睡觉。

我的大哥在外做瓦工，一年难得回家几次，但是，旧历年、中秋节却绝无例外地必然赶回来。到家后，第一件事是先给水缸满满地挑上几担水，然后再抡起斧头，劈上一小垛劈柴。到了除夕之夜，先帮嫂嫂剁好饺馅，然后就盘腿上炕，陪着祖母和父亲、母亲玩纸牌。剩下的置办夜餐的活，就由嫂嫂全包了。

一家人欢欢乐乐地说着笑着。《笑林广记》上的故事，本是寥寥数语，虽说是笑话，但“包袱”不多，笑料有限。可是，到了父亲嘴里，敷陈演绎，踵事增华，就说起来有味、听起来有趣了。原来，自幼他曾跟“说书的”练习过这一招儿。他逗大家笑得前仰后合，自己却顾自在一旁“吧嗒、吧嗒”地抽着老旱烟。

我是个“自由民”，屋里屋外乱跑，片刻也停不下来。但在多数情况下，是听从嫂嫂的调遣。在我的心目中，她就是戏台上头戴花翎、横刀立马的大元帅。此刻，她正忙着擀面皮、包饺子，两手沾满了面粉，便让我把摆放饺子的盖帘拿过来。一会儿又喊着：“小弟，递给我一碗水！”我也乐得跑前跑后，两手不闲。

到了亥时正点，也就是所谓“一夜连双岁，五更分二年”的时刻，哥哥领着我到外面去放鞭炮，这边饺子也包得差不多了。我们回屋一看，嫂嫂正在往锅里下饺子。估摸着已经煮熟了，母亲便在屋里大声地问上一句：“煮挣了没有？”嫂嫂一定回答：“挣了。”母亲听了，格外高兴，她要的就是这一句话。——“挣了”，意味着赚钱，意味着发财。如果说“煮破了”，那就不吉利了。

热腾腾的一大盘饺子端了上来，全家人一边吃一边说笑着。突然，我喊：“我的饺子里有一个钱。”嫂嫂的眼睛笑成了一道缝，甜甜地说：“恭喜，恭喜！我小弟的命就是好！”旧俗，谁能在大年夜里吃到铜钱，就会长年有福，一顺百顺。哥哥笑说，怎么偏偏小弟就能吃到铜钱？这里面一定有说道，咱们得检查一下。说着，就夹起了我的饺子，一看，上面有一溜花边儿，其他饺子都没有。原来，铜钱是嫂嫂悄悄放在里面的，花边也是她捏的，最后，又由她盛到了我的碗里。谜底揭开了，逗得满场轰然腾笑起来。

父母膝下原有一女三男，早几年，姐姐和二哥相继去世。大哥、大嫂都长我二十岁，他们成婚时，我才一生日多。嫂嫂姓孟，是本屯的姑娘，哥哥常年在外，她就经常把我抱到她的屋里去睡。她特别喜欢我，再忙再累也忘不了逗我玩，还给我缝制了许多衣裳。其时，母亲已经年过四十了，乐得清静，便听凭我整天泡在嫂嫂的屋里胡闹。后来，嫂嫂自己生了个小女孩，也还是照样地疼我爱我亲我抱我。有时我跑过去，正赶上她给小女儿哺乳，便把我也拉到她的胸前，我们就一左一右地吸吮起来。

但我印象最深刻的，还是嫂嫂蒸的“碗花糕”。她有个舅爷，在京城某王府的膳房里混过两年手艺，别的没学会，但做一种蒸糕却是出色当行。一次，嫂嫂说她要“露一手”，不过，得准备一个大号的瓷碗。乡下僻塞，买不着，最后，还是她回家把舅爷传下来的浅花瓷碗捧了过来。

一个面团是嫂嫂事先和好的，经过发酵，再加上一些黄豆面，搅拌两个鸡蛋和一点点白糖，上锅蒸好。吃起来又甜又香，外暄里嫩。家中每人分尝一块，其余的全都由我吃了。

蒸糕做法看上去很简单，可是，母亲说，剂量配比、水分、火候都有讲究。嫂嫂也不搭言，只在一旁甜甜地浅笑着。除了做蒸糕，平素这个浅花瓷碗总是嫂嫂专用。她喜欢盛上多半碗饭，把菜夹到上面，然后，往地当央一站，一边端着碗吃饭，一边和家人谈笑着。

二

关于嫂嫂的相貌、模样，我至今也说不清楚。在孩子的心目中，似乎没有俊丑的区分，只有“笑面”或者“愁面”的感觉。小时候，我的祖母还在世，她给我的印象，是终朝每日愁眉不展，似乎从来也没见到过笑容；而我的嫂嫂却生成了一张笑脸，两道眉毛弯弯的，一双水泠泠的大眼睛总带着甜丝丝的盈盈笑意。

不管我遇到怎样不快活的事，比如，心爱的小鸡雏被大狸猫捕吃了，赶庙会母亲拿不出钱来为我买彩塑的小泥人，只要看到嫂嫂那一双笑眼，便一天云彩全散了，即使正在哭闹着，只要嫂嫂把我抱起来，立刻就会破涕为笑。这时，嫂嫂便爱抚地轻轻地捏着我的鼻子，念叨着：“一会儿哭，一会儿笑，小鸡鸡，没人要，娶不上媳妇，瞎胡闹。”

待我长到四五岁时，嫂嫂就常常引逗我做些惹人发笑的事。记得一个大年三十晚上，嫂嫂叫我到西院去，向堂嫂借枕头。堂嫂问：“谁让你来借的？”我说：“我嫂。”结果，在一片哄然笑闹中被二嫂“骂”了出来。二嫂隔着小山墙，对我嫂嫂笑骂道：“你这个闲×，等我给你撕烂了。”我嫂嫂又回骂了一句什么，于是，两个院落里便伴随着一阵阵爆竹的震响，腾起了“叽叽嘎嘎”的笑声。原来，旧俗：三十晚上到谁家去借枕头，等于要和人家的媳妇睡觉。这都是嫂嫂出于喜爱，让我出洋相，有意地捉弄我，拿我开心。

还有一年除夕，她正在床头案板上切着菜，忽然一迭连声地喊叫着：“小弟，小弟！快把荤油罐给我搬过来。”我便趔趔趄趄地从厨房把油罐搬到她的面前。只见嫂嫂拍手打掌地大笑起来，我却呆望着她，不知是怎么回事。过后，母亲告诉我，乡间习俗，谁要想早日“动婚”，就在年三十晚上搬动一下荤油坛子。

嫂嫂虽然没有读过书，但十分通晓事体，记忆力也非常好。父亲讲过的故事、唱过的“子弟书”，我小时在家里“发蒙”读的《三字经》、《百家姓》，她听过几遍后，便能牢牢地记下来。我特别贪玩，家里靠近一个大沙岗，整天跑到那里去玩耍。早晨，父亲布置下两页书，我早就忘记背诵了，她便带上书跑到沙岗上催我快看，发现我浑身上下满是泥沙，便让我就地把衣服脱下，光着身子坐在树荫下攻读，她就跑到沙岗下面的水塘边，把脏衣服全部洗干净，然后晾在青草上。

我小时候又顽皮，又淘气，一天到晚总是惹是生非。每当闯下祸端父亲要惩治时，总是嫂嫂出面为我讲情。这年春节的前一天，我们几个小伙伴随着大人到土地庙去给“土地爷”进香上供，供桌设在外面，大人有事先回去，留下我们在一旁看守着，防止供果被猪狗扒吃了，挨过两个时辰之后，再将供品端回家去，分给我们享用。所谓“心到佛知，上供人吃”。

可是，两个时辰是很难熬的，于是，我们又免不了起歪作祸。家人走了以后，我们便悄悄地从怀里摸出几个偷偷带去的“二踢脚”（一种爆竹），分别插在神龛前的香炉上，然后用香火一点燃，只听“劈——叭”一阵轰响，小庙里面便被炸得烟尘四散，一塌糊涂。我们却若无其事地站在一旁，欣赏着自己的“杰作”。

自以为神不知鬼不觉，哪晓得，早被邻人发现了，告到了我的父亲那里。我却一无所知，坦然地溜回家去。看到嫂嫂等在门前，先是一愣，刚要向她炫耀我们的“战绩”，她却小声告诉我：一切都“露馅”了，见到父亲二话别说，立刻跪下，叩头认错。

我依计而行，她则“爹长爹短”地叫个不停，赔着笑脸，又是装烟，又是递茶，父亲渐渐地消了气，叹说了一句：“长大了，你能赶上嫂嫂一半，也就行了。”算是结案。

我家养了一头大黄牛，哥哥春节回家度假时，常常领着我逗它玩耍。他头上顶着一个花围巾，在大黄牛面前逗引着，大黄牛便跳起来用犄角去顶，尾巴翘得老高老高，吸引了许多人围着观看。这年秋天，我跟着母亲、嫂嫂到棉田去摘棉花，顺便也把大黄牛赶到地边去放牧。忽然发现它跑到地里来嚼棉桃，我便跑过去扬起双臂轰赶。当时，我不过三四岁，胸前只系着一个花兜肚，没有穿衣服。大黄牛看我跑过来，以为又是在逗引它，便挺起了双角去顶我，结果，牛角挂在兜肚上，我被挑起四五尺高，然后抛落在地上，肚皮上划出了两道血印子，周围的人都吓得目瞪口呆，母亲和嫂嫂“呜呜”地哭了起来。

事后，村里人都说，我捡了一条小命。晚上，嫂嫂给我做了“碗花糕”，然后，叫我睡在她的身边，夜半悄悄地给我“叫魂”，说是白天吓得灵魂出窍了。

三

每当我惹事添乱，母亲就说：“人作（读如昨）有祸，天作有雨。”果然，乐极悲生，祸从天降了。

在我五岁这年，中秋节刚过，回家休假的哥哥突然染上了疟疾，几天下来也不见好转。父亲从镇上请来一位安姓的中医，把过脉之后，说怕是已经转成了伤寒，于是，开出了一个药方，父亲随他去取了药，当天晚上哥哥就服下了，夜半出了一身透汗。

清人沈复在《浮生六记》中，记载其父病疟返里，寒索火，热索冰，竟转伤寒，病势日重，后来延请名医诊治，幸得康复。而我的哥哥遇到的却是一个“杀人不用刀”的庸医，由于错下了药，结果，第二天就死去了。人们都说，这种病即使不看医生，几天过后也会逐渐痊复的。父亲逢人就讲：“人间难觅后悔药，我真是悔青了肠子。”

他根本不相信，那么健壮的一个小伙子，眼看着生命就完结了。在床上停放了两整天，他和嫂嫂不合眼地枯守着，希望能看到哥哥长舒一口气，苏醒过来。最后，由于天气还热，实在放不住了，只好入殓，父亲却双手捶打着棺材，死命地叫喊；我也呼着号着，不许扣上棺盖，不让钉上铆钉。尔后又连续几天，父亲都在深夜里到坟头去转悠，幻想能听到哥哥在坟墓里的呼救声。由于悲伤过度，母亲和嫂嫂双双地病倒了，东屋卧着一个，西屋卧着一个，屋子里死一般的静寂。原来雍雍乐乐、笑语欢腾的场面再也见不到了。我像是一个团团乱转的卷地蓬蒿，突然失去了家园，失去了根基。

冬去春来，天气还没有完全变暖，嫂嫂便换了一身月白色的衣服，衬着一副瘦弱的身躯和没有血色的面孔，似乎一下子苍老了许多。其实，这时她不过二十五六岁。父亲正筹划着送我到私塾里读书。嫂嫂一连几天，起早睡晚，忙着给我缝制新衣，还做了两次“碗花糕”。不知为什么，吃起来总觉着味道不及过去了。母亲看她一天天瘦削下来，说是太劳累了，劝她停下来歇歇。她说，等小弟再大一点，娶了媳妇，我们家就好了。

一天晚上，坐在豆油灯下，父亲问她下步有什么打算。她明确地表示，守着两位老人、守着小弟弟、带着女儿过一辈子，哪里也不去。

父亲说："我知道你说的是真心话，没有掺半句假。可是，……"

嫂嫂不让父亲说下去，呜咽着说："我不想听这个'可是'。"

父亲说："你的一片心情我们都领了。无奈，你还年轻，总要有个归宿。如果有个儿子，你的意见也不是不可以考虑；可是，只守着一个女儿，孤苦伶仃的，这怎么能行呢？"

嫂嫂说："等小弟长大了，结了婚，生了儿子，我抱过来一个，不也是一样吗？"

父亲听了长叹一声："咳，真像'杨家将'的下场，七郎八虎，死的死，亡的亡，只剩下一个无拳无勇的杨六郎，谁知将来又能怎样呢？"

嫂嫂呜呜地哭个不停，翻来覆去，重复着一句话："爹，妈！就把我当做你们的女儿吧。"嫂嫂又反复亲我，问"小弟放不放嫂嫂走"，我一面摇晃着脑袋，一面号啕大哭。父亲、母亲也伤心地落下了眼泪。这场没有结果的谈话，暂时就这样收场了。

但是，嫂嫂的归宿问题，终竟成了两位老人的一块心病。一天夜间，父亲又和母亲说起了这件事。他们说，论起她的贤惠，可说是百里挑一，亲闺女也做不到这样。可是，总不能看着二十几岁的人这样守着我们。我们不能干那种伤天害理的事，我们于心难忍啊！

第二天，父亲去了嫂嫂的娘家，随后，又把嫂嫂叫过去了，同她母亲一道，软一阵硬一阵，再次做她的思想工作。终归是"胳膊拧不过大腿"，嫂嫂勉强地同意改嫁了。两个月后，嫁到二十里外的郭泡屯。

我们那一带的风俗，寡妇改嫁，叫"出水"，一般都悄没声的，不举行婚礼，也不坐娶亲轿，而是由娘家的姐妹或者嫂嫂陪伴着，送上事先等在村头的婆家的大车，往往都是由新郎亲自赶车来接。那一天，为了怕我伤心，嫂嫂是趁着我上学，悄悄地溜出大门的。

午间回家，发现嫂嫂不在了，我问母亲，母亲也不吱声，只是默默地揭开锅，说是嫂嫂留给我的，原来是一块碗花糕，盛在浅花瓷碗里。我知道，这是最后一次吃这种蒸糕了，泪水刷刷地流下，无论如何也不能下咽。

每年，嫂嫂都要回娘家一两次。一进门，就让她的侄子跑来送信，叫父亲、母亲带我过去。因为旧俗，妇女改嫁后再不能登原来婆家的门，所谓“嫁出的媳妇泼出的水”。见面后，嫂嫂先是上下打量我，说“又长高了”，“比上次瘦了”，坐在炕沿上，把我夹在两腿中间，亲亲热热地同父母亲拉着话，像女儿见到爹妈一样，说起来就没完，什么都想问，什么都想告诉。送走了父亲、母亲，还要留我住上两天，赶上私塾开学，早晨直接送我到校，晚上再接回家去。

后来，我进县城、省城读书，又长期在外工作，再也难以见上嫂嫂一面了。听说，过门后，她又添了四个孩子，男人大她十几岁，常年哮喘，干不了重活，全副担子落在她的肩上，缝衣，做饭，喂猪，拉扯孩子，莳弄园子，有时还要到大田里搭上一把，整天忙得“脚打后脑勺子”。由于生计困难，过分操心、劳累，她身体一直不好，头发过早地熬白，腰也直不起来了。可是，在我的梦境中、记忆里，嫂嫂依旧还是那么年轻，俊俏的脸庞上，两道眉毛弯弯的，一双水泠泠的大眼睛总带着甜丝丝的盈盈笑意……

又过了两年，我回乡探亲，母亲黯然地说，嫂嫂去世了。我感到万分地难过，连续几天睡不好觉，心窝里堵得慌。觉得从她的身上得到的太多太多，而我所给予她的又实在太少太少，真是对不起这位母亲一般地亲我、爱我、怜我、疼我的高尚女性。引用韩愈《祭十二郎文》中的话，正是“汝病吾不知时，汝殁吾不知日，生不能相养以共居，殁不能抚汝以尽哀，殓不凭其棺，窆不临其穴”，“彼苍者天，曷其有极！”

一次，我向母亲偶然问起嫂嫂留下的浅花瓷碗，母亲说：“你走后，我和你父亲加倍地感到孤单，越发想念她了，想念过去那段一家团聚的日子。见物如见人。经常把碗端起来看看，可是，你父亲手哆嗦了，碗又太重，……”

就这样，我再也见不到我的嫂嫂，再也见不到那个浅花瓷碗了。

小好姐：
绿窗人去远

她时时处处关心着，照应着我。要看她待我的那种真诚，那份情意，简直像我的亲姐姐一样，其实，我们之间没有任何亲属关系。遗憾的是，由于我当时年龄太小，不懂得感情上的事，对于她没有过任何的回报，甚至连一句感激的话都没有表露过。

我想了一下，这篇回忆文字需要从我整理旧书说起。

我念过八年私塾，读过的、收藏的旧书不少，“三、百、千”、“四书五经”，连同那些铜版、木版刻印的古代诗文选本、专集，以及部分史学名著，加起来总有一二百本吧。那淡淡的书香中，不仅埋藏了我的辛劳、凄苦的童年，浸透着近三千个日日夜夜的心血；而且，许多书册上都留存着塾师的“手泽”——封面上有他用正楷题写的书名和我的名字，书页上还有他用朱笔点出的断句。

因此，半个世纪以来，我一直刻意地珍藏着。它们跟着我从僻远的荒村走进了县城，又从县城到了我曾工作过二十多年的城市，近十几年，又随着我来到了省城。其间，它们也像人事一样，经历过甘甜，也遇到过苦难，甚至面临着毁灭的危险。说来，我们也是患难之交了。虽然那些书里没有什么珍本、善本，并不具备特殊的收藏价值，但是，“书卷多情似故人”，毕竟存在一种难剪难理的深厚感情。

“文化大革命”的狂潮刚刚涌起，“破四旧”就开始了。那时，我刚刚从一家报社调到市委机关工作，行李和物品零乱地堆放在楼上一间暂时没有住人的空屋子里。这些锁在木箱里的旧书，也随之原封不动地运到楼上，已经很久很久没有打开过了。我整天提心吊胆地关注着这些旧书的命运，唯恐那些难以理喻、思想单纯的中学生，会把它们作为“四旧”的典型付之一炬，可是，又苦于找不到一个理想的掩藏处所。为此，常常中夜惊悚，忧心如捣。

一天，我在窗外闲步，突然发现这座楼房原是尖顶的，就是说，上面装有木质的桁架。那么，天花板上必然有着很大的空隙了。回屋看了看，墙后果然有个可以直达棚顶的缘梯。于是，便在一天深夜，悄悄地把书箱搬到棚顶上去，密藏起来，然后，再把缘梯撤除。化用朱熹老夫子《九曲棹歌》中的两句诗，从此，也就“虹桥一断无消息，万卷千篇锁翠烟”了。

尔后，“破四旧”的飓风虽然止息，其他名目繁多的“批判”、“斗争”却还是一场接着一场，而且愈演愈烈。随着我连续几年下放工厂、农村劳动改造，再就很少进入这座楼房来住宿了，更是难以提起展读旧书的兴致。直到机关给我分配了住房，家里从农村迁回城市，一切都安顿得差不多了，我才重新架起梯子，钻到顶棚上，沾着浑身满脸的灰尘，把旧书箱搬运下来。屈指一算，已经八个年头过去了。

这天，我敲开了木箱的锈锁，把那些线装书一本一本地放到太阳底下晾晒着。顿时，仿佛我又回到了童年，像三十年前那样，依旧坐在塾斋的炕上。其中的“四书”（《大学》、《中庸》、《论语》、《孟子》）是用一条布带子打着“十”字花捆起来的，解开布带，见到每页的书角，全都用蜡液熨过，使得那些因为翻检频繁、边角有些打卷儿的书页，变得十分平整了。我想起来了，这都出自小好姐当年的手泽。

记得，那是1948年的秋天，小好姐看我早就读了《诗经》、《书经》等一大批新书，“四书”已经放在一边不用了，便把这一摞旧书收在一起，带回她的房间里。多少天以后，重新放置在我的书桌里的“四书”，已经熨得平平展展，简直像新的一样。我现在记不起来，这布条是她捆的还是我捆的，反正从那以后，这一套书我再也没有翻检过。因为过了旧历年，我就进入了高升镇上的补习班，半年后又考取了县城的中学。此后，面对的是全新的视野，便再也没有机缘接触这些旧书了。

现在，翻看着这一册册的线装书，有如旧梦重温，说不出味道是酸是甜，情绪是悲是喜，也许是几分欣慰又夹杂着丝丝的怅惘吧。翻着翻着，我突然发现《论语》上卷里夹着一张写在带格的彩纸上的字条。铅笔字，不怎么熟练，有些歪歪扭扭，却写得十分认真。三十几个字，都是竖着写的（标点是我加的，改了两个错别字）：

> 我要走了，也许以后我们再也不能见面了。嘱咐一句话：你太淘气，闹了几次危险了。

尽管过去没有见过小好姐的字，但我知道肯定是她写的，不会是别人。

二

小妤姐是谁？她是我的塾师刘璧亭先生的小女儿。

要看她待我的那种真诚，那份情意，简直像我的亲姐姐一样，其实，我们之间没有任何亲属关系。在我整个就读私塾期间，除了“嘎子”这个铁哥们，还有一个“课外指导”，就是小妤。

她小小年纪便遭遇到惨痛的不幸。十岁那年，在警察署长家充任家庭教师的母亲，因为遭到东家的奸污而含愤跳进了辽河。嫁到邻县的姐姐把小妤接了过去。待到刘先生在我们村里安顿下来，她又从姐姐那里回到父亲身旁。父亲受“女子无才便是德”的封建思想影响，不让她念书识字。可是，由于她赋性聪敏，又兼较长时期在私塾这种文化环境里熏陶，也懂得许多文化知识。她认识许多字，而且，会背《名贤集》、《神童诗》中的不少诗句。

可能和从小就失去母爱有关系，她的性格有些内向，也比较孤僻，平素很少和邻居的孩子们交往，但与我却很合得来，用现在的话讲，共同语言比较多。我虽然小她四岁，个子却和她一般高，生就一副“孩子王”的英雄气概，又兼天资颖悟，课业拔尖，因此，很受她的青睐。每天，我到塾斋都很早，趁老先生还在吃饭，她就过来和我闲谈，还常常偷偷地拿出一些花生米和糖块给我吃。一次，悄悄地告诉我，父亲昨天晚上犯了烟瘾，早晨起来就没有好气，让我背书时多加小心。

背书，都要站在地上，背对着老先生，面向着北墙上的孔夫子像。有几次，我从侧面的门帘缝隙，看到小妤姐隐在门外的身影。我知道，她是在偷偷地听我背书，生怕我出现差错，遭致斥责。我那时特别贪玩，在复习功课时，经常从炕席上拆下一些苇篾，弯作弹弓，去弹射他人，以致时间一长，屁股底下便破出一个大窟窿。她便悄悄地把牛皮纸抹上糨糊加以粘补，有时，还趁同学放学回家，把苇席调换一个角度。这样，我也就可以继续干那种拆折苇篾、弹射别人的淘气勾当了。多少天以后，屁股底下又出现了漏洞，小好姐便再次地耐心粘补，看不到有丝毫的厌烦情绪。遇到夜黑天，伸手不见五指，路上绝少行人，我念完三排香的“夜书”回家时，她总是拎起门后的一条木棒，往前护送一程，然后，自己再独自回去。

过大年前后，私塾临时停学几天，我便常常跟着小好姐到前村去看戏。戏台距离地面有五尺高，用木板搭成，坐北朝南，台下挤满了看客，周边都是卖各种小吃的。到了那里，小好姐总是先去给我买个大麻花或带窟窿的烧饼，然后，我就一边吃着一边观看。这天，我们看到了最精彩的节目。台上跑着一只金钱豹，神气活灵活现，简直和真的一样，一蹿，一闪，一跳，一滚，博得了满场的掌声。

还有一个武生，出场时，先是威风抖擞地亮个俊相，然后把一支钢叉朝着戏台上方飞掷过去，不偏不倚，端端正正，恰好扎在戏台的柱子上。亏得他功夫到家，扎得准，不然，稍稍出了一点偏差，飞叉就会掷到台下，扎在看客的脑袋上。尽管没有出现事故，台下的人群早已慌作一团，吓得一个劲儿地“妈呀—妈呀”地乱叫，过了好一会儿，才想起来拍巴掌喝彩。这时，武生却已踅回台后去了。我还瞪着一双眼睛，定定地等着看他的新招法，小好姐却不容分说，拉起我的胳膊就往外走，嘴里一迭连声地叨咕着：“白给咱八百吊钱，也不看了，——太危险。”

在家里闲不住，我们便去村子东头看高跷秧歌。广场上的人，围得里三层外三层，唢呐翻着样儿吹，铙钹、锣鼓敲得震天价响。钻到里面一看，扮武丑的“头跷”刚好转到我们的身边。见他头戴着一顶黑尖帽，勾了个三花脸，嘴角旁留着个倒“八”字胡，手里摇着一条马鞭，左翻右摆，闪腰垫步，跳着各种秧歌的舞步。后面紧跟着大队人马，认得出来的有许仙、白蛇、孙悟空、猪八戒一流人物。

最有趣的是那个丑婆，身穿一套花衣红裤，耳朵上缀着两只红辣椒，手里攥着一把棒槌，嘴上还叼着一个烟管很长的大烟袋，搔首弄姿，忸怩作态，洋相百出。当她发现许仙和白娘娘正在眉目传情、亲亲热热地翩翩对舞时，便忙不迭地跳过去，抡起棒槌捣乱，一而再、再而三地加以干涉。我已经看得入神，张着大嘴呵呵地笑，小妤姐却把嘴巴凑到我的耳边，嘟囔了一句：“你看这个老东西，烦人不烦人？”

三

这里，顺便说说小妤姐的字条上写的“淘气闹了几次危险”的事。

在《青灯有味忆儿时》一文中，我写了由于塾斋闹学受到惊吓，病倒了三个多月。那期间，小妤姐曾多次到家里去看我，还给我做鸡蛋疙瘩汤吃；每次老师去家里探视，她都要随着前去。

还有一次，我站在秫秸垛上与隔院的孩子打土坷垃仗，脚下一出溜，不慎滑进了两个秫秸垛的夹缝里。秫秸的茬子尖尖的，像锋利的枪刺一般，把我全身的皮肤划出了十几处伤口，这样，人们还说：“太幸运了，多亏没有扎着眼睛。”最尴尬的是，处在两个柴垛的夹缝中，左右动弹不得，往哪面靠都有尖刺顶着，而且，根本无法出来。最后，还是由我父亲和东邻的二哥帮忙，把秫秸一捆一捆地捣动开，才算解救出来。

最危险的那一次，我在《碗花糕》一文中写了，是被牛犄角挑起四五尺高，然后抛落在地上，肚皮划出了两道血印子，周围的人都吓得目瞪口呆。事后，人们都说我捡了一条小命。

听到我讲述这些情节，小妤姐一会儿焦急，一会儿惊悸，喃喃地说："简直把人吓死了，你可不能再这么闹下去。"过了一会，又补充一句："我父亲讲过，多难之人，必有厚福。——你是一个命大、有福的人。"

她就是这样对我一片真情，时时处处关心着，照应着我。只是，由于我当时年龄太小，不懂得感情上的事，对于她没有过任何的回报，甚至连一句感激的话都没有表露过。

有一次，我们坐在一起闲谈，说起了她的名字。她说：

"父亲已经四十多岁了，才有了我，因此，开头我的大名叫做'晚芳'，后来，他又根据一句什么诗，给我改成了'野芳'。"

"不论'晚芳'还是'野芳'，名字都很典雅。"那时，我已经读过了《千家诗》，便告诉她："'野芳'的来历是宋代大诗人欧阳修的诗句：'曾共洛阳花下住，野芳虽晚不须嗟'。这个欧阳子似乎很喜欢'野芳'这两个字，他在一篇文章里还写过：'野芳发而幽香，佳木秀而繁荫'。"

她听了高兴得跳起来，称赞我说："你知道的真多！"

就在这次闲谈之后不久，有一天深夜，我从睡梦中醒转过来，听到母亲和父亲在说话。母亲说：小妤这孩子真挺好，人不大，特别懂事。对咱们的孩子也是一片真心。父亲接上说："老先生和他'魔怔'叔也有心把小妤嫁过来，好上结好，友情加上亲情。可是，我始终没有点头。我不吐口的原因，是他们二人的命相不对。咱们的孩子属猪，亥属水；小妤属羊，未属土，土克水，所以说：‘水土无常运，猪羊不到头’。与水命配婚，最好是属鸡或者属猴的，申、酉属金，金生丽水。命相不对，早晚遭罪。这门亲事做不得！姻缘系由天定，人事不可强求。”母亲也是最迷信命相的，听了父亲这番“五行相生、相克”的宏论，轻轻地叹息一声，两人便再也无话了。

看来，在那个年代，儿女们的婚事，在老一辈人的心目中，除了命相，其他条件都是可有可无的，都是费词，就像无须过问一根针尖上能够站立多少天使一般。

从那以后，好像就再也没有见到小妤姐。一天早上上学，发现我的书桌里整整齐齐地放着从《大学》到《孟子》的全套“四书”，书页全部用蜡液熨平了。

后来听说，小妤经她姐姐介绍，嫁给了邻县农村的一个小伙子。此后，我们再也没有见过面，音信也杳然了。1948 年底私塾停办，家居无事，追思曩昔，写了一些小诗，其中有一首涉及小妤姐：

秋水映长天，黄花似昔妍。
绿窗人去远，相见待何年？

村姑：
薏苡的悲喜剧

六个当日的女青年在信中说："转眼间，你离开我们村子已经三十六个年头了。当年的一个个毛丫头、愣小子，于今都已坐五望六了。我们六个人碰到一块，常常念叨起你。春节快到了，我们商量着给你送点'礼'——就是纸袋里的东西。城里人，一般的怕是叫不出它的名字来；可是，你，我们相信，不仅对它十分熟悉，而且，会感到异常亲切，看到它，你会联想起来许许多多往事。"

辞典上说，薏苡俗称药玉米、回回米，是一种草本植物，颖果卵形，淡褐色，有营养，可供食用与入药。但我从前未曾见过，最先接触这两个字，是读了杜甫的诗句。他在感叹李白的际遇颠折、屡遭谤毁时，曾哀吟过："稻粱求未足，薏苡谤何频！"

这又涉及一千九百多年前的一桩有名的冤案。东汉时，伏波将军马援南征交趾，中了瘴疠。听当地的人说，服用薏苡仁可以疗治。马援吃了，果真见效。班师北还时，就买了很多个大粒饱满的薏实装车载回。引起了一些人的注意。但在位时，都不做声；等他死了，就有人向皇帝告发，说他载了明珠、文犀等稀世珍宝回来，结果，害得他爵位被革，名誉受损，连灵柩都不能很好地安葬。后人把这称做“薏苡之谤”。许多诗人，像唐代的陈子昂，宋代的苏轼、陆游，清代的郑板桥、朱彝尊等，都曾写诗，为之愤愤不平。

这都是过往的事情了，只是作为一种谈资，顺便提起来，至于本文所说的“悲喜剧”，则与此毫无关联。

一

记得是1994年的春节前，我收到了一个寄自辽西某农村的邮件。是用硬纸盒包装的，有三四斤重。解开塑料绳，撕破密封的纸口，赫然露出分装在六个纸袋里的薏苡粒。纸袋旁边还夹着一封信，开头是这样写的：

> 时间过得真快，转眼间，你离开我们村子已经三十六个年头了。当年的一个个毛丫头、愣小子，于今都已坐五望六了。人的年岁一大，就免不了要怀旧。我们六个人碰到一块，常常念叨起你。（另外几个，有的过世了，有的远嫁他乡，有的搬迁到外地。）
>
> 尽管分手以后，咱们再没见过面，但是，大家对于你的情况还是有所了解。
>
> 对你的成长、进步，我们共同感到高兴，首先，在这里表示祝贺！
>
> 春节快到了，我们商量着给你送点“礼”——就是纸袋里的东西。城里人，一般的怕是叫不出它的名字来；可是，

你，我们相信，不仅对它十分熟悉，而且，会感到异常亲切，看到它，你会联想起来许许多多往事。

这些年，我们村的药玉米已经大面积铺开，并连续获得丰收。除了大部分按照合同交付医药公司以外，家家都贮藏不少，熬粥炖饭，健体强身。念记着当年你为引进这个“劳什子”费过一番苦心，念记着咱们的友谊，秋收后，我们这几个当年的共青团员，一致提议给你寄去一点点，表达我们各家的心意。

……

我怀着激动的心情，忙着翻看信尾的落款——“赵书琴、佟心宇、李淑香、王静怡、李艳、符小萍”，都是我所熟悉的当年村里的女青年。

二

简短的一番话，把我带回到往昔的岁月里。

那是1958年年初。县委决定，对一些没有经过实践考验的年轻的“三门干部”（出了家门进校门又入机关门的知识分子），下放到农村锻炼，通过参加体力劳动，“脱胎换骨，改造思想”。我就是这样来到辽河岸边一个叫做“秃尾沟”的小村落的。

我和另外一位干部被安排住在生产队长家的一间空房里，吃饭是到老贫农刘大伯家入伙，干活参加青年突击队，当时主要是往耕地里挑黑土，改良土壤。晚间，在夜校里教男女青年识字。村里原有十名团员，加上我，组成一个团支部，选我为支部书记。

这天，农业社的管委会主任到队里来，听说我教过中学，当过报社记者，来到队里很快就和群众打成了一片，当众鼓励了一番；然后，又领着我在村里村外转转，帮助我熟悉一下周围的环境。我知道，这是在向我进行热爱乡土、献身农村的实际教育。

望着大堤外黑黝黝、油汪汪的河滩地，我被深深地迷住了，当下情不自禁地甩了两句学生腔：

“多么肥沃的宝地啊！真是插进一根锄杠也能长出庄稼来的！”

管委会主任却说：“地是没比的，只是年年受涝，除了一茬麦子，再没有其他收成了。”

“下茬种豆子不行吗？”我问。

“这里，年年夏天涨大水，二三十天下不去，什么样的豆子也挺不住哇！”他面带忧郁地说。

此后，我和队里那些年轻人依旧是天天到堤外挑黑土，心里却总是记挂着管委会主任所忧虑的事。

一天晚上，在队部看到《人民日报》第二版上登载一则消息，介绍河南省商水县农村种植一种富有营养、又能治多种疾病的药玉米。它的最大特点是抗涝，水中浸泡三四十天，仍有较好收成。回到住处，我连夜给商水县长写了一封信，并寄去五元钱，请他帮助购置一些药玉米种子。这事是悄悄干的，没有告诉年轻的伙伴。因为我知道“一县之长”工作很忙，未必能去过问一个外地青年的微不足道的请托。

大约过了半个多月，接到一个邮件通知单，我以为是家里寄来什么物品，便委托去镇上赶集的刘大伯代我取出来。带回来的是两个枕头般大小的包裹。打开一看，正是我日夜盼望的药玉米种子。捧在手里，粒粒珍珠一般，椭圆形，淡褐色，有光泽，共有十斤左右。包裹里还夹了个便笺，简单地介绍了播种日期和它的喜肥、喜水的习性。

我在连夜召开的团支部紧急会议上，当众宣布了这一秘密。然后，大家一起研究、拟定了为期两年要使全社滩田受益的“宏伟规划”。一张张极度兴奋的青春面孔，在煤油灯的照映下，看去像涂上了一层油彩。

三

清早起来第一件事，便是去找管委会主任，请他批准划拨一块肥腴的腹地作为栽培药玉米的青年试验田。老主任听了我和回乡高中生赵书琴描述的神话般的远景，乐得合不拢嘴。马上就答应下来。

第二件事，便是挨户到团员、积极分子家里收集上好的农家肥。大家结记着商水县长复信中讲的“喜肥”二字，决心把这个“大地的骄子”喂养得壮壮的。

经过一天一夜的紧张动员，试验田的旁边矗立起一座小山似的肥堆。

转眼到了播种时期。我们起早睡晚经营着这块腹地，地整得炕面一样平，土细碎得像用竹箩筛过一般。然后，套上一副牛犁杖，开了沟，起了垄，把上万斤的鸡、鸭、猪粪一股脑儿倾撒进去。

我们觉察到了，帮助干活的两个老庄稼把式——我的“饭庄”的刘大伯和书琴的父亲赵大叔有不同看法，但他们憋着不说，只是一个劲儿抽着老旱烟。也许是为这些孩子们的冲天热劲所感动，尽管有不同意见，也不忍心泼冷水。但是，回到家里以后，赵大叔按捺不住了，申斥女儿说："我看你们是瞎胡闹！什么事情都要有个限度。巴掌大一块地方，下了那么多的肥，将来还不得长疯了！"女儿——这个坚定的"跃进派"，嘴上不说，心里想的却是：老脑筋，老保守，到秋天放个"高产卫星"给你看！

下种的第三天正赶上一场透雨，真是天遂人愿。此后，几乎每天早上，我们都要跑到地头，伏下身子，察看萌芽的踪迹。药玉米终于齐刷刷地钻出了地面，它们摇摆着两片娇嫩的小耳朵，向主人微笑着。一个星期过后，我们又浇了一遍蒙头水。同伴们互相揶揄着，说是以后结了婚、生了孩子，也未必能像这样嘘寒问暖，关怀备至。

几十个难忘的日日夜夜过去了，药玉米已经蔚然成林，手指般粗细的茎秆上，枝分叶布，绿影婆娑，最后，竟繁密得连鸡鸭都钻不进去。为了按时灌水，佟心宇从家里扛来一根竹桅，一破两半，剜去节档，将一头顺进垄沟里，另一头支起来，连清水带粪汤一齐倾泄进去。

趁着雨季尚未到来，我们又一次踏勘河滩地，计算着明年大体需要多少药玉米种子。当时，想到了尽量节省用量，以便拨出一些来支援兄弟社。此刻，这伙年轻人确是有些"提刀却立，四顾踌躇"的志得意满之态。

但没过多久，这种乐观的情绪便为沉重的焦虑所取代了。大家注意到，那么葱茏蓊郁的药玉米秸棵上，竟没有几串花序，更很少见到颖果。随着时间的推移，连那几个最活泼、最乐观的女青年也把头耷拉下来。有的分析认为，是异地种植水土不服所致，还引证了"橘逾淮而北为枳"的古训。多数人不同意，理由是：河南的小麦、湖北的棉花到这里落户，不都生长得很好吗？最后，我跑了三十里路，请来乡农业技术推广站的技术员，他的诊断是："营养过剩，造成贪青徒长。"啊，真的"长疯了"！赵大叔的预言竟不幸而成为现实。结局自然是"一幕悲剧"——割倒后装满两大车，拉到村东头五保户家做了烧柴。

四

回想起来，当时我们都在二十岁上下，本来就缺乏辩证观点，易走极端。又兼当时处在"大跃进"、"放卫星"的气氛中，头脑更是发热膨胀。所以，尽管过后也曾懊悔几天，有的甚至痛心地流下了热泪；但是，很快就在"人有多大胆，地有多高产"的喧嚣声浪中淡忘了。亏得秋后我被调回县委机关，不然，在尔后的普遍深翻、高产密植以及"大办"、"大上"中，还会闹出更多的违反科学规律的笑话。

回来后，参加过几次比较尊重实际的农村调查，头脑变得清醒一些。我曾想以《薏苡的悲喜剧》为题写一篇文章，总结自己因违反辩证法而干了蠢事的沉痛教训，后因患急性肝炎进了医院而搁置下来。病愈后，反"右倾"开始了，我怕有人把这类自省文字同否定"大跃进"联系起来，便没有动笔。当然，即使写出来，肯定也是很肤浅的。限于当时的历史条件和认识能力，我还不可能站在历史的高度，俯瞰过去那段岁月的真貌。

当时由于走得匆忙，我未曾与同伴们交谈过这方面的意见。因此，一种歉仄之情时常在头脑中涌起：我应该坦诚地承认，在这件事上我是负有重要责任的。

想到这些，我重新展开同伴的来信，接着看下去：

如你所知，对咱们的蛮干，一些老年人是持反对态度的。书琴的父亲担心这一锤子会敲得“片种无存，全军覆没”，便在播种那天偷偷留下一些种子，打算第二年种在园子里。不料，转过年来他老人家竟一病不起。后来，书琴整理旧物发现了它，细心地种在地头上，没想到秋天居然收了三四斤。于是，她又分散给同伴们作种子，慢慢地便在全村扩展开了。现在，整个河滩都成了薏苡生产基地。

……

岁月如流。而今，孩子们都已超过了咱们那时的年龄。闲谈中，我们也曾将那些忽明忽暗的记忆碎片联缀起来，讲给他们听，因为这毕竟是一面镜子，既回振着自己的心声，也折射着往日的光谱。但他们听后，往往只是漫不经心地付之一笑。其实也难怪，时代前进了，认识发展了，他们毕竟比我们那时要聪明一些。

知道你重任在肩，异常忙碌。对这类“陈谷子、烂芝麻”，怕是早已忘得一干二净了。但我们觉得，闲暇时节，偶尔想上一想这些往事，也许还有一些益处，特别是对于你们这样担负领导工作的同志。

也难怪伏波将军身旁那些人，怀疑他从南方带回了珍珠财宝；我望着眼前这些光润、圆莹的薏苡粒，也竟觉得它们很像珍珠。古代传说中有一种记事珠，“或有阙忘之事，以手持弄此珠，便觉心神开悟，焕然明晓”。我想，若是把这些薏苡粒串缀起来，悬置座前，不也同样是一种“记事珠”吗！

女教师：
有信自远方来

热切的企望，真挚的感情，使我深深为之感动。我仿佛看到一位年过半百的老教师，在掠着花白头发，满怀期望地伫立窗前，急切地等待着“绿衣使者”送来亲人的信息。但她哪里知道，这却是一场误会。

每当看到那些繁霜侵鬓，蔼然可亲，献毕生精力于教育事业的辛勤园丁时，我总会忆起一位缘悭一面但印象很深的可钦可敬的老大姐。

事情发生在多年以前。记得是春节刚过，我收到一封由《散文》月刊编辑部转来的信件。寄信人为南方某城市师范学校的一位教师。信，原是写给编辑同志的：

……我有一件私事，烦请你们帮忙。1937 年秋我的胞兄同家人失散，四十多年杳无踪影。昨日阅读贵刊，发现一篇散文的作者署名，竟然与我哥哥的姓名完全相同（这个名字曾被人们认为是极少见的），真是令人喜出望外。不知你们可否将这位名叫“王充闾”的作者的通讯地址见告？如果方便的话，也可以把这封信直接转递给他，顺便问一下：他是不是昆明籍贯？可还记得有个名叫“冠华”的妹妹？……

热切的企望，真挚的感情，使我深深为之感动。我仿佛看到一位年过半百的老教师，在掠着花白头发，满怀期望地伫立窗前，急切地等待着“绿衣使者”送来亲人的信息。但她哪里知道，这却是一场误会。

我出生在辽河岸边，1937年尚在襁褓之中。我并没有胞妹，却曾有过一个姐姐，在我幼年时期，即因屡遭丧乱，贫病交攻，过早地弃世。姐夫哀恸欲绝，在一个风雨凄凄的夜晚，鸿飞冥冥，一去便无下落。我是深谙乱离之苦和失去亲人的哀痛的。尽管和这位大姐相隔万里，但悠悠此情，彼此相通。我觉得应该立即作复，以释远念。可是，拿起笔来却又有些踌躇——信到之日，即彼失望之时，我不忍心过早地唤醒她的甜梦。

但是，我无论如何也按捺不住，到了第三天，便按照信址寄了回信。信中，除了说明有关情况，还劝慰她要放开襟怀，切莫悲观失望。我写道：“田园寥落干戈后，骨肉流离道路中”，这在祸深寇急的邦国颠危之时，又何止是你我两家的遭遇！所幸今天阴霾荡尽，四海承平，这类悲剧再也不会重演了。我劝她不要灰心丧气，“虽然没有找到失散多年的哥哥，但是，在异地他乡总还结识一个深为同情和关怀你的弟弟。愿我们今后常通音讯，互勉互励”。

很快就收到了她的复信，略谓：从信中深切体味到了同志间的温暖，真是四海之内皆兄弟，祖国到处有亲人。

我还没有来得及回复，紧接着，又收到了王冠华写给我的第二封信。原来，她的丈夫有个胞弟，解放后一直在沈阳工作，兄弟间书信频传，互通情愫，这对于万里暌隔的亲人来说，确实是很大的慰藉。可是，在十年动乱期间，彼此的处境都十分艰难，自顾不暇，音信便完全隔绝。来信委托我代为探询他们弟弟的消息。

我按照信中提供的名字和线索，多方查访，了无结果。后来在一次闲谈中，偶然提及此事，凑巧一位朋友熟悉此人，他们在“文化大革命”中，曾一道被遣送到辽西山区“下放改造”，其人现已调入某单位任秘书长。真是“踏破铁鞋无觅处，得来全不费工夫”！

原来，他前些年改了姓名，以致费了许多周折方才找到。我满怀着喜悦的心情，马上与他取得联系，并请他看了来信。刚刚读过数行，他便激动地紧紧握住了我的手，说：“感谢你的帮忙，真是‘家书抵万金’哪！”

回信，自然无须我代劳了。过后老大姐专函致谢，她以欢快的笔调告诉我：“这些天，我们全家沉浸在欢乐的气氛之中。虽然我没有找到哥哥，但我们老两口却相继找到了各自的弟弟。”也许是因为做了一件有益于人的事情吧，我也深深感到快慰。

驹光如驶，转眼间我离开省城已经一年多了。一次，去沈阳开会，与那位秘书长重逢，顺便问及令嫂的近况。他那原本开朗的笑靥，顿时沉黯下来，凄然地说：“她已经在去年十月份故去，太可惜了！”从谈话中得知，这位老大姐“文化大革命”中遭受到严重迫害，党的十一届三中全会以后，得到了彻底平反，并重新回到了教学岗位，连续几年被评为市优秀教师和“三八红旗手”。她对工作认真负责，尽心竭力。近年虽然肝区时时作痛，但从未声张，更不肯扔开教学去医院就诊，后来竟致不起，经诊断为晚期肝癌。

对于她的猝然谢世，我是深为痛惜的。同时，也为有这样一位具备“红烛精神”和“春蚕品格”的好大姐而感到自豪。

后来，收到逝者的女儿（她也是教师）寄来的母亲遗照。这是一幅鬓发花白、蔼然可亲的典型的“园丁”形象。从大姐生前那带着微笑的面容，看得出她对教育的春天的到来和自己晚年的执教生涯是眷恋而惬意的。

友人妻：
夜话

她欣慰地说："人也见了，话也说了，心也安了。有一年我上五台山，遇到一位八十多岁的老婆婆，沿着台阶，从山下一步一步往上爬，一直爬到山顶上，礼了佛，进了香，双膝都磨破了，心却特别安然。她告诉大家，这个愿总算还了，回到家里就能安心睡觉了。——我现在也是这种心境。"

这是一件平凡的小事，牵涉到三个同样平凡的小人物。只是由于它连接了四十个春秋，又像历史长河中的一朵浪花，翻动着情感的波澜，闪耀出人性的光彩，才使它无论从当事人或者读者的角度来看，都还具有传述的价值。

事情要从几位散文作家到边防某部采风说起。

我们来到这里，半个月过去了。"人间有味是清欢"。生活在大城市，经常苦于纷繁的俗务和杂沓的应酬，剥啄的叩门声，清脆的电话响，镇日间不绝于耳；回到家里，又会淹没在饭馆的卡拉OK、小贩的沿街叫卖、广告车的往复喧腾的噪音狂潮里。现在，它们总算被一股脑地抛掷在千里之外，称得上是"轮蹄不到红尘远，一枕烟波梦也清"了。

绵延无尽的一带连山，像凌空壁立的屏风一般，遮蔽了长风，也遮蔽了人们的视野，使这一原本就甚为偏僻的小镇，更显得与世隔绝了。山的阳面，是一处莽莽苍苍的林茂粮丰、水草肥美的原野，一道清澈的山溪，傍着一条新近筑成的沙石路，笔直地伸向远方，把这片绿锦缎般的茫茫碧野齐崭崭地切割成两半。左面，从林掩映中的营房大院被一列长长的红砖墙包围起来；右边，翠苇森森，簇拥着一潭清澈的湖水，朝朝暮暮，镜子般地面对着万里晴空，没有波澜，没有污染，给人一种亲切、自然、澄净、安详的感觉。而晨兴、入夜响彻营房内外的嘹亮的号角却在明确地提示人们，这里生活着一个朝气蓬勃的战斗集体，这里的自然同样是人化的自然。

此刻，我们刚刚从湖畔游泳归来，一起聚在院里的凉亭下聊天。忽然一辆军用卡车开进院里，“嘎”的一声停了下来，一位五十岁上下的中年妇女从驾驶楼里钻出，向司机道过谢后，便径直走了过来。她那修长的身姿，文静的气质，一副透着几丝忧郁的眼神，引起了文友们的注目，大家同时都起身让座。直到这时，我才意识到这位客人是专程前来与我会面的。

三天前，我曾接到一封寄自山西朔州的快信，署名姜敬好。信写得很简单，开板就说：“我总算找到了您，哎，天涯苦觅，已经很多很多年了！”她要马上启程前来，叮嘱我一定要等见上一面再离开这里。

文友们就着信的内容作了种种猜测。有的认为，她是我的一个失散了多年的亲属；而素有“关东才女”之誉的白凌则歪着小脑壳，煞有介事地说：看来，她是老兄的早年女友，旧影依依，前情未忘，所以才不惮山长水远，要来这天之涯地之角，重温宿梦，畅叙离情。不管大家怎么说，我自己却心中有数，觉得这不过是一场误会。

此时，大家已经悄然散去，凉亭里只留下我们两个人。听说我已经收读了信件，她眼睛刷地一亮，笑着解释：“都怪我太匆忙，急着把信发出，就是怕拖延了日期您收不到。结果，话也没说明白，让您丈二和尚摸不着头脑。”

我心里嘀咕，莫说当时，就是现在，我也还是处于蒙昧状态。便说：“从信址得知，您是晋北人，我呢，世居辽河之滨，我们过去既无一面之识，又从来没有过任何联系。恐怕是搞错了。这种误会，十五年前我经历过一次，那时我在省委机关工作。当时收到一封由天津《散文》月刊编辑部转来的信，寄信人是南方某城市的一位女教师。1937年她的胞兄与一家人失散，四十余年杳无踪影。一天，她看到《散文》上一篇文章的作者署名，竟与其胞兄的完全相同，欣喜之余，就给编辑部写信，请求帮助与作者联系。作者是我，编辑部就把信转过来了。结果，竟是一场由同名同姓造成的误会。”

停了一下，我接上说，生活中这类巧合致误的事原是很多的，不足为怪，只是千里迢迢，历尽艰辛赶来，却扑个空，未免太亏了您。看着她那瘦削的身躯和由于连日奔波而略显疲倦的神色，我竟有些过意不去了。尽管我也知道，过错并非由我造成。

敬妤一改开始时的激动，现在却异常平静，不动声色地听着，看得出她是在仔细地端详着我。这时才莞尔一笑，还是那么娴静：“没有错。怎么会错呢？”像是向对方申明，又似在自言自语。说着，从提包里珍重地取出一张四寸大的黑白照片，双手递了过来。接过一看，竟是四十年前我和一位名叫颜亦尊的上司的合影，不由得“啊！”了一声：“快告诉我，老颜现在哪里？”

不料，这一追问竟惹得她伤心地啜泣起来。“在哪里？在哪里？我也不知道他在哪里……”以问作答，她继续呜咽着，直到白凌跑过来招呼我们吃晚饭。

小白像发现了外星人的秘密一般，惊奇诡异地观察着眼前这一男一女，心里在证实着她预先织就的那张“罗曼蒂克之网”。而我，一边走着一边也在琢磨：她是老颜的什么人呢？当然不是妻子——老颜的妻子我熟悉，姓何，矮个，年纪也比她大。可是，那种深情，那张照片……

席间，客人总算恢复了常态，几个青年文友围拢过来，开着善意、亲切、谑而不虐的玩笑，她都大方、得体地应酬着。白凌知道我晚饭后还要接受附近一家报社的记者采访，便说，“晚上，大姐住在我那里。你们都暂告休息。”背朝着客人，向我扮了一副鬼脸。

由于闷葫芦还没有揭开，我显得心事重重，晚上的“记者问”也没有答好。记者以为是疲倦所致，提议明天再谈。我正巴不得颁下这道赦令，便匆匆离开，径直跑到白凌的房间。显然，她们已经谈了许多，而且，有一点可以确定，就是我已经从“罗曼蒂克之网”中被解脱出来。小白也不再耍怪态了，惊世骇俗的悲喜剧告吹，“大导演”英雄没了用武之地，像个泄了气的皮球似的，斜倚着墙，歪在床上。这边，我和敬妤开始了竟夜之谈。

敬妤说：“1957 年‘反右’，老颜可能有些言论。”

“情况是这样，”我插嘴说：

“他大学毕业后，先是在中学教书，后来调进机关来办县报。我的经历与他相似。那时，机关里工农干部占绝对多数，大学生是凤毛麟角，我们都酷爱文学，气味相投，共同语言比较多。喜欢在一起谈论晏几道、李清照的词，欣赏中外的名曲，读些反映现实社会问题的小说，而颇不满于报社主编的不学无术却妒贤嫉能、妄自尊大。

“老颜当时是副主编，笔头子硬，小有名气，主编怕他取而代之，便到处制造舆论，说他的坏话。其实，老颜一身清正，也没有什么把柄可抓的，无非是‘小资产阶级情调十足’，‘目无组织，骄傲自负’等等。可是，说归说，工作却又离不开他。不久‘反右’就开始了，这位主编总算找到了发难的机会，于是，首先起来揭发老颜的‘反党言论’。”

现已回到原来的话头，我请敬妤接着讲。敬妤说：

“还是您讲，您是当事人，最有发言权。”

于是，我便接着讲下去：

我记得，有天晚上，主编特意把我找到家里，先是夸我年少有才，具备发展前途，接着，把话锋一转，色厉辞严地告诫说：“你眼前正面临着严峻的考验，如果不同颜亦尊撕开面皮，划清界限，彻底揭发他的问题，后果将不堪设想。”一片“山雨欲来”的紧张气势。

果然，第二天就召开了批斗大会。几个“右派分子”面对着群众，站在长条板凳上。会议由主编主持，他扫视了一下会场，看我躲在后面，便轻轻地摆了摆手，示意到前排就座，我只好硬着头皮在前面找个空隙坐下。会议开始后，主持人首先领着大家喊了一通口号，叫做“杀威风”、“打态度”，然后，就喝令颜亦尊交代反党罪行。老颜昂头说道：“我十六岁就投身革命，拎着脑袋找共产党，怎么现在变成反党了？笑话！”

主编弄得很尴尬，便以凌厉的目光盯住我，点名叫我起来揭发：大右派颜亦尊是怎样腐蚀青年的，他都放过什么毒。我从来没有见过这种阵势，慌忙站起，嗫嚅地说，老颜只是爱好文学，我们常在一起讨论李清照、欧阳修……主编厉声喝道：“谁让你讲这些？要揭发反党言论，反党的言行！”我摇了摇头，说“我没听到什么”。会议卡了壳，泄了气，便不了了之地散了。

“后来呢？”敬妤紧接着问了一句。

我说，欲加之罪，何患无辞，他们给老颜拼凑了一些“反党”言行，并以态度恶劣，抗拒运动，给他定性为“极右”，以后就不知下落了。当年冬天，我也被下放农村改造锻炼，两年后作了异地安排。

小白看敬妤有些倦怠，便下地将毛巾用冷水浸过，递给她擦了脸，又给我续了杯茶水。敬妤建议到外面散散步，走着谈。白凌立刻拍手响应。我看了看表，这时刚好是十二点一刻。

营房大门上了锁，三人便在宽阔的教练场上，踏着清凉的月光闲步着。月色浸润着整个大地，远山近树，旷野平畴，千般万象都涂上一层银灰色。天空没有一片云，清泠泠的，透明而洁净，令人感到无限的高远。近处的虫吟，远地的蛙鼓，一迭连声地喧嚣着，军营的夏夜却益发显得宁静。

敬妤接上前面的话题，低沉地说：

“老颜被投入内地一所监狱里关押起来，妻子老何怕连累了孩子，加上组织出面反复动员，不得不与丈夫办了离婚手续，然后就带领孩子，隐姓埋名，投奔山东老家去了。

“出狱之后，老颜觉得往事不堪回首，不愿意返回原籍，便被就地安置在我所在的县文化馆。我们经常一块下乡，很谈得来，对他的满腹经纶，我更佩服得五体投地。那时，我还没有处对象，馆内同志便加以撮合，于是，就走到了一起。

“婚后，我经常听到老颜念叨您。记得‘文化大革命’开始时，他的境况已经相当艰难了，还曾和我说过：‘人世沧桑，如今也不知道这位老弟落到了哪一步。当年，他不肯昧着良心说话，结果受了很重的牵累，我一直铭感于心，却无法表达。今生今世，怕是无缘相见了。’”

老颜的话，实在令人感动。现在反思，当时我的表现是很软弱的，无非是说了一句真话。可是，没有想到，他竟如此珍视，终生不忘。

此时此刻，我对他就更加怀念了。当下忙着追问：“老颜也在朔州吗？现在景况如何？”

由于背着月光，看不清敬好的面容，只听她轻轻叹息一声，凄然地说：

“唐山大地震时，他正在那里参加一个会，被活活地压死在楼板底下。转眼间，又过去了二十年。当时，我拉扯着一个未满十岁的孩子，无依无靠，只好转到山西的哥哥那里，在矿上教小学。现在，孩子大学毕了业，也成家立业、娶妻生子了，新近我办了退休手续，过上了含饴弄孙的清闲日子。按说，可以告慰于地下亡灵了。

“可是，从他去世以后，心中就老是记挂着这件事。作为未亡人，我应该实践他的遗愿，想办法与您见上一面，说上几句感念的话。为此，我苦苦地寻觅着。心想，幽冥、人世，阴阳永隔，永生永世再没有见面机会，倒也死了那股肠子；可是，两个大活人，都在一个太阳底下，山不转水转，早不见晚见，怎么就无缘相会呢？亲友们都劝我丢掉这个念头，可我就是不死心。往各地发出过许多封信，有的如石沉大海，有的回函说‘查无此人’。总之，失望连着失望，后来真的有些绝望了。”

走着走着，敬好突然问道：

“听过没有，老颜唱法国的名歌《天鹅》?”

我说：“听过不知多少遍，现在曲调还有印象，只是歌词全都忘记了。”

她说：“我把天鹅当做我们的幻影，一想念他，我就唱上一遍。”

现在，她又月下怀人，情不自禁地轻轻地哼了起来，当唱到“伴侣啊永眠在梦乡，/只听得水波轻轻歌唱，/天鹅她垂头眼泪汪汪，/她在月亮下独自彷徨”时，竟泣不成声了。

这种浓情挚意，令我和小白都深深为之感动。我们都苦于找不出什么话语来安慰她，便陪着她回房间去。

灯下，三个人又默坐了一会儿，敬妤如梦初醒，从提包里翻出一张边防某部接待客人的名单，上面赫然印有我的名字。

原来，我们到边防某部后，部队首长曾经设宴招待，当时提供过一个名单。记得有位接待科长曾与我热情交谈，问询过一些情况。

敬妤说：“那是我的亲侄，入伍之前多次听我讲过您和老颜的事。这次，多亏他牵线搭桥，传递了信息。”

我说，其实我的散文集上就印着我的简历。

她淡然一笑，说，山野之人看不到呵。

外面，天色大明了。小白回到屋里，不知什么时候在床上悄然睡去。我简单地向敬妤介绍了个人和家庭的情况。

她很欣慰，揉了揉眼睛，长舒了一口气，说：

“人也见了，话也说了，心也安了。有一年我上五台山，遇到一位八十多岁的老婆婆，沿着台阶，从山下一步一步往上爬，一直爬到山顶上，礼了佛，进了香，双膝都磨破了，心却特别安然。她告诉大家，这个愿总算还了，回到家里就能安心睡觉了。——我现在也是这种心境。”

吃过早饭后，她的侄子、前面说过的那位接待科长，带车前来接她。大家怀着依依惜别的心情，依次同她紧握过双手。我请司机开车走在前面，然后，同小白一起，陪着敬好沿着那条沙石路，又步行了很长一段路程。分手时，我的眼睛已经湿润了，模糊了，以致根本没有看清楚敬好是怎样登车上路的，直到汽车腾起的滚滚烟尘在视野中消失了，才憬然醒悟到人已经走远了。

女同学：
寻觅

一次历久难忘的感动。

一场倾心恳挚的寻觅。

一番对于旧日纯情的追怀。

一

在我高中即将结业的前夕，一次体检中突然发现患上了浸润型肺结核。这在今天看来，原本算不上什么大不了的疾患，可是，在五十年代中期，却几乎等同于现在的癌症了。

前此，教导主任曾向班里透露，以我的优秀学品，可以不经过入学考试，直接保送到北师大或者东北师大；可是，我自己却并不以此为满足，暗自想望着、也觉得完全有把握考进学子们心目中的圣殿——北京大学中文系。甚至，梦境中已经戴上了北大的校徽，徜徉于柳丝垂映的未名湖畔，欢歌笑语在花丛间，草坪上。现在却被告知，升学的事只能以后再说，眼下必须休息、治疗。心情的怅惘、失望以至绝望，自不待说了。

这天，注射过链霉素之后，我回到家里卧床静息。突然，素心表姐推门进来了。她与我同年级，但不在一个班，这是参加过高考之后，从学校回来度暑假的。可能是怕我脆弱的心灵经受不住刺激吧，她没有谈有关高考、升学的事，只是告诉我，哪几位老师、哪些同学嘱托她向我转达劝慰、问候之情，听了自是感念不置，仿佛干涸的畦田流进了汩汩清泉，秧苗立刻展现出勃勃的生机。其中，尤其使我感动的是——

素心姐说："那天晚自习之后，我们宿舍的四个同学先后都回来了，记不得什么话题引出来，大家忽然提起了你，——你是学生会副主席嘛，同学们自然都熟悉——共同感到非常惋惜。D，你有印象吧？个头不高，挺清秀，挺朴实的。"

我点了点头。

"D平时话语很多，天真活泼，这天晚上却显得神情萧索，只是凝神地听着，突然，她插了一句，不，只说出了半句'出师未捷……'，便呜咽着，泣不成声了。"

我猜说："也许她的亲人中，有谁因为这种病……"

"没有。——几年相处，她的情况我了解。"表姐说。

我低声喃喃着："其实，我们之间没有过太多的接触。"

"这我清楚。"表姐说。

又谈论了一些别的，素心姐就回家了。我却静静地躺在床上，像过电影似的，把和D相识的过程，在脑子里复映了一遍。

二

那是七月中旬的一天，刚刚下过了一场暴雨，校园里到处汪洋一片。本来我就没有穿袜子，此刻，索性脱掉了鞋，蹚着泥水，来到一座陈旧的木楼里应试。解放之初，按照上级教育部门的规定，录取初中生，除了笔试——测评一大张包罗万象的卷子，还须进行口试，以实际了解考生的智力水准和应对能力。

老师很亲切、和蔼，三十岁上下，胸前戴着一个白布制作的名签，原来和我是一个姓。他照着报名花册，念出了我的名字，示意坐在他的对面，做好答题准备；同时，又招呼另一个应试者："D，你先进来等候，下一个就是你。"这是一个带着清淳的稚气的女孩子，体质有些瘦弱，一身旧衫裤，也是光着脚板。

"你喜欢什么课程?"王老师开始提问了。

我说，喜欢地理。

"哦！为什么?"

我说，长大了以后，想阅遍名山大川，周游全国。

"那好，我就考你这方面的问题。"老师略微思索一下，便说，"你注意听着，题目是这样：我想从这里到广州去看望外祖母，你看要怎么走？要求是，尽量节省经费和时间，做到方便、经济；还要汽车、火车、江轮、海轮都能坐着。"

我说，可以从县城坐汽车到锦州，然后换乘京沈铁路列车到北京，再转乘京沪线的火车抵达南京，从南京登上长江客轮到达上海，再从上海乘海上轮船前往广州。

"现在发生了新的情况，"老师说，"我的妹妹在陕西的宝鸡读中学，放暑假了，她也要一同去看姥姥。你看这要怎么走?"

我说，那就通知她乘陇海铁路列车先赶到徐州，约定好车次。老师还是从这里坐汽车到锦州，再坐火车到天津，然后换乘津浦路的列车，在徐州车站接妹妹上车，依旧到南京下车，乘江轮到上海，再转乘海轮前往广州。

"好！"老师高兴地说，"给你打一百分。"

这次口试，可能给 D 留下了一些印象。

还有一次，学校组织部分优秀学生到兴城海滨参加夏令营活动，我和D都去了。那时的中学生眼界不宽，思辨能力较弱，对问题的认识也显得肤浅，但是，思想单纯，真情灼灼，充满着向上的激情，美妙的憧憬。我们曾在一起谈论过未来的理想，还曾共同背诵俄国作家柯罗连科的散文诗《灯光》。大意是，一个秋天的夜晚，我乘着小船漂流在一条阴暗的河上，前面有灯光在闪烁，实际却离得很远。现在，我还经常回想起这飘忽的灯光。可是，生活仍在河岸之间漂流，而灯光还很遥远，还得使劲划桨。不过，在前面毕竟有着灯光。

那天，我们背着西斜的阳光，浴着晚风，漫步在海滩上。她捡了许多五彩贝壳，说是要粘在画布上，挂在宿舍的床头。

记忆中，我们打交道也只有这么两次。实在没有想到，对于我的患病，她竟如此感到惋惜，直至痛哭失声。这令我深受感动，历久难忘。

三

病愈之后，我也考取了大学，毕了业就到外地中学教书，后来，又先后走上新闻岗位，进入机关工作。随着时间的推移，我越发强烈地感到青少年时代友情的纯真可贵，越发怀念起D这个瘦弱的姑娘。我多么想，能和她重见一面，亲口对她诉说：我衷心地感激您，是您，使我认识到自身的存在价值，从而增强了我同疾病作斗争的勇气、信心和力量。

我作过多方面的努力，可是，一次次地总是失望。

最先，当然是通过素心姐和她的班上同学探寻线索。她们说，只知道D考取了兰州的一所大学，学的是理科，毕业后可能在陇东工作过一段时间，“文化大革命”之后，就不知下落了。

听说在她的原籍沙岭乡有一个叔叔，我便趁新闻采访之便，跑了这个乡的几个村子，逐个地打听D姓人家，最后终于有了着落，原来，她的叔叔一家，三年自然灾害期间逃荒到了“北大荒”。结果又是断了线。

天高地迥，人海茫茫。我对于寻觅D，已经不再抱有希望了。

去年，母校中学庆祝建校五十周年，我应邀参加了。当时，颇寄希望于这次聚会。设想，纵令见不到D本人，至少也可以从其他同学那里了解到有关她的线索。及至到了学校，才发觉“纪念会”已经有些“变味”了，校方以“联络感情，扩大发展”为宗旨，请的都是一些有名有位，有权有势，特别是能够提供赞助的学生，他们多数毕业于七、八十年代。至于默默无闻的普通知识分子，包括五十年代毕业、已到退休年龄的老校友，根本就没有接到邀请函。

失望之余，暗自想道：也应该尊重实际，略迹原情，——逝者如斯，时移势异，一切都在变化，四五十年过去了，怎么可能还保持往昔的清淳，还到哪里去找回旧日的温馨呢！

但是，这次聚会终竟还是有收获的。会后，我去拜望一位已退休多年、现在卧病在家的老师，从他那里访察到了D的下落。原来，她和这位老先生的女婿都毕业于兰州大学，后来又都在天水一所中等专科学校任教。现在，他们也都退休了。

“估计我这女婿能够知道D的近况，”老先生说着，就拨通了女婿家的电话。得知D现在太原，住在女儿家里，女儿在一家外资企业上班。我当即记下了她们的姓名和具体单位。

“踏破铁鞋无觅处，得来全不费工夫。”你这飘摇在万里云天中的风筝啊，我总算扯住了这条线！

四

借一个出差机会，我来到了太原，并找到了这家电子元件有限公司。通过她的女儿，我和D约好了在迎泽大街西段一家东北风味的楼上餐厅会面。

我知道，站在我对面的不会是别人，但是，确确实实，她已经变得我无法认识了。头发花白了，脸上爬满了细细的皱纹，个头没有变化，身材却过于发胖，爬了几步楼就大口地喘着气。衣服倒十分考究，全是进口的料子，剪裁得也很合身。一副闲适、富有的姿态。她有礼貌地轻轻地握了下我的手，平静地说：

“你还是当年的模样，说话声音也没有改。”

按照逻辑，我应该接上说，这些年我基本上没动地方，不像你一直在外面闯荡；可是说出来的，却是：“你可让我找得好苦！”

“哦？”她略微有些诧异，但马上就沉静下来，“是呀，我们都期待着能够别后重逢。”

我请她点了几样菜，又特意订了高粱米粥和血肠、冻豆腐的汆锅。

“我永远不能忘记，你在精神上给过我巨大的支持。”我察觉到这句话有些贸然，也过于笼统，便又补充了一句，“听袁素心讲，高中毕业前夕，你得知我患了病，竟然……竟然哭了一场。”

“是吗？”她却显得很平淡，“我可记不得了。”

本来我还想告诉她，寻寻觅觅几十年，费了多少周折，通过几种途径，才打听到她的所在，但又觉得语境已被隔绝，这些话似乎是多余的了。

我们一边进餐，一边又随便唠些别后的琐事。

我了解到，她的丈夫已经不在了。女儿、女婿在西安交通大学拿到了硕士学位，属于高科技领域，原想继续深造下去，当时，恰好太原这家外资企业招聘外语翻译，待遇甚为丰厚；在母亲的极力撺掇下，他们便前来就职。收入自然大大增加了，居住条件也得到显著改善，但是，却付出了专业完全废弃的沉重代价。

对此，我流露出惋惜的心情，她却不以为然地笑着说：

“你呀，依旧是文人气质。——都什么时代了，看问题，还不现实一些？”

这次会见，就这样匆匆地结束了。四十余年的渴望终于得偿，按说我应该感到轻松了，可是，不知为什么却反而有些闷寂，有一丝惘然若失的感觉。

出乎意料，第二天晚饭后，D又带着一个十三四岁的小男孩到房间里来看我。一面热情地握着手，一面解释说，她昨天有些头晕——因为血压高，今天要和老同学好好地唠一唠。还说：“小刚，快来向爷爷问好!”

“这是小外孙吧?”

“不，是孙子。”她摩抚着小男孩的脑袋，说，“我还有一个儿子，就是他爸爸，属于‘下生就挨饿、上学就停课’的那一代人。整个都耽误了，费了很大力气才弄了个大专文凭。现在还留在天水，想往太原调转，联系了几次，都因为学历低，找不到接收单位，只好孤零零地飘在那里。这简直成了我的一块心病。”

稍稍停顿一下，她又继续说：“你的情况我都知道了，一向都是凤毛麟角，也是老同学们的光荣啊。听说，我们省长过去和你在一起工作过，那当然很熟啦。倘若他能说一句话，我想，哪个单位也不敢说个‘不’字。”

尽管未必如她所言，省长也未必肯说这个话，但我还是表示，要尽最大努力，争取办成。

D很高兴，同我热情地握手，说了几次“再见”。路灯下，目送着她渐行渐远的背影，我努力追寻着旧日的影像，旧日的情怀。